オールカラー

高校入試の
要点が1冊で
しっかりわかる本

社会

「勉強のやり方」を教える塾 プラスティー　清水章弘／佐藤大地　監修

かんき出版

📖 はじめに

　中学生の皆さん、こんにちは！「勉強のやり方」を教える塾プラスティー代表の清水章弘です。本書を手に取ってくださり、ありがとうございます。

　突然ですが、質問です。**なぜ社会を学ぶのでしょうか**。社会は暗記科目だと言われます。「覚えること」よりも「考えること」の重要性が強調されるこの時代。覚えていなくてもすぐにインターネットで検索できるから、社会の学習は不要なのでしょうか。答えは NO です。

　そもそも、人は「言葉」という知識を使って考えます。知識があって、人は初めて考えることができます。試しに、「あなたの夢は？」「好きな食べ物とその理由は？」という問いに答えてみてください。頭の中に言葉が浮かび、それを用いて考えたのではないでしょうか。**言葉を使わず質問に回答することは至難の業**です。

　同じように、「これからの経済はどうなる？」「世界から戦争をなくすためには？」という問いについても、考えるために知識が必要です。知識がないと「何がわからないか」がわかりませんし、知らないことは検索すら難しくなります。

　話をまとめます。覚えることと考えることは対立するものではなく、**覚えることは考えることの「入り口」になっている**のです。そう考えると、社会の学習はすべての学習の入り口になる、とても重要な勉強という気がしてきませんか。受験勉強を通してたくさん覚えることは、みなさんのこれからの可能性を広げてくれます。気になったことは、自分で考えたり、調べたり、人に質問したりしてみてください。**「なぜ江戸幕府は滅びたのか」「株式会社をつくるためにはどうすればいいのか」**。覚えたことから始まる疑問こそが、「考えること」であり、みなさんの知識をより豊かなものにしてくれることでしょう。

　本書を作るにあたって、全国の高校入試の問題を見直しました。**入試の傾向を踏まえ、必要になる基礎を幅広く網羅しています。基礎固めや、入試直前の総復習にぴったりな問題集**になっていますので、ぜひフル活用してください。

　苦手な単元はまず用語を覚えましょう。各 Chapter の**重要語は赤シートを使うと消えます**ので、くり返し自分でテストをしてください。ある程度学習が進んでいる人は、先に確認問題を解き、わからなかったところだけ復習するのがおすすめです。別冊解答には解説もつけています。解けた問題も解説を読むことでより理解を深めることができます。
　この問題集がみなさんの学びの入り口になりますように！

2023 年冬　清水章弘

本書の5つの強み

☑ **その1**

中学校3年間の社会の大事なところをギュッと1冊に！

入試に出やすいところを中心にまとめています。受験勉強のスタートにも、本番直前の最終チェックにも最適です。

☑ **その2**

**フルカラーでイラスト・図もいっぱいなので、
見やすい・わかりやすい！（赤シートつき）**

全ページフルカラーでイラストや図もたくさん載っているので、ビジュアルからも内容が頭に入っていきます。 参考 注意 発展 暗記 重要 など補足説明も充実しているので、知識がどんどん身につきます。

☑ **その3**

各項目に「合格へのヒント」を掲載！

1見開きごとに、間違えやすいポイントや効率的な勉強法を書いた「合格へのヒント」を掲載。苦手な単元の攻略方法がつかめます。

☑ **その4**

**公立高校の入試問題から厳選した「確認問題」で、
入試対策もばっちり！**

確認問題はすべて全国の公立高校入試の過去問から出題しています。近年の出題傾向の分析を踏まえて構成されているので、効率よく実践力を伸ばすことができます。高校入試のレベルや出題形式の具体的なイメージをつかむこともでき、入試に向けてやるべきことが明確になります。

☑ **その5**

「点数がグングン上がる！社会の勉強法」を別冊解答に掲載！

別冊解答には「基礎力UP期（4月〜8月）」「復習期（9月〜12月）」「まとめ期（1月〜受験直前）」と、時期別の勉強のやり方のポイントを掲載。いつ手にとっても効率的に使えて、点数アップにつながります。

本書の使い方

コンパクトにまとめた
解説とフルカラーの
図版です。赤シートで
オレンジの文字が
消えます。

参考
注意
発展
暗記
重要

などの補足説明も
載っています。

合格へのヒント には
その項目でおさえるべき
ポイントや勉強法の
コツなどを
載せています。

重要項目は

絶対おさえる！ に
まとめています。

確認問題は
すべて全国の
公立高校入試の
過去問を
載せています。

解いたあとは、別冊解答の
解説を確認しましょう。
また別冊解答2ページに載っている
「○△×管理法」にならって、
日付と記号を入れましょう。

すべての問題に
出題年度と
都道府県名を
載せています。

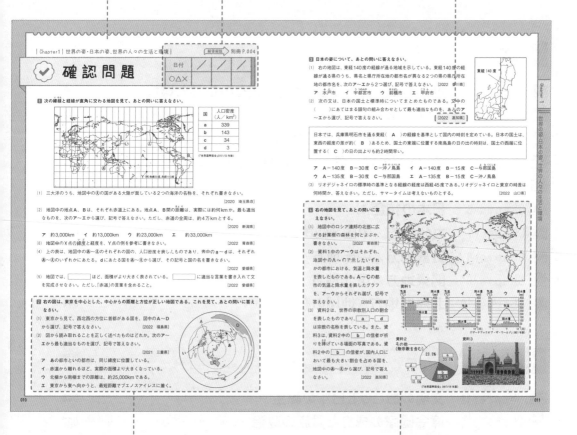

簡単な問題から実戦的な問題まで
そろえています。
本に直接書き込むのではなく、
ノートなどに解いてみるのが
おすすめです。

わからない問題は解説を丁寧に読み、
重要語句を覚えていない場合には、
別冊解答2ページに載っている
「暗記ドア」を
試してみましょう。

もくじ

公民

ブックデザイン：dig
図版・イラスト：熊アート、佐藤百合子
写真：Cynet Photo、photoAC、Kobe City Museum / DNPartcom『南蛮屏風（右隻）』［部分］（P062にて使用）
DTP：マーリンクレイン
編集協力：マイプラン、プラスティー教育研究所（八尾直輝、佐藤大地）

Chapter 1

地理
世界の姿・日本の姿、世界の人々の生活と環境

1 世界の姿

① **六大陸と三大洋**…地表は陸地と海
洋に分けられる。陸地はユーラシア
　　└陸地と海は3:7の割合
大陸、アフリカ大陸、北アメリカ大
陸、南アメリカ大陸、オーストラリ
　└最も大きい大陸
ア大陸、南極大陸の六大陸と島々。
海洋は太平洋、大西洋、インド洋の
　　　　たいへいよう　たいせいよう
　　　　　└最も広い海洋
三大洋と小さい海からなる。

② **六つの州**…アジア州、ヨーロッパ
州、アフリカ州、北アメリカ州、南
アメリカ州、オセアニア州。
　　　　　　└オーストラリアが含まれる

③ **国名や国旗、国境**
　①国名や国旗にはそれぞれの特色がある。
　②国境は、主に自然の地形を用いた線と人工的な線の決め方がある。
　　　　　　　　　　　　　　　　　　　└緯線や経線など
　③海に囲まれているのが海洋国（島国）、海に接していないのが内陸国。
　　　　　　　　　　　　　└日本やニュージーランドなど

④ **緯度と経度**…緯度は赤道から南北に90度、経度は本初子午線を基準に東西に
　い ど　けい ど　　　　　　　└0度の緯線　　　　　　　　　　　ほんしょ　し ごせん
　　　　　　　　　180度。　　　　　　　　　　　└イギリスのロンドンにある
　　　　　　　　　　　　　　　　　　　　　　　　　旧グリニッジ天文台を通る

⑤ **地球儀と世界地図**…①地球儀…距離や面積、形、方位などを正しく表す。
　ち きゅう ぎ　　　　　きょり
　　　└地球を小さくしたもの
　　　②世界地図…面積が正しい地図や中心からの距離と方位が正しい地図など。

> 平面上では全てを正確に表せない！

大陸と州、三大洋

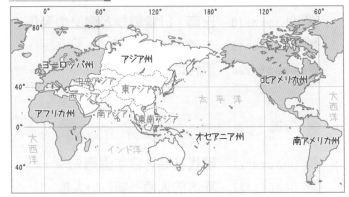

参考

中心からの距離と方位が正しい地図

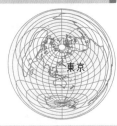

2 日本の姿

💡 絶対おさえる！　日本の領域

☑ 日本の北端は択捉島、東端は南鳥島、西端は与那国島、南端は沖ノ鳥島（→護岸工事）。
　　　　　　　え とろふとう　　　　　みなみとりしま　　　よ な くにじま　　　　おき の とりしま
☑ 領海をのぞく沿岸から200海里以内の排他的経済水域で、沿岸国は漁業資源や鉱産資源を管理できる。
　　　　　　　　　　　　　　　　　　はい た

① **日本の位置**…東西は東経122度から154度、南北は北緯20度か
　　　　　　　　　└オーストラリアとほぼ同経度
　　　　　ら46度の間に位置している。
　　　　　└イタリアやアメリカと同緯度

② **標準時と時差**…①世界各国が基準となる時刻である標準時をもつ
　　　　　　　　　（日本の標準時子午線は東経135度）。
　　　　　　　　　　　└兵庫県の明石市を通る
　　　　　　②時差…経度差15度で1時間の時差。
　　　　　　　　　　　└360度÷24時間＝15度

③ **日本の領域**…①北海道、本州、四国、九州の大きな島などからな
　　　　　　　　　　　　　　し こく　きゅうしゅう
　　　　　る海洋国（島国）。国土面積は約38万km²。
　　　　　　　　　　　└最大の島
　　　　　②領域…領土、領海、領空を合わせた範囲。
　　　　　　　　　　　　　　　　　　　　　　　はん い
　　　　　　　　　　　　　　　　└領土と領海の上空

④ **日本の地方区分**…①1都1道2府43県。
　　　　　　　　　　└それぞれに都道府県庁所在地がある　　きんき
　　　　　②北海道、東北、関東、中部、近畿、中国・四
　　　　　国、九州の7地方区分。

日本の位置や領域

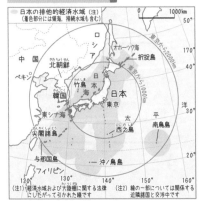

合格への
ヒント

● 時差に関する設問は頻出！計算方法をしっかりと理解しておこう。
● 気候帯ごとの特徴と分布を地図上で確認しておこう！

3 世界の人々の生活と環境

💡 絶対おさえる！ 世界の気候と三大宗教

☑ 世界の気候…熱帯、乾燥帯、温帯、冷帯（亜寒帯）、寒帯の5つに大別。
☑ 三大宗教…仏教、キリスト教、イスラム教。

❶ 世界の5つの気候

①**熱帯**…1年を通して気温が高い。熱帯雨林（熱帯林）がしげり1年中雨が多く降る地域と、雨季・乾季がある地域がある。

②**乾燥帯**…雨が少ない。砂漠が広がる地域と、短い草が生える地域がある。人々は、水がわき出る**オアシス**のまわりに住む。

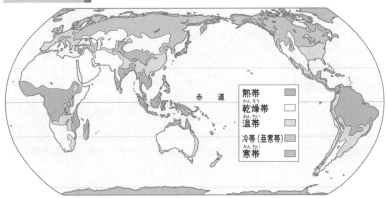

世界の気候帯

赤道

熱帯
乾燥帯
温帯
冷帯（亜寒帯）
寒帯

（「ディルケ世界地図」2015年版ほか）

③**温帯**…温暖で、四季の変化がみられる。温暖湿潤気候、**西岸海洋性気候**、地中海性気候に分けられる。
└日本の大部分
└夏は乾燥し冬に雨が降る

④**冷帯（亜寒帯）**…冬の寒さが厳しい。シベリアには**タイガ**と呼ばれる針葉樹林が広がり、**永久凍土**の地域も。
└1年中、凍った状態の土

⑤**寒帯**…1年の大半は雪や氷で覆われ、寒さが厳しい。植物はほとんど育たず、夏にコケや草が生えるのみ。

❷ アンデス地方の気候
…標高が高く、緯度のわりにすずしい（高山気候）。昼と夜の気温差が大きい。標高によって、リャマやアルパカなどの放牧をし、寒さに強いじゃがいもを栽培。

❸ 宗教
…三大宗教以外に、特定の地域で信仰されている宗教として、ヒンドゥー教やユダヤ教、日本の神道などある。
└インドの約8割の人々が信仰

	主な地域	主な特色
仏教	東アジア 東南アジア	経を唱えながら食べ物などを鉢に受けて回る托鉢をする。タイでは男性は出家。
キリスト教	ヨーロッパ 南北アメリカ	教典は聖書。日曜日に教会で祈る。
イスラム教	西アジア 北アフリカ	教典はコーラン。聖地メッカに向かって1日5回礼拝。

🖊 発展

シベリアでは、建物の熱で永久凍土を溶かさないように、高床の建物がみれらる。

📖 参考

同じ緯度でも、標高が高くなるほど気温が低くなる。

⚠ 注意

イスラム教徒は豚肉を食べない。ヒンドゥー教徒は牛を神聖な動物と考えているため、牛肉を食べない。

確 認 問 題

解答解説 ▷ 別冊 P.004

日付	／	／	／
○△×			

1 次の緯線と経線が直角に交わる地図を見て、あとの問いに答えなさい。

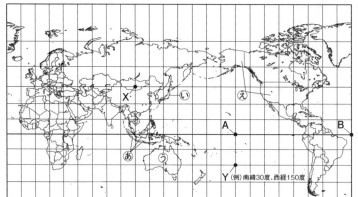

国	人口密度 （人／km^2）
a	339
b	143
c	34
d	3

（「世界国勢図会」2021/22年版）

(1) 三大洋のうち、地図中の②の国がある大陸が面している2つの海洋の名称を、それぞれ書きなさい。

[2020 埼玉県改]

(2) 地図中の地点**A**、**B**は、それぞれ赤道上にある。地点**A**、**B**間の距離は、実際には約何kmか。最も適当なものを、次の**ア〜エ**から選び、記号で答えなさい。ただし、赤道の全周は、約4万kmとする。

[2020 新潟県]

　ア　約3,000km　　**イ**　約13,000km　　**ウ**　約23,000km　　**エ**　約33,000km

(3) 地図中の**X**点の緯度と経度を、**Y**点の例を参考に書きなさい。 [2022 青森県]

(4) 上の表は、地図中の②〜②のそれぞれの国の、人口密度を表したものであり、表中の**a〜d**は、それぞれ②〜②のいずれかにあたる。**d**にあたる国を②〜②から選び、その記号と国の名を書きなさい。

[2022 愛媛県]

(5) 地図では、 [　　　　　] ほど、面積がより大きく表されている。 [　　　　　] に適当な言葉を書き入れて文を完成させなさい。ただし、「赤道」の言葉を含めること。 [2022 愛媛県]

2 右の図は、東京を中心とした、中心からの距離と方位が正しい地図である。これを見て、あとの問いに答えなさい。

(1) 東京から見て、西北西の方位に首都がある国を、図中の**A〜D**から選び、記号で答えなさい。 [2022 福島県]

(2) 図から読み取れることを正しく述べたものはどれか。次の**ア〜エ**から最も適当なものを選び、記号で答えなさい。

[2021 三重県]

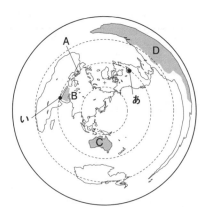

　ア　あの都市といの都市は、同じ緯度に位置している。

　イ　赤道から離れるほど、実際の面積より大きくなっている。

　ウ　北極から南極までの距離は、約25,000kmである。

　エ　東京から東へ向かうと、最短距離でブエノスアイレスに着く。

③ 日本の姿について、あとの問いに答えなさい。

(1)　右の地図は、東経140度の経線が通る地域を示している。東経140度の経線が通る県のうち、県名と県庁所在地の都市名が異なる2つの県の県庁所在地の都市名を、次の**ア**〜**エ**から2つ選び、記号で答えなさい。　[2022　香川県]

　ア　水戸市（みと）　**イ**　宇都宮市（うつのみや）　**ウ**　前橋市（まえばし）　**エ**　甲府市（こうふ）

東経140度

(2)　次の文は、日本の国土と標準時についてまとめたものである。文中の（　　　）にあてはまる語句の組み合わせとして最も適当なものを、あとの**ア**〜**エ**から選び、記号で答えなさい。　[2022　高知県]

> 日本では、兵庫県明石市を通る東経（　**A**　）の経線を基準として国内の時刻を定めている。日本の国土は、東西の経度の差が約（　**B**　）あるため、国土の東端に位置する南鳥島の日の出の時刻は、国土の西端に位置する（　**C**　）の日の出よりも約2時間早い。

　ア　A－140度　B－30度　C－沖ノ鳥島（おきのとりしま）　**イ**　A－140度　B－15度　C－与那国島（よなぐにじま）

　ウ　A－135度　B－30度　C－与那国島　**エ**　A－135度　B－15度　C－沖ノ鳥島

(3)　リオデジャネイロの標準時の基準となる経線の経度は西経45度である。リオデジャネイロと東京の時差は何時間か、答えなさい。ただし、サマータイムは考えないものとする。　[2022　山口県]

④ 右の地図を見て、あとの問いに答えなさい。

(1)　地図中のロシア連邦の北部に広がる針葉樹の森林を何とよぶか、書きなさい。　[2022　青森県]

(2)　資料1中の**ア**〜**ウ**はそれぞれ、地図中の**A**〜**C**で示したいずれかの都市における、気温と降水量を表したものである。**A**〜**C**の都市の気温と降水量を表したグラフを、**ア**〜**ウ**からそれぞれ選び、記号で答えなさい。　[2022　高知県]

(3)　資料2は、世界の宗教別人口の割合を表したものであり、　a　〜　d　は宗教の名称を表している。また、資料3は、資料2中の　b　の信者が祈りを捧げ（ささ）ている場面の写真である。資料2中の　b　の信者が、国内人口において最も大きい割合を占める国を、地図中の（あ）〜（え）から選び、記号で答えなさい。　[2022　高知県]

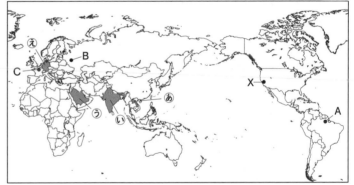

資料1

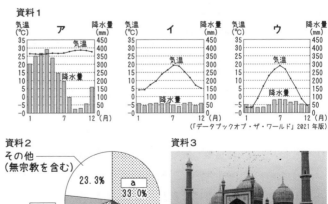

（「データブックオブ・ザ・ワールド」2021年版）

資料2

その他（無宗教を含む）　23.3%
a　33.0%
b　23.1%
c　13.5%
d　7.1%

（「世界国勢図会」2017/18年版）

資料3

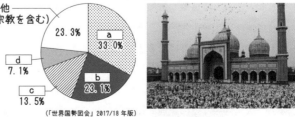

Chapter 2

地理
アジア州

1 アジア州の自然と文化

❶ **自然**…①中央部にはヒマラヤ山脈やチベット高原。長江や黄河、メコン川やガンジス川など大河が流れる。②東アジアや東南アジア、南アジアの沿岸部の気候は季節風（モンスーン 夏と冬で風向きが変わる）の影響が大きい。③アラビア半島や中央アジアには砂漠が広がる。

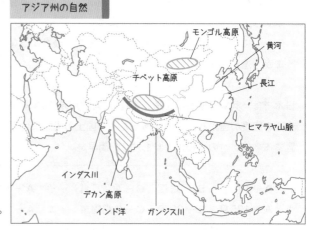
アジア州の自然

モンゴル高原
黄河
チベット高原
長江
ヒマラヤ山脈
インダス川
デカン高原
インド洋
ガンジス川

❷ **宗教・文化**…①東南アジア・東アジアでは主に仏教、西アジア・中央アジアでは主にイスラム教、植民地支配によりフィリピンでは主にキリスト教が信仰されている。
②東南アジアでは、華人が経済の分野で活躍。
└中国系の移民

2 東アジア

❶ **アジア NIES（新興工業経済地域）**…1970年代から工業化に成功した韓国・台湾・ホンコン（香港）・シンガポール。

❷ **韓国**…軽工業から製鉄・造船など重化学工業中心へ発展。輸出に重点。文字はハングル。

❸ **台湾**…ハイテク産業が盛ん。
└半導体など

📖 **暗記**
モンスーン→夏は海洋から湿った、冬は内陸から乾燥した風が吹く。

📖 **参考**
韓国では、儒教の影響が残っている。

3 中国

💡 **絶対おさえる！ 中国の発展と課題**

☑ 沿岸部の経済特区を中心に工業化を進め、世界に工業製品を輸出。
☑ 沿岸部と内陸部で経済格差が広がっている。

❶ **民族と人口**…人口の約90％は漢民族（漢族）、西部に少数民族が住む。以前は一人っ子政策がとられていた。
└少子高齢化が加速したため、現在は廃止

❷ **農業**…長江流域の華中では稲作、黄河流域の華北や東北地方では畑作、西部の内陸部では牧畜が行われている。

❸ **工業**…①沿岸部に経済特区を設け、外国企業を積極的に誘致➡工業化を進め、1990年代から急速に経済が成長。②安くて豊富な労働力を生かし、工業製品を世界各国へ輸出➡「世界の工場」と呼ばれる。近年では「世界の市場」と呼ばれるようになってきている。
└外国企業に税などの優遇措置

❹ **経済成長と格差**…急速に経済成長を遂げたが、沿岸部と内陸部の経済格差が拡大。化石燃料の大量消費により、大気汚染などの環境問題が深刻化。
└内陸部の経済発展が遅れている

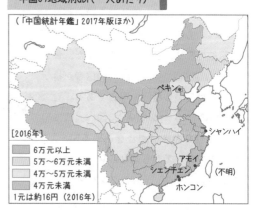
中国の地域別GDP（一人あたり）

（「中国統計年鑑」2017年版ほか）
ペキン
シャンハイ
アモイ
シェンチェン
（不明）
ホンコン
[2016年]
6万元以上
5万～6万元未満
4万～5万元未満
4万元未満
1元は約16円（2016年）

合格への
ヒント

● 中国では、かつて「一人っ子政策」がとられていたこと、沿岸部と内陸部で経済格差が広がっていることを押さえておこう。
● 東南アジア・南アジア・西アジアは地域ごとの宗教・工業をセットで覚えよう。

Chapter 2

アジア州

4 東南アジア

💡 絶対おさえる！ 東南アジア・南アジア・西アジアのポイント

☑ 東南アジア…植民地時代のプランテーションから工業化が進む。
☑ 南アジア…インドで ICT 関連産業が発達。
☑ 西アジア…イスラム教徒が多い。ペルシャ（ペルシア）湾岸は世界的な石油の産地。

❶ 農業

①季節風（モンスーン）の影響で降水量が多く、稲作が盛ん。一年中高い気温をいかし、年に2回同じ土地で稲を栽培する二期作も行われる。

②マレーシアやインドネシアなどでは、植民地時代にひらかれたプランテーション（大農園）で油やしなどの輸出用作物を栽培。
現在は現地の人々が経営↲

③タイは養殖えび、フィリピンはバナナなどを輸出。

❷ 工業
…タイやマレーシア、インドネシアなどでは、製品の輸出を目的として工業団地を整備。外国企業を招き、工業化が進む。

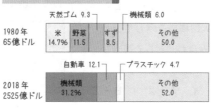

タイの輸出品の変化

			天然ゴム 9.3		機械類 6.0	
1980年 65億ドル	米 14.7%	野菜 11.5	すず 8.5		その他 50.0	

	自動車 12.1		プラスチック 4.7	
2018年 2525億ドル	機械類 31.2%			その他 52.0

（「日本国勢図会」2020／21年版ほか）

❸ 結びつき
…東南アジア諸国連合（ASEAN）に加盟。加盟国のあいだで関税をなくすなど、経済的・政治的な結びつきを強化。

❹ 急速な都市化
…農村から都市部へ人口が大量に流入。仕事に就けずスラムに住む人や、交通渋滞などの問題が発生。
衛生状態が悪く住居が密集する地区↲

5 南アジア・西アジア・中央アジア

❶ 南アジア

①宗教：インドの人口の約8割がヒンドゥー教を信仰。パキスタンやバングラデシュでは大多数がイスラム教徒。

②農業：ガンジス川下流域では稲作が盛ん。インダス川流域では小麦、デカン高原では綿花、アッサム州では茶を栽培。

③工業：インドの南部（ベンガルール（バンガロール）など）でICT（情報通信技術）産業が発展。めざましい発展を遂げる。←理数教育の水準が高く、英語を話せる技術者が多いことなどが背景。

❷ 西アジア

①多くが乾燥帯に属する。アラビア語を用い、多くがイスラム教を信仰。②ペルシャ（ペルシア）湾岸は世界有数の石油の産出地。原油国は石油輸出国機構（OPEC）を結成し、原油価格を調整。
オペック

❸ 中央アジア
…天然ガスやウラン、金、レアメタルなどの鉱産資源が豊富。
ハイテク機器などに用いられる希少金属↲

（🔴 暗記）

プランテーション→輸出用の作物である商品作物を栽培している。

（🔧 発展）

ASEANは東南アジア地域で政治や経済などを協力しあうために1967年に結成。2023年現在は10か国が加盟。

（🔧 発展）

インドはアメリカ合衆国との時差を利用し、ICT産業が発達した。

日本の原油の輸入先

その他 17.2
クウェート 8.5
カタール 8.8
アラブ首長国連邦 29.7
サウジアラビア 35.8%

（2019年）　（「日本国勢図会」2020/21年版）

確認問題

日付	／	／	／
○△×			

1　右の地図を見て、あとの問いに答えなさい。

[2021　兵庫県]

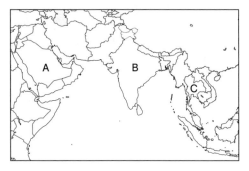

(1)　地図について述べた次の文中の（　　　）にあてはまる
語句の組み合わせとして適当なものを、あとの**ア～エ**か
ら選び、記号で答えなさい。

> 　船でアフリカ東岸から南アジアへ向かう場合、
> （　**a**　）頃であれば追い風を受けて航海することがで
> きる。この地域の風は、夏と冬で向きを変える特徴が
> あり、この風を（　**b**　）という。

ア　a－1月　　b－モンスーン　　　　**イ**　a－7月　　b－モンスーン
ウ　a－1月　　b－ハリケーン　　　　**エ**　a－7月　　b－ハリケーン

(2)　右の資料中の**X～Z**は、それぞれ地図中の**A～
C**のいずれかの国の宗教別人口構成を示している。
そのうち**A**、**B**と**X～Z**の組み合わせとして適当な
ものを、次の**ア～カ**から選び、記号で答えなさい。

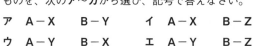

（「データブック　オブ・ザ・ワールド」）

ア　A－X　　B－Y　　　**イ**　A－X　　B－Z
ウ　A－Y　　B－X　　　**エ**　A－Y　　B－Z
オ　A－Z　　B－X　　　**カ**　A－Z　　B－Y

(3)　地図中の**B**の産業について述べた次の文**X**、**Y**について、その正誤の組み合わせとして適当なものを、あ
との**ア～エ**から選び、記号で答えなさい。

　X　理数教育の水準の高さなどを背景とし、ベンガルール（バンガロール）を中心にICT産業が発展している。
　Y　自動車産業の分野では、日本をはじめとする外国の企業が進出している。

ア　X－正　　Y－正　　**イ**　X－正　　Y－誤　　**ウ**　X－誤　　Y－正　　**エ**　X－誤　　Y－誤

2　中国について、あとの問いに答えなさい。

(1)　中国では、外国の資本や技術を積極的に導入するための地域として、1980年から1988年までに五つの地
域が指定された。1980年に指定された深圳（シェンチェン）など、外国企業をよい条件で受け入れるために開放された地域
は何と呼ばれているか。漢字4字で書
きなさい。　　　　　[2022　大阪府]

(2)　中国の自動車生産台数は、世界第1
位である。中国の自動車生産台数が増
加した理由を、右の資料1、2から読み
取れることを関連付けて、簡潔に書き
なさい。　　　　　[2022　山梨県]

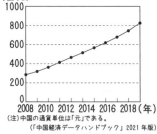

資料1　中国の平均賃金（年額）の推移
（注）中国の通貨単位は「元」である。
（「中国経済データハンドブック」2021年版）

資料2　中国の自動車生産台数と輸出台数
（「日本の自動車工業」2020年版など）

3 次の問いに答えなさい。

(1)　東南アジアの経済成長や社会的・文化的発展の促進を目的として1967年に結成され、ミャンマーやカンボジアなど東南アジアの10か国が加盟している国際組織の略称はどれか。次の**ア〜エ**から選び、記号で答えなさい。　　　　　　　　　　　　　　　　　　　[2022　大阪府]

ア　EU　　イ　APEC　　ウ　ASEAN　　エ　MERCOSUR

(2)　右の地図中の**Ⅰ・Ⅱ**、グラフ中の**Ⅲ**、**Ⅳ**は、タイ、インドネシアのいずれかである。タイの組み合わせとして適当なものを、次の**ア〜エ**から選び、記号で答えなさい。

[2022　岐阜県]

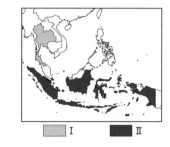

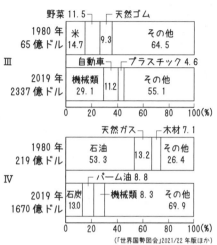

ア　地図−Ⅰ　グラフ−Ⅲ　　イ　地図−Ⅰ　グラフ−Ⅳ
ウ　地図−Ⅱ　グラフ−Ⅲ　　エ　地図−Ⅱ　グラフ−Ⅳ

(3)　地図中のインドネシアでは、天然ゴムや油やしなどの特定の商品作物を大規模に栽培する農園がみられる。このような農園をカタカナで何というか、書きなさい。[2021　石川県改]

4 右の地図を見て、あとの問いに答えなさい。

(1)　地図中の**X**の国において、最も多くの人々が信仰している宗教を、次の**ア〜エ**から選び、記号で答えなさい。　　　　[2021　福島県]

ア　キリスト教　　イ　ヒンドゥー教
ウ　イスラム教　　エ　仏教

(2)　次の資料は、地図中で示された東経100度線上での緯度ごとの気候区分を模式的に表したものである。資料中の**A〜C**にあてはまる気候区分を、あとの**ア〜ウ**からそれぞれ1つ選び、記号で答えなさい。

[2022　和歌山県]

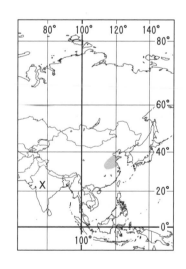

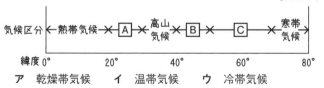

ア　乾燥帯気候　　イ　温帯気候　　ウ　冷帯気候

5 アラブ首長国連邦のドバイでは、原油の輸出で得た豊富な資金などを使い、1990年代から、高級ホテルがある人工島をつくるなどのリゾート開発を進めてきた。資料1は、1987年における、世界の原油の可採年数（採掘可能年数）を示している。資料2は、1987年と2017年における、アラブ首長国連邦の、輸出総額と、輸出総額に占める原油の輸出額の割合を示している。ドバイで、原油の輸出で得た豊富な資金などを使い、リゾート開発を進めようとした目的を、資料1、2から考えられることに関連づけて、簡単に書きなさい。　　　[2020　静岡県改]

資料1

	可採年数(年)
原油	43.6

（「世界国勢図会」1990/91年版）

資料2

1987年
103億ドル　原油

2017年
3135億ドル　その他

0　20　40　60　80　100(%)

（「世界国勢図会」1995/96年版ほか）

Chapter

3

地理

ヨーロッパ州／アフリカ州

1 ヨーロッパ州の自然と文化、農業

💡 絶対おさえる！ ヨーロッパ州

☑ 北大西洋海流と偏西風の影響で、緯度が高いわりに温暖な気候。
☑ EU（ヨーロッパ連合）では加盟国間の経済格差が課題。

❶ **自然**…①ユーラシア大陸の西側に位置し、全体的に日本より高緯度だが、北大西洋海流の上を吹く偏西風の影響で冬の寒さは厳しくない。②温帯の中で**西岸海洋性気候**、**地中海性気候**と、冷帯（亜寒帯）の気候に分かれる。③平野部には**ライン川**が流れ、南部には険しい**アルプス山脈**。北部の沿岸部には**フィヨルド**。

❷ **文化**…①**キリスト教**が広く信仰されている。②言語は**ゲルマン系言語**、**ラテン系言語**、**スラブ系言語**に分かれる。

❸ **農業**…自然環境に合った農業。

①**混合農業**…フランスやドイツなどで行われている、穀物の栽培と畜産を組み合わせた農業。

②**地中海式農業**…地中海沿岸では乾燥する夏にぶどうやオリーブ、雨の降る冬に小麦を栽培する。

③**酪農**…ヨーロッパ北部やアルプス山脈のふもとで行われている。

バターやチーズを生産！

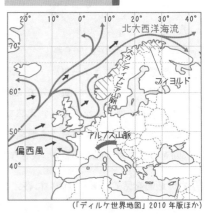

ヨーロッパ州の自然

北大西洋海流

フィヨルド

アルプス山脈

偏西風

（「ディルケ世界地図」2010 年版ほか）

📖 暗記

西岸海洋性気候→一年を通して平均的に雨が降る。
地中海性気候→夏は乾燥して晴れが続く。

2 ヨーロッパ統合の動きと課題

❶ **EU の成立**…第二次世界大戦後、ヨーロッパの国どうしで争うのをやめ、互いに協力して発展しようという風潮に➡ヨーロッパでは統合の動きが進み、1993 年に **EU（ヨーロッパ連合）** が成立した。加盟国は **27 か国**（2023 年）。

❷ **EU 市場の形成**…加盟国間では関税がかからず、国境を越える行き来も原則自由。2002 年には共通通貨の**ユーロ**を導入。各国間の交通網も整備。国際分業によって、航空機を各国で分担して生産している。

❸ **統合の課題**

①近年加盟した東ヨーロッパの国々と西ヨーロッパの国々で経済格差が広がる。

②増加する移民・難民の受け入れ体制の整備。

❹ **環境問題への取り組み**…酸性雨などが発生。

再生可能エネルギーの利用、持続可能な社会を目指す。

🏷 発展

ヨーロッパ統合の動きは、ヨーロッパで戦争を起こさない、アメリカ合衆国やソ連などの大国に対抗するという背景があった。

EU各国の一人あたりの国民総所得

3万ドル以上
2万〜3万ドル
1万〜2万ドル
1万ドル未満

※イギリスはEUを2020年1月に離脱。

アイスランド
スウェーデン
ノルウェー
フィンランド
エストニア
ラトビア
リトアニア
デンマーク
アイルランド
イギリス
オランダ
ベルギー
ドイツ
ポーランド
ルクセンブルク
チェコ
スロバキア
フランス
スイス
オーストリア
ハンガリー
ルーマニア
スロベニア
クロアチア
ブルガリア
ポルトガル
スペイン
イタリア
ギリシャ
マルタ
キプロス

（2017年）　　　（世界銀行資料）

月　　　日

合格への ヒント
- EU統合への課題（特に難民問題）は時事問題で出題の可能性大！
- アフリカで植民地支配がもたらした影響を必ずおさえよう！

3 アフリカ州の自然と文化・歴史

💡 絶対おさえる！ アフリカ州

☑ 経線や緯線を用いた直線的な国境線が多いのは、植民地時代に引かれた境界線を用いているため。
☑ モノカルチャー経済の国が多い→経済が不安定になりやすい。

❶ 自然

①北部には、世界最大のサハラ砂漠、世界最長のナイル川。

②赤道付近は熱帯で、一年中雨が多く、熱帯雨林（熱帯林）が広がる。赤道周辺はサバナ気候の地域で、サバナが広がる。その南北
　└ 低い木がまばらに生える草原
にサハラ砂漠などの乾燥帯が広がり、温帯も分布している。

③サハラ砂漠の南の縁に沿ったサヘルでは、植物が育たず、やせた土地になる砂漠化が進む。

❷ 文化・歴史

①北部では、アラビア語が話され、**イスラム教**を広く信仰している。

② 16世紀にヨーロッパ諸国との交易が始まると、多くの人が奴隷としてアメリカ大陸へ連れて行かれた。19世紀末までには大部分がヨーロッパ諸国の植民地に。20世紀後半に独立。

❸ 植民地支配の影響

①英語やフランス語が公用語になっている国が多い。

②植民地時代に引かれた境界線を国境としている。緯線や経線を基に引かれていることから、まっすぐな国境線が多い⇒国内の民族対立を招く。

アフリカ州の自然

アトラス山脈　地中海
サハラ砂漠
ナイル川
ギニア湾
エチオピア高原
赤道
大西洋
コンゴ盆地
インド洋
ザンベジ川
ドラケンスバーグ山脈

🔖 発展

南アフリカ共和国では、かつてヨーロッパ系以外の人々を差別するアパルトヘイト（人種隔離政策）がとられていた。

4 アフリカ州の産業・発展

❶ 農業

①プランテーション農業⇒ギニア湾岸のコートジボワールやガーナでは**カカオ豆**、ケニアでは茶やバラ、エチオピア
　　　　　　└ チョコレートの原料
ではコーヒー豆を輸出用に栽培。

②伝統的な焼畑農業や遊牧。
　　　　└ 森林を焼き払い、灰を肥料にして行う農業

❷ 鉱業
…金やダイヤモンド、銅などの鉱産資源が豊富。重要な輸出品となっている。近年は、レアメタルが南ア
　　　　　　　　　└ ハイテク機器などに用いられる希少金属
フリカ共和国を中心に生産。

かたよる輸出品

コートジボワール（2018年）118億ドル

カカオ豆 27.5%		金 6.8	その他 47.4

カシューナッツ 9.8 ┘ └ 石油製品 8.5

ザンビア（2018年）91億ドル

銅 75.2%	その他 24.8

ナイジェリア（2018年）624億ドル

原油 82.3%	9.9	7.8

液化天然ガス ┘ └ その他

（「世界国勢図会」2020／21年版）

❸ 課題

①カカオ豆や銅、石油など、特定の農産物や鉱産資源の生産・輸出にたよるモノカルチャー経済⇒価格や生産量が変動するため、国の財政が不安定。

②人口増加、干ばつや砂漠化などの影響により、食料不足が発生。

❹ 発展への協力
…地域統合を目指し、2002年にアフリカ連合（AU）を結成。国境を越えて活動するNGO（非政府組織）も支援を続けている。
　　　　　　　　　　　　　　└ 教育や農業支援なども行う

✔ 確認問題

日付	／	／	／
○△×			

1 右の地図を見て、あとの問いに答えなさい。

(1) 地図中の **X** で示された地域の沿岸部に見られる、氷河によってけずられた谷に海水が深く入りこんだ地形を何というか、書きなさい。

[2022　和歌山県]

(2) ヨーロッパ州には、複数の国を流れる国際河川が見られる。地図中の河川 **Y** の名称を書きなさい。　　　　[2022　奈良県]

(3) 次の文は、地図中の **A** の気候についてまとめたものである。文中の（　　）にあてはまる語句の組み合わせとして適当なものを、あとの **ア～エ** から選び、記号で答えなさい。　　　[2021　静岡県]

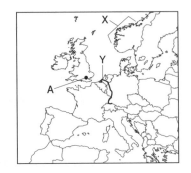

> **A** は、大西洋を北上する（　**a**　）の北大西洋海流と、その上空を吹く偏西風（へんせいふう）の影響（えいきょう）を受けて、（　**b**　）気候となる。

ア **a**－寒流　　**b**－地中海性　　　**イ** **a**－寒流　　**b**－西岸海洋性

ウ **a**－暖流　　**b**－地中海性　　　**エ** **a**－暖流　　**b**－西岸海洋性

(4) 右の表は、地図で示されたヨーロッパ州の国の言語を、大きく3つに分類したものである。表中の □ にあてはまる語を書きなさい。

ゲルマン系言語	英語、ドイツ語、ノルウェー語など
□ 系言語	フランス語、イタリア語、スペイン語など
スラブ系言語	ロシア語、ポーランド語、ブルガリア語など

[2022　和歌山県]

2 右の地図を見て、あとの問いに答えなさい。

(1) 地図中のフランスでは、小麦やライ麦などの穀物の栽培（さいばい）と豚（ぶた）や牛などの家畜（かちく）の飼育を組み合わせた農業が行われてきた。このような農業を何というか、書きなさい。　　[2022　奈良県]

(2) 地図で示されたヨーロッパ連合（EU）加盟国において、EUの成立は人々の生活に大きな変化をもたらした。多くのEU加盟国で起こった変化の1つを、「パスポート」という語句を用いて、簡潔に書きなさい。　　　[2022　和歌山県]

フランス

● ヨーロッパ連合（EU）加盟国

(3) EUの説明として正しいものを、次の **ア～エ** から2つ選び、記号で答えなさい。　　　[2022　沖縄県]

ア 多くの加盟国間では、国境の行き来が自由になったため、EU域内のどこでも働くことができるようになった。

イ すべての加盟国が共通通貨ユーロを導入しているため、両替をせずに買い物ができる。

ウ 加盟国間は関税がかからないため、EU域内の農作物や工業製品の貿易がさかんになった。

エ EU域内では、西ヨーロッパと東ヨーロッパの国々の間にみられた経済格差は解消した。

3 **右の地図を見て、あとの問いに答えなさい。**

(1)　地図中の**X**の部分は、5つの気候帯の1つを示している。この気候
帯を何というか、書きなさい。　　　　　　　　　　　　[2021　滋賀県]

(2)　地図中の**X**の地域で栽培されている農産物のうち、次の説明文にあ
てはまる農産物は何か。あとの**ア〜エ**から選び、記号で答えなさい。
　　　　　　　　　　　　　　　　　　　　　　　　　　[2021　滋賀県]

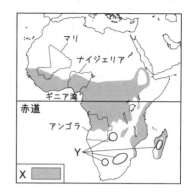

> この農産物は、世界全体の半分以上が赤道付近のギニア湾岸にあるコートジボ
> ワールとガーナで生産されており、日本を含む世界各地に輸出されている。

　ア　コーヒー豆　　**イ**　バナナ　　**ウ**　カカオ豆　　**エ**　茶

(3)　地図中の**Y**の地域では、クロムやマンガンなどの金属が多く産出されている。電子機器など高度な工業製
品の生産に欠かせないこれらの金属を総称して何というか、書きなさい。　　　　　　　　　　[2020　高知県]

(4)　右の資料は、地図中の3か国における公用語を示している。これ
らの国々では公用語にヨーロッパの言語が使用されている。その理
由を「これらの国々は」に続けて簡潔に書きなさい。　[2021　長崎県]

国名	公用語
マリ	フランス語
ナイジェリア	英語
アンゴラ	ポルトガル語など

（外務省資料）

4 **アフリカ州について、あとの問いに答えなさい。**

(1)　次の**ア〜エ**は、2019年のボツワナ、ロシア、ブラジル、アラブ首長国連邦のいずれかの日本への輸出額
および主な輸出品目の割合を示したものである。このうち、ボツワナを示しているものを選び、記号で答え
なさい。　　　　　　　　　　　　　　　　　　　　　　　　　　　　　　　　　　　　　　[2022　岩手県]

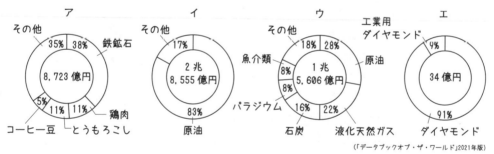

（「データブックオブ・ザ・ワールド」2021年版）

(2)　次の文は、アフリカ州にあるコートジボワールの輸出と国の収入の関係についてまとめたものである。文
中の　　　　　にあてはまる内容を、資料1、2を関連づけて、「割合」、「価格」という語句を使って簡潔に書
きなさい。　　　　　　　　　　　　　　　　　　　　　　　　　　　　　　　　　　　　　[2021　山梨県]

> コートジボワールでは、
> 　　　　　　　ため、国の収入
> が安定しない。

資料1　コートジボワールの
輸出品目

資料2　カカオ豆1トンあたりの国際価格の推移

（「世界国勢図会」2020/21年版）
（IMF ウェブページ）

地理
北アメリカ州／南アメリカ州／オセアニア州

1 北アメリカ州

💡 絶対おさえる！ アメリカ合衆国の農業・工業

- ☑ 各地域の気候や自然環境にあった適地適作の農業。企業的な農業経営が増加。
- ☑ サンフランシスコ郊外の**シリコンバレー**には、ICT（情報通信技術）産業の企業が集中。

❶ 自然

①大陸の西側には**ロッキー山脈**、東側には**アパラチア山脈**が連
〔環太平洋造山帯に含まれる〕
なり、その間には**グレートプレーンズ**や**中央平原**。ミシシッピ
〔高原上の大平原〕
川の西側に広がる**プレーリー**は世界的な農業地帯。

②メキシコ湾に面した地域は、夏から秋にかけて**ハリケーン**が
〔熱帯低気圧で、暴風雨をともなう〕
たびたび発生し、高潮や洪水などの大災害をもたらす。

❷ 歴史…先住民の**ネイティブアメリカン**が生活⇒17世紀末以
降、イギリスやフランスが植民地をつくり、移民が開拓。

❸ 結びつき…アメリカ合衆国、カナダ、メキシコは、**NAFTA**
（北米自由貿易協定）に代わり**USMCA**（米国・メキシコ・カ
ナダ協定）を2018年に結び、貿易を活発化。

❹ アメリカ合衆国

①民族…ヨーロッパ系・アフリカ系・アジア系など多くの民族
からなる。近年は、メキシコなどから仕事を求めて
やって来たスペイン語を話す**ヒスパニック**が増加。

②農業…各地域の気候や自然環境にあった農作物を生産する
適地適作の農業。広大な農地で、大型機械を用い少ない労働
力で農作物を生産し、生産性が高い企業的な農業が増加⇒多
くの農作物を世界中に輸出し、「**世界の食料庫**」と呼ばれる。

③工業…五大湖周辺で鉄鋼業や自動車産業が発達。その後、北
〔ピッツバーグ〕〔デトロイト〕
緯37度以南の**サンベルト**で先端技術産業などが発達。
シリコンバレーには**ICT**（情報通信技術）産業の企業が集中。
〔サンフランシスコ郊外〕　〔航空宇宙産業、コンピュータ関連産業など〕

④産業と資源…多くの国に販売や生産の拠点をもつ**多国籍企業**が世界中に進
出。近年、天然ガスの一種である**シェールガス**の開発が進む。

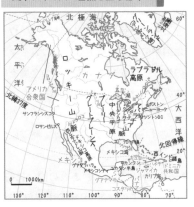

北アメリカ州の自然と主な都市

アメリカの農業分布

凡例：小麦／とうもろこし, 大豆／酪農／綿花／果樹／放牧／その他の農業地／非農業地
（「グーズ世界地図」2017年版ほか）

🐌 発展

アメリカ合衆国には、農業に
関連することを専門的に扱
うアグリビジネスを行う企
業がある。

2 南アメリカ州

💡 絶対おさえる！ 南アメリカ州の農業と課題

- ☑ ブラジルでは**バイオエタノール**（バイオ燃料）の原料となる**さとうきび**の栽培が盛ん。
- ☑ アマゾン川流域では熱帯雨林（熱帯林）が減少し、環境問題が深刻化。持続可能な開発が課題。

❶ 自然…西部の太平洋側に**アンデス山脈**。東には**アマゾン川**が流れ、流域には
〔流域面積は世界最大〕
広大な熱帯雨林。アルゼンチンには、**パンパ**と呼ばれる大草原が広がる。

● 北アメリカ州の「シリコンバレー」「シェールガス開発」は時事問題として出題の可能性あり！
● 経済的な開発により生じる問題は「持続可能な開発」というキーワードとあわせて理解しよう。

②歴史・文化…インカ帝国など、先住民による高度な文明が栄える。16世紀以降、スペインやポルトガルが植民地として支配。多くの人がキリスト教を信仰し、スペイン語やポルトガル語を公用語とする。
└→ブラジル

③農業

①アマゾン川流域では、伝統的に焼畑農業を行ってきた。
森林や草原を焼いた灰を肥料として農作物を栽培→

②ブラジルでは、コーヒー豆、大豆の栽培が盛ん。近年、バイオエタノール（バイオ燃料）の原料となるさとうきびの生産が増加。

③アルゼンチンのパンパでは、小麦の栽培や肉牛の放牧。

④アンデス山脈では、標高にあわせてじゃがいもやとうもろこしなどを栽培。

④鉱工業…ブラジルでは鉄鉱石、チリでは銅、ベネズエラでは原油を多く産出。ブラジルは航空機、自動車など工業化が進み、BRICSの一員に。
└→資源が豊富で経済成長が著しい国々

⑤開発と課題…アマゾン川流域では、大規模な開発により、熱帯雨林が伐採され、地球温暖化の進行や動植物への影響が心配される⇒経済発展と環境保護を両立させる、持続可能な開発を進めることが課題。

3　オセアニア州

①構成…オーストラリア大陸と太平洋の島々で構成。ポリネシア、ミクロネシア、メラネシアに分けられる。

②自然

①地形…オセアニアの島々は、火山活動によってできた火山島と、発達したさんご礁に取り囲まれた島がある。
└→暖かくきれいな海にできる

②気候…オーストラリア大陸の大部分は乾燥帯。大陸の東部や南西部、ニュージーランドは温帯。太平洋の島々は熱帯。

③歴史・文化…オーストラリアにはアボリジニ、ニュージーランドにはマオリが古くから暮らす。18世紀後半にイギリスがオーストラリアを植民地にし、開拓を進めた。

④農業…羊や牛（肉牛）の飼育が盛ん。

⑤鉱業…オーストラリアでは、東部で石炭、北西部で鉄鉱石を多く産出。

⑥結びつき…オーストラリアでは、1970年代初めまでヨーロッパ以外からの移民を制限する白豪主義をとる。撤廃後、アジアなどからの移民が増加⇒多文化社会へ。
さまざまな文化をたがいに尊重する社会→

南アメリカ州の自然、農業

ブラジルの輸出品

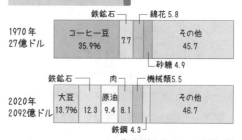

	鉄鉱石		綿花 5.8	
1970年 27億ドル	コーヒー豆 35.9%	7.7		その他 45.7

砂糖 4.9

	鉄鉱石		肉	機械類5.5	
2020年 2092億ドル	大豆 13.7%	12.3	原油 9.4	8.1	その他 46.7

鉄鋼 4.3

（「世界国勢図会」2022／23年版ほか）

オーストラリアの鉱産資源の分布

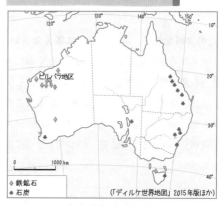

◇ 鉄鉱石
◆ 石炭

（「ディルケ世界地図」2015年版ほか）

オーストラリアの貿易相手国の変化

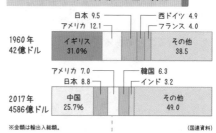

	日本 9.5 アメリカ 12.1		西ドイツ 4.9 フランス 4.0	
1960年 42億ドル	イギリス 31.0%			その他 38.5

	アメリカ 7.0 日本 8.8		韓国 6.3 インド 3.2	
2017年 4586億ドル	中国 25.7%			その他 49.0

※金額は輸出入総額。　　　　　　　　　　（国連資料）

確認問題

日付	／	／	／
○△×			

1 右の地図を見て、あとの問いに答えなさい。

(1) 地図中の**A～C**にあてはまる語句の組み合わせとして正しいものを、次の**ア～エ**から選び、記号で答えなさい。

[2021　滋賀県]

ア　**A**－グレートプレーンズ　**B**－プレーリー　**C**－中央平原
イ　**A**－プレーリー　**B**－グレートプレーンズ　**C**－中央平原
ウ　**A**－グレートプレーンズ　**B**－中央平原　**C**－プレーリー
エ　**A**－プレーリー　**B**－中央平原　**C**－グレートプレーンズ

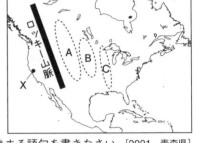

(2) アメリカで暮らす移民について述べた次の文中の（　　　）にあてはまる語句を書きなさい。[2021　青森県]

> メキシコ、中央アメリカ、西インド諸島の国々などからやってきた（　　　）語を話す移民はヒスパニックと呼ばれ、農場、建設工事現場など、重労働の職場で低い賃金で働く人が少なくない。

(3) 地図中の**X**で示したアメリカ合衆国のサンフランシスコ郊外の地域には、コンピュータやインターネット関連の先端技術産業の会社などが集まっているが、この地域を何というか、書きなさい。　[2022　高知県]

(4) 北アメリカでは、USMCAと呼ばれる新たな貿易協定が2020年に発効された。USMCAは、NAFTAに加盟していた3か国による新たな貿易協定である。USMCAに加盟している3か国のうち、2か国はアメリカ合衆国とカナダである。あと1か国はどこか。国名を書きなさい。　[2022　大阪府]

2 右の資料を見て、あとの問いに答えなさい。

(1) アメリカ合衆国では、地域によって気温や降水量、土地などの自然条件が異なるので、それぞれの環境に合った農作物を栽培している。これを何というか、漢字4字で書きなさい。　[2021　長野県]

(2) 次の文中の 　　　　 にあてはまることがらを、資料1・2を参考にして、「農地」、「大型機械」という2つの語句を用いて、簡潔に書きなさい。　[2021　岐阜県]

> 日本とアメリカの農業経営を比べると、アメリカの農業の特色は、少ない労働力で　　　　という、企業的な農業が主流となっていることである。

資料1　日本とアメリカの農業の比較

	日本	アメリカ
農民一人あたりの農地面積	3.7ha	169.6ha
農民一人あたりの機械の保有台数	1.64台	1.77台

(「FAOSTAT」より作成)

資料2　アメリカの大規模なかんがい農業

たくさんのスプリンクラーがついた、長さ400mのかんがい装置が散水しながら動く。

3 右の地図を見て、あとの問いに答えなさい。

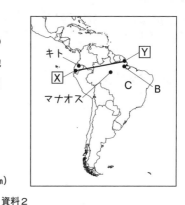

(1) 資料1は、地図中の図と図地点間の地形の断面を模式的に表したものである。資料1中のAの山脈の名前を書きなさい。また、地図中のB地点に河口がある河川の名前を書きなさい。　[2021　山梨県]

資料1
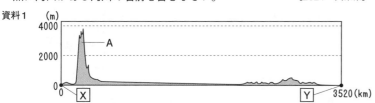

(2) 資料2は、略地図中のキトとマナオスの月平均気温を表している。ほぼ同緯度に位置するマナオスに比べて、キトの気温が低い理由を書きなさい。　[2022　青森県]

(3) さとうきびやとうもろこしなどの植物原料から作られ、地球温暖化対策になると注目されている燃料を何というか、書きなさい。　[2022　青森県]

資料2
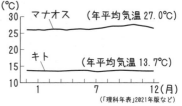

(4) 次の文は、地図中のCの国を流れる大河の流域に住む人々が、伝統的に行ってきた農業についてまとめたものであり、文中の（　　　）には同じ語句が入る。（　　　）にあてはまる語句を書きなさい。[2020　山梨県]

> この地域の人々は、（　　　）農業を続け、自然と共存しながら森林を利用する伝統的な生活を営んできた。（　　　）農業とは、森林や草原を燃やし、その灰を肥料として作物を栽培する農業である。

4 右の地図を見て、あとの問いに答えなさい。

(1) オーストラリアの首都であるキャンベラの位置を、地図中のア〜エから選び、記号で答えなさい。　[2021　群馬県]

(2) オーストラリアに暮らす先住民族として最も適当なものを、次のア〜エから選び、記号で答えなさい。　[2022　鹿児島県]
　ア　アボリジニ　　イ　イヌイット　　ウ　マオリ　　エ　ヒスパニック

(3) 地図中の×は、資料1のⅠの鉱産資源の分布を示し、■はⅡの鉱産資源の分布を示している。ⅠとⅡの鉱産資源名をそれぞれ書きなさい。　[2020　富山県]

(4) 資料2は、オーストラリアの輸出額の総計に占める主要輸出相手国の割合の推移を示したものである。資料2のア〜エは、アメリカ、イギリス、中国、日本のいずれかである。イギリスと中国にあてはまるものを、ア〜エの中からそれぞれ1つ選び、記号で答えなさい。

[2022　茨城県]

資料1　日本の主な鉱産資源の輸入先

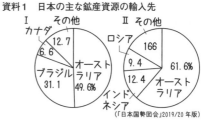

資料2
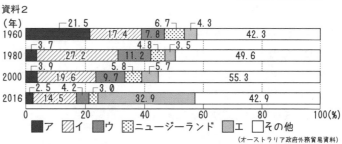

Chapter 5

地理
地域調査／日本の特色①

1 地域調査

❶ **地域調査の手法**…情報を集める➡調査テーマを決める➡仮説を
立てる➡調査計画を立てる➡調査する➡考察
「〜だろう」という予想
しまとめる➡発表する。
わかりやすさを心がける

❷ **調査の方法**…野外観察（フィールドワーク）や聞き取り調査。文
献や統計などを用いた調査。
事前に聞きたいことを整理

❸ **地形図を活用する**…土地利用の様子がわかる。①縮尺…実際の
2万5千分の1など
距離を縮小した割合。②方位…上が北になる。③等高線…高さが
方位記号がないとき
等しい地点を結んだ線。等高線の**間隔がせまければ傾斜は急**⇔広
ければ傾斜はゆるやか。④地図記号…建物や土地利用の様子を記
号で表したもの。⑤実際の距離…（地図上の長さ）×（縮尺の分母）
で計算。

❹ **調査をまとめる**…グラフや地図など図表でまとめるとわかりや
すい。

> 割合は円グラフ、
> 変化は折れ線グラフ！

主な地図記号

土地利用	建物・施設	
‖‖ 田	■□ 建物 / 中高層建物	建物密集地 / 中高層建物街
⌄⌄ 畑	◎ 市役所 東京都の区役所	⊗ 高等学校
ᕁᕁ 果樹園	○ 町・村役場（指定都市の区役所）	⊞ 病院
ᐱᐱ くわ畑	⊗ 官公署	⺤ 老人ホーム
∴∴ 茶畑	X 交番 ⊗ 警察署	⊞ 神社
	ϒϒ 消防署	卍 寺院
ᑫᑫ 広葉樹林	⊕ 郵便局	⊞ 図書館
ᐃᐃ 針葉樹林	☼ 工場	⊞ 博物館・美術館
	⊙ 発電所・変電所	⌂ 記念碑
	✦ 小・中学校	⚙ 風車

道路・鉄道

道路・鉄道	
══ 2車線道路	═ 国道および国道番号
── 軽車道	⊞⊟ 有料道路および料金所
---- 徒歩道	┼┼┼（JR）┼┼┼┼（JR以外）普通鉄道

2 日本の地形

💡 絶対おさえる！ 日本の地形

☑ 日本列島は**約4分の3が山地や丘陵**。中央部に日本アルプス。
☑ 日本の川は世界の川に比べ**傾斜が急で流域面積がせまい**。

❶ **造山帯**…山地や山脈が連なっているところ。世界には**環太平洋造山**
火山活動も活発
帯とアルプス・ヒマラヤ造山帯がある。
日本が属する

❷ **山地**…①陸地の約4分の3は山地と丘陵。②飛驒・木曽・赤石山脈
は日本アルプス。③**フォッサマグナ**を境に、東日本は南北、西日本は
大きな溝状の地形
東西に山地や山脈がのびる。

❸ **川**…流れが急で短く、流域面積がせまい。
国土が細長いので、水源から河口までが短い

❹ **平地**…海に面した平野や、山に囲まれた盆地など。①**扇状地**…川が
日本最大の平野は関東平野
山から平地に流れ出たところにできる扇状の土地。②**三角**
水はけが良い
州…川が海や大きな湖に出るところに土砂が積もってできた、
低くて平らな三角状の土地。

❺ **海岸**…岩石海岸や砂浜海岸。複雑な**リアス海岸**。
小さい岬と湾が入り組んだ海岸

❻ **まわりの海**…①太平洋、東シナ海、日本海、オホーツク海に囲まれる。②太
平洋沖には**海溝**。東シナ海にはなだらかな**大陸棚**が広がる。③海流は太平洋側
深さ8000m以上   深さ約200mまで
に暖流の**黒潮（日本海流）**と寒流の**親潮（千島海流）**。日本海側に暖流の**対馬**
海流と寒流の**リマン海流**。

> 暖流と寒流がぶつかるところは潮目！

📖 参考

変動帯➡火山の活動や地震
の発生、大地の変動が活発
な地域。

日本の主な山脈・山地

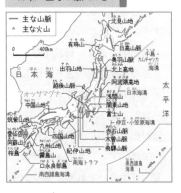

🔖 発展

大陸棚や**潮目（潮境）**はプラ
ンクトンが集まるので好漁
場となる。

合格への
ヒント
● 地形図の読み取り問題は頻出！地図記号や等高線は必ず覚えておこう！
● 季節風が日本の気候に与える影響を地域ごとにおさえよう！

3 日本の気候

💡 絶対おさえる！ 日本の気候

☑ 夏は太平洋側から、冬はユーラシア大陸から吹く季節風が大きな影響をあたえる。
☑ 日本海側は冬の雪や雨の量が多く、太平洋側は冬に乾燥する。

❶ **気候区分**…日本列島の大部分が温帯の温暖湿潤気候で、温暖で四季がみられる。

❷ **季節風**…夏は太平洋側から、冬はユーラシア大陸から吹きこみ、日本の気候に影響をあたえる。

❸ **各地の気候**

①北海道の気候…冷帯（亜寒帯）に属し、冬の寒さが厳しい。梅雨はみられない。

②日本海側の気候…冬に雪や雨が多い。

③太平洋側の気候…冬は乾燥し晴れの日が多く、夏は雨が多い。

④中央高地（内陸）の気候…年間を通して降水量が少なく、夏と冬の気温差が大きい。

⑤瀬戸内の気候…年間を通して降水量が少なく、温暖。
└水不足に備えてため池がつくられた

⑥南西諸島の気候…冬でも温暖で、降水量が多い。
└沖縄県など

日本の気候区分

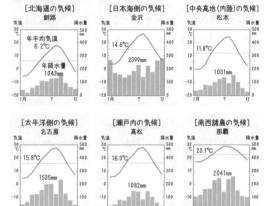

（「理科年表」2021年版）

4 自然災害

❶ **さまざまな自然災害**…地震による建物の倒壊や津波、火山の噴火、大雨による洪水や土砂くずれ、土石流、台風による強風や高潮など。

洪水	大雨などにより、川の水位や流量が異常に増大し、堤防の外側に川の水があふれ出る現象。
津波	海底で起きた地震などによって、海水がおし上げられて生じる高波。
高潮	台風や発達した低気圧によって、海面が異常に高くなる現象。
干ばつ	雨が十分に降らないため、水不足になること。
土石流	集中豪雨や火山の噴火などによって、泥や砂、岩などが水とまざって高速で流れ出してくる現象。
冷害	夏に低温になることによって起こる、稲などの農作物への被害。

❷ **被災地への支援**…災害発生時はライフラインの復旧が重要。避難所や仮設住宅の整備など、国や都道府県・市が協力。ボランティアによる支援。
└電気や水道など

❸ **災害に対する取り組み**…国・都道府県などによる支援（公助）とともに、地域の人々が助け合う共助や、災害時には自分の身は自分自身で守る自助が必要。

❹ **減災への取り組み**…都道府県・市では、災害の起きやすい場所や避難所など
└自然災害による被害をなるべく減らすこと
を示したハザードマップ（防災マップ）を作成。災害が起きても被害を小さくする！

☆ 重要

日本海側の気候で冬に降水量が多い理由…季節風が日本海をわたるときに暖流の対馬海流によってもたらされる水蒸気を大量にふくみ、それが山地にぶつかって雪を降らせるため。

☆ 重要

瀬戸内の気候で降水量が少ない理由…中国山地と四国山地にはさまれ、季節風の影響が少ない（日本海や太平洋からの湿った空気がとどきにくい）ため。

確認問題

日付	/	/	/
○△×			

1 地域の調査について、あとの問いに答えなさい。

(1) あいりさんは、社会科の授業で自宅周辺の地域を調査することになり、調査計画を立てた。調査の目的と方法について述べた文として最も適当なものを、次のア〜エから選び、記号で答えなさい。　[2022　長崎県]

　ア　人口を調べるために、駅の乗降客数を調べる。

　イ　生産されている農産物を調べるために、農家の人に聞き取りをする。

　ウ　公園の利用状況を調べるために、公園の面積を計測する。

　エ　通行する車の台数を調べるために、地形図の道路の幅と長さを調べる。

(2) 右の地形図について述べた文として最も適当なものを、次のア〜エから選び、記号で答えなさい。

[2022　新潟県]

　ア　Ⓐの「美術館」がある地点の標高は、80mである。

　イ　Ⓐの「美術館」からⒷの「図書館」までの直線の長さを測ったところ、約5cmであったので、実際の直線距離は約5kmである。

　ウ　「河井町」付近は、広葉樹林が広がっている。

　エ　「高等学校」は、「市役所」から見て、東の方位にある。

(国土地理院1：25,000地形図「輪島」)

2 右の地形図を見て、あとの問いに答えなさい。

[2020　大阪府]

(1) 地形図中には、河川が山地から平野に流れ出るところに土砂が堆積した地形がみられる。下の図は、この地形の模式図である。図中の太線で示したこの地形は何と呼ばれているか。漢字3字で書きなさい。

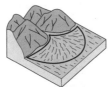

(2) 地形図中のⓍとⓎとを結ぶ線が通る地点の標高を断面図で表したものとして最も適当なものを、次のア〜エから選び、記号で答えなさい。ただし、断面図は、水平距離に対して垂直距離は約2倍で表している。

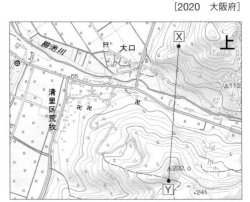

(国土地理院発行の2万5千分の1の地形図（平成27年）に加筆し、約105%に拡大したものである。)

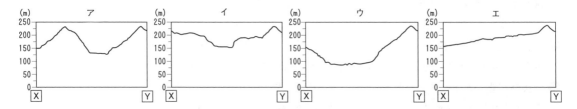

3 右の地図を見て、あとの問いに答えなさい。

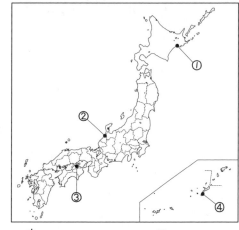

(1) 次の文中の（　　）にあてはまる語句を書きなさい。

[2022　岐阜県]

> 日本列島は、新しい造山帯の1つである（　　　）造山帯に属し、地震（じしん）が多い。

(2) 次のグラフは、地図中の①～④のいずれかの都市の気温と降水量を示したものである。このうち、③の都市を示すグラフとして、最も適当なものを、次のア～エから選び、記号で答えなさい。 [2022　長崎県]

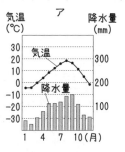
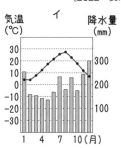
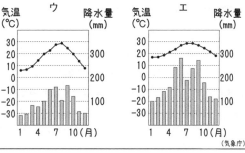

（気象庁）

(3) 次の文は、日本海側の地域で冬に雪が多く降るしくみについて述べたものである。文中の⬚にあてはまる内容を、簡潔に書きなさい。 [2022　和歌山県]

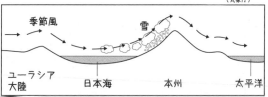

> 右上の資料は、日本海側の地域で冬に雪が多く降るしくみを模式的に表したものである。大陸からふいてくる季節風が、日本海を渡るときに、⬚、本州の山地にぶつかって、日本海側の地域に多くの雪を降らせる。

4 次の問いに答えなさい。

(1) 資料は、日本と世界の主な川の、河口からの距離（きょり）と標高を示した模式図である。日本の川には、世界の主な川と比べて、どのような特徴があるか、資料から読み取り、書きなさい。

[2020　三重県]

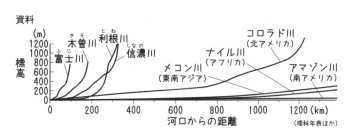

（理科年表ほか）

(2) ハザードマップは、全国の市町村などで作成されている。ハザードマップは、どのような目的で作成されるか。簡潔に書きなさい。

[2021　香川県改]

Chapter 6

（地理）
日本の特色②

1 日本の人口

❶ 人口構成の変化…現在の日本は出生数が減少し、高齢者が増える少子高齢化が進んでいる➡人口の約3割は65歳以上。 社会のしくみも変化！

❷ 人口の分布…①高度経済成長期に農村部から都市部へ人口が流入。②東京・大阪・名古屋の三大都市圏に人口が集中。交通網の整備とともに各地方には政治や経済の中心となる地方中枢都市が発達➡札幌市、仙台市、広島市、福岡市。また、政令指定都市も増加。
└1950年代半ばから1970年代初め

❸ 過密と過疎…①過密…都市部ではせまい地域に人口が密集➡交通渋滞や住宅不足、大気汚染、ごみ問題など。②過疎…農村や漁村では若者が仕事を求めて都市部へ移住し、人口減少と高齢化が進む➡交通機関の廃止、公共施設の統廃合、経済の衰退など。近年はⅠターン、Ｕターンの動きもみられる。
└通勤・通学ラッシュ
└処理場の不足
└病院や学校など
└都市部出身者が地方へ移住するのがⅠターン、地方出身者が都会から地元へ戻るのがＵターン

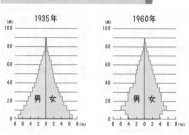

日本の人口ピラミッドの変化

1935年　1960年　2019年

（「日本国勢図会」2020/21年版ほか）

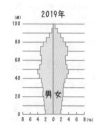

📖 参考

人口ピラミッドは人口割合を男女別・年齢別に示したもの。日本は、出生率・死亡率がともに高い富士山型→出生率・死亡率がともに低いつりがね型→出生率・死亡率がさらに低下したつぼ型と変化。

2 日本の資源・エネルギー

💡 **絶対おさえる！ 日本の資源・エネルギー**

☑ 日本は鉱産資源のほとんどを輸入にたよっており、**石油は西アジアからが8割以上。**
☑ 日本の発電は火力発電が中心。今後は**再生可能エネルギーの利用拡大**が求められる。

❶ 鉱産資源の分布…石油は西アジアのペルシャ（ペルシア）湾に集中するなど、世界の鉱産資源の分布はかたよりがある➡世界で資源の獲得競争が激化。
└西アジア

❷ ほぼ輸入にたよる資源…日本は外国からの安く豊富な鉱産資源の輸入にたより、エネルギー自給率は非常に低い。

❸ 日本の発電方法…①山地が多いことから、1950年代ごろまでは水力発電が中心。②1960年代以降、重化学工業が盛んになるとともに火力発電が中心に。③火力発電は地球温暖化の原因となる温室効果ガスを発生させる。④原子力発電は効率的に発電でき、温室効果ガスを発生させないが、一度事故が起こると大きな被害が発生すること、放射性廃棄物の処理などの課題がある。
└ダムを利用して発電
└化石燃料を燃やして発電
└海水面の上昇や異常気象の原因
└最終処分場の決定が難しい

❹ これからのエネルギー…くり返し利用できる再生可能エネルギーの利用が進む。また、不要になった製品から資源を回収して再利用するリサイクルの取り組みも積極的に進められている。
└太陽光・風力・地熱など

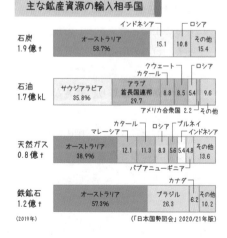

主な鉱産資源の輸入相手国

石炭 1.9億t	オーストラリア 58.7%	インドネシア 15.1	ロシア 10.8	その他 15.4

石油 1.7億kL	サウジアラビア 35.8%	アラブ首長国連邦 29.7	クウェート 8.8	カタール 8.5	5.4	ロシア 9.6

アメリカ合衆国 2.2 その他

天然ガス 0.8億t	オーストラリア 38.9%	マレーシア 12.1	カタール 11.3	ロシア 8.5	ブルネイ 5.6	インドネシア 5.4	4.8	その他 13.6

パプアニューギニア

鉄鉱石 1.2億t	オーストラリア 57.3%	ブラジル 26.3	カナダ 6.2	その他 10.2

（2019年）

（「日本国勢図会」2020/21年版）

合格への
ヒント
● 年代ごとの人口ピラミッドの推移を確認しておこう。
● 日本の発電方法の移り変わりを覚えておこう！

3 日本の産業

💡 絶対おさえる！ 日本の産業

☑ 貿易自由化によって外国産の農産物の輸入が増加し、日本の食料自給率は大きく下がっている。
☑ 工業は太平洋ベルトを中心に発展。交通網の整備とともに内陸にも工業地域を形成。

❶ 農業

①農業の特色…東北地方や北陸で稲作が盛ん。北海道では酪農が
盛ん。九州地方では肉牛や豚、にわとりなどを飼育。

近郊農業	都市の消費者向けに、野菜や草花、果実などを生産。
促成栽培	冬でも温暖な気候を利用し、ビニールハウスなどを使って野菜などの生長を早めて出荷。
抑制栽培	夏でもすずしい気候を利用して、レタスやキャベツなどを他の産地の出荷が少ない時期に栽培。

②農業の課題…外国産の農産物の増加⇒食料自給率の低下。農家
の高齢化⇒機械化による効率化や労働時間の短縮で対応。
└国内で消費される食料のうち、国内で生産される食料の割合┘

❷ 漁業…かつては遠洋漁業や沖合漁業が盛ん。現在は「育てる漁業」
が注目され、養殖業や栽培漁業を行う。

養殖業	稚魚や稚貝などを、いけすなどで育て、大きくなってから出荷する漁業。
栽培漁業	人工的にふ化させた稚魚や稚貝をある程度育てた後、川や海に放流し、成長してからとる漁業。

❸ 工業

①高度経済成長期に太平洋などに面した平野部に工業地域が形成
され、太平洋ベルトと呼ばれる。

②交通網の整備とともに、内陸部にも工業団地がつくられ、工業地域が形成。

③資源や原料を輸入し、すぐれた技術で加工して輸出する加工貿易で発展。
1980年代後半からは、産業の空洞化が問題に。

❹ 商業・サービス業…現在、第3次産業で働く人の割合が最も高い。

4 日本の交通・通信

❶ さまざまな交通手段…鉄道や船、自動車、航空機など。

❷ 貨物輸送…半導体など軽量で高価なものは航空機、石油や石炭などの燃料、自
動車など重い工業製品は大型船による海上輸送など使い分け。
└臨海部に製鉄所や石油コンビナートがあるため

❸ 交通網の発達…航空網、新幹線、高速道路など高速交通網の整備が進む。日
本最大の貿易港は千葉県にある成田国際空港。

❹ 情報網の発達…インターネット利用が広く普及⇒通信ケーブルや通信衛星を
利用し、大量の情報伝達が可能に。

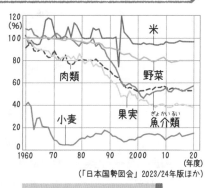

（「日本国勢図会」2023/24年版ほか）

日本の主な工業地帯・地域

北陸工業地域
阪神工業地帯
瀬戸内工業地域
北九州工業地帯
北関東工業地域
京浜工業地帯
京葉工業地域
東海工業地域
中京工業地帯
太平洋ベルト

🖋 発展

産業の空洞化によって、国内
の工場がなくなることで失
業者が増えること、国内のも
のづくりの力がおとろえるこ
とが問題となっている。

😀 暗記

第1次産業…農業、漁業、林業
第2次産業…製造業、建設業
第3次産業…卸売・小売業、金
融業、運輸業、飲食・サービス
業など

確認問題

日付	/	/	/
○△×			

1 次の問いに答えなさい。

(1) 次の**ア〜エ**は、1970年と2015年における、日本と中国の人口ピラミッドである。2015年の中国の人口ピラミッドを、**ア〜エ**から選び、記号で答えなさい。　　　　　　　　　　　[2022　栃木県]

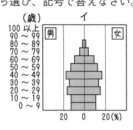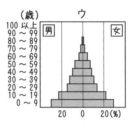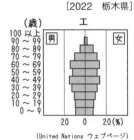

(United Nations ウェブページ)

(2) 再生可能エネルギーとして適当なものを、次の**ア〜オ**からすべて選び、記号で答えなさい。　[2022　愛媛県]

ア 石炭　**イ** 地熱　**ウ** 風力　**エ** 太陽光　**オ** 天然ガス

(3) 右の資料は、日本の発電電力量の発電方法による内訳の推移を表したものである。資料中の**A〜C**にあてはまる発電方法を、次の**ア〜ウ**からそれぞれ選び、記号で答えなさい。

[2022　和歌山県]

ア 水力　**イ** 火力　**ウ** 原子力

資料
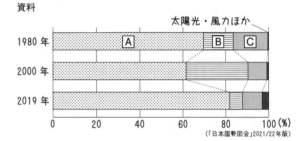
(「日本国勢図会」2021/22年版)

2 次の問いに答えなさい。

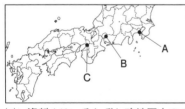

(1) 資料1は、それぞれ略地図中の**A〜C**のいずれかの都市を含む工業地帯の工業別の出荷額の割合を示したものである。Ⅰ〜Ⅲにあてはまる工業地帯の名を、それぞれ書きなさい。[2021 北海道]

(2) 資料2中の**P、Q**は、それぞれ1980年における我が国の、輸出額と輸入額のいずれかの、品目別の割合を表したものであり、r、sは、それぞれ原油、自動車のいずれかにあたる。輸出額の品目別の割合にあたる記号と、原油にあたる記号の組み合わせとして適当なものを、次から選び、記号で答えなさい。[2022　愛媛県]

ア Pとr　**イ** Pとs　**ウ** Qとr　**エ** Qとs

資料1
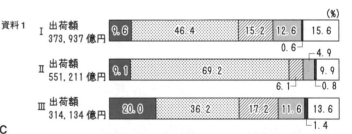
(「データでみる県勢」2018/19年版)

資料2
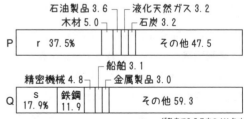
(「数字でみる日本の100年」)

3 次の問いに答えなさい。

(1) 資料1は、山梨県、静岡県、大阪府について、2018年における米、野菜、果実の農業産出額及び漁業産出額を示したものである。資料1中のA〜Cにあてはまる府県名をそれぞれ答えなさい。　　　　　　　　　　　　　　　　[2022　大阪改]

(2) 日本の農業には、どのような課題がみられるか、その1つとして考えられることを、資料2、資料3から読み取り、書きなさい。　　　　　　　　　　　　　　　　[2022　三重県]

資料1　農業産出額及び漁業産出額(億円)

府県	農業			漁業
	米	野菜	果実	
A	73	150	67	46
B	63	112	629	—
C	194	646	298	551

（「データでみる県勢」2021年版）

資料2　日本の農業就業人口の推移

	農業就業人口（千人）
1994年	4,296
1999年	3,845
2004年	3,622
2009年	2,895
2014年	2,266
2019年	1,681

資料3　日本の年齢別の農業就業人口の割合の推移

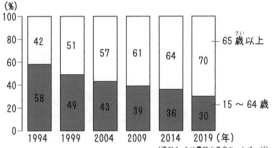

（資料2、3は農林水産省ホームページ）

4 次の問いに答えなさい。

(1) 資料1は、1950年から2010年における、わが国の産業別就業者数の推移を表したものであり、グラフ中のX、Yは、それぞれ第2次産業、第3次産業のいずれかにあたる。資料1について述べた次の文中の{　　}の中から適当なものを、それぞれ選び、記号で答えなさい。　　　　　　　　　　　　　　　　[2021　愛媛県]

資料1中のYは、①{ア　第2次産業　　イ　第3次産業}にあたり、Yに含まれる産業には、②{ウ　建設業　　エ　運輸業}がある。

資料1

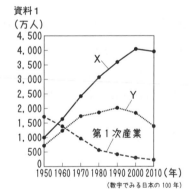

（数字でみる日本の100年）

(2) 資料2のX、Yの円グラフは、千葉県で特に貿易額の多い成田国際空港と千葉港の、輸入総額に占める輸入上位5品目とその割合をまとめたものである。成田国際空港にあてはまるものはX、Yのどちらか。また、そのように判断した理由を航空輸送の特徴をふまえて書きなさい。　　　　　　　　　　　　　　　　[2022　鹿児島県]

資料2

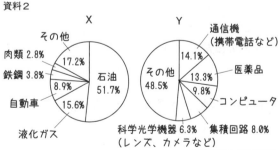

（「日本国勢図会」2021/22年版）

(3) 資料3は、2019年における、日本の原油の、生産量と輸入量を示している。瀬戸内工業地域の臨海部には、石油化学工業の工場群が形成されている。日本において、石油化学工業の工場群が臨海部に形成されるのはなぜか。その理由を、資料3から読み取れることに関連づけて、簡潔に書きなさい。　　　　　　　　　　　　　　　　[2022　静岡県]

資料3

生産量（千kL）	輸入量（千kL）
522	175,489

（「日本国勢図会」2020/21年版）

Chapter 7

[地理] 九州地方／中国・四国地方

1 九州地方の自然と気候

💡 **絶対おさえる！ 九州地方**

☑ 阿蘇山にはカルデラがあり、火山のエネルギーを地熱などに活用。
☑ 筑紫平野は稲作地帯で二毛作、南部のシラスでは畑作や畜産が盛ん。

❶ **地形**…①阿蘇山には、火山が噴火したあとにできたくぼ地であるカルデラがある。（世界最大級）②九州地方には雲仙岳や桜島（御岳）、霧島山など火山が多い。③九州南部には、火山からの噴出物などが積もったシラスとよばれる地層が広がっている。

❷ **気候**…①周りを黒潮（日本海流）と対馬海流の2つの暖流が流れている影響で、気候は温暖。②南西諸島は冬でも海水温が高く、さんご礁もみられる。③梅雨前線や台風の影響で、梅雨から秋ごろに雨が多く、豪雨の被害を受けることが多い。（5月から7月）

九州地方の自然

2 九州地方の人々の暮らしと産業

❶ **風水害への対策**…沖縄県の伝統的住居は屋根瓦をしっくいで固めたり、石垣で囲うなどの工夫を行っている。（強風で飛ばされるのを防ぐ）

❷ **土石流への対策**…河川の上流に土砂の流出を防ぐダム、山林の樹木を間伐して適切な量に保つ。（成長して混みすぎた樹木の一部を切ること）

❸ **火山のめぐみ**…①大分県は温泉が多く国際的な観光地。②多くの地熱発電所がある。再生可能エネルギーの活用も。（火山の地熱を利用）

❹ **九州の農業**…①筑紫平野は稲作地帯。小麦などとの二毛作も行う。（同じ耕地で、1年に2回異なる農作物をつくる）②南部のシラスは稲作には適さず、畑作や畜産が盛ん。（水持ちが悪い）③宮崎平野では野菜の促成栽培。（ビニールハウスを活用！）

❺ **沖縄の観光業**…美しいさんご礁の海があり多くの観光客が訪れる。しかしリゾート開発で環境問題が発生。（土壌が海に流出し、さんごが死滅）

🖊 **暗記**
さんご礁→温かくて浅い海に住むさんごなどの骨格や、石灰質のからを持つ生物の死骸が積み重なってつくられる地形。

肉牛と豚の飼育頭数割合

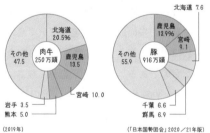

（2019年）
（「日本国勢図会」2020／21年版）

3 九州地方の環境保全と開発の両立

❶ **北九州市の取り組み**…鉄鋼業を中心に発達し、北九州工業地帯を形成。しかし1960年代には公害が発生➡企業が環境への取り組みに力を入れ、エコタウンに選ばれる。現在はリサイクル関連施設が集まる。（ゴミのリサイクルを積極的に進める）（大気汚染や水質汚濁など）

❷ **水俣病**…①化学工場の排水が原因。②人々の努力で現在水俣湾は安全な海に➡エコタウンや環境モデル都市に選定。（水俣湾周辺で発生した四大公害病の1つ）

❸ 九州各地で持続可能な社会への取り組みが行われている。

📖 **参考**
沖縄の歴史→15世紀前半から17世紀はじめに琉球王国が栄え、独自の文化が発展。第二次世界大戦時には戦地となり、1972年までアメリカの統治下に置かれた。

合格への ヒント
- 九州地方は、火山や台風などの自然災害の影響が大きい！
- 中国・四国地方は、地域ごとの降水量の違いを理解することが重要！

4 中国・四国地方の自然と暮らし

❶ 自然…中国地方にはなだらかな中国山地、四国地方に険しい四国山地。中国山地より北の山陰、四国山地より南の南四国、2つの山地にはさまれた瀬戸内の3つの地域に分けられる。

❷ 気候

①山陰…北西の季節風の影響で、冬に雪が多い。

②南四国…黒潮（日本海流）や南東の季節風の影響で温暖で、夏に雨が多い。

③瀬戸内…夏・冬とも季節風が山地にさえぎられるため、一年を通して降水量が少ない。讃岐平野では、水不足に備えてため池をつくり農業用水を確保してきた。

中国・四国地方の自然や交通

5 中国・四国地方の交通と産業

💡 **絶対おさえる！　中国・四国地方の産業**

☑ 高知県では、冬でも温暖な気候を生かして、なすやピーマンなどの促成栽培が盛ん。
☑ 瀬戸内海沿岸には、石油化学コンビナートが形成され、瀬戸内工業地域が発展。

❶ 交通

①本州と四国を結ぶ、本州四国連絡橋の3つのルートが開通⇒本州と四国、瀬戸内海の島々の間の移動時間が短縮。
- 児島・坂出ルート（瀬戸大橋）
- 神戸・鳴門ルート（明石海峡大橋、大鳴門橋）
- 尾道・今治ルート（瀬戸内しまなみ海道）

②交通網の整備が進み、ストロー現象がおこる。

❷ 農業・漁業

①高知平野では、温暖な気候を生かし、ビニールハウスでなすやピーマンなどの促成栽培が盛ん。

②鳥取県ではなしとらっきょう、岡山県ではぶどう（マスカット）やもも、愛媛県ではみかんの栽培が盛ん。

③波の穏やかな瀬戸内海で、養殖業や栽培漁業が盛ん。広島県ではかき、愛媛県ではたい・ぶりの養殖。

❸ 工業…瀬戸内海沿岸の水島、福山、周南などに石油化学コンビナートが形成され、瀬戸内工業地域が発展。化学工業や鉄鋼業などが発達している。

❹ 地域の取り組み…山間部や離島などで過疎化が深刻。若者が都市部へ流出し高齢化も進行⇒地域活性化のため、町おこし・村おこしが行われる。

📝 **暗記**
ストロー現象→ストローで吸い上げるように、買い物客などが大都市に行ってしまい、地元の経済の活力が失われる現象。

📖 **参考**
瀬戸内工業地域が発展した理由→海に面し交通の便がよく、海外から船で原料を輸入するのに便利だったため。

解答解説 ▷ 別冊 P.008

確認問題

日付	／	／	／
○△×			

1 右の地図を見て、あとの問いに答えなさい。

(1) 地図中の➡で示した位置を流れる海流の種類とその名称の組み合わせとして適当なものを、次の**ア～エ**から選び、記号で答えなさい。

[2022 群馬県]

ア 暖流－対馬海流   **イ** 寒流－対馬海流

ウ 暖流－リマン海流   **エ** 寒流－リマン海流

(2) 地図中の**X**で示した火山がある地域には、火山の大規模な噴火にともなって形成された大きなくぼ地が見られる。このような地形を何というか、書きなさい。

[2022 鹿児島県]

(3) 九州南部には、稲作に適していない台地が見られる。九州南部に広がるこのような台地の名称と稲作に適していない理由をそれぞれ答えなさい。

[2021 石川県]

(4) 地図中の**A**では、豊富にわき出る温泉を利用した観光業が盛んである。**A**の県名を書きなさい。

[2020 静岡県]

(5) 地図中の**A**にある八丁原発電所では、火山活動を利用した発電が行われている。八丁原発電所で行われている発電方法を、次の**ア～エ**の中から選び、記号で答えなさい。

[2020 静岡県]

ア 原子力   **イ** 火力   **ウ** 水力   **エ** 地熱

2 次の問いに答えなさい。

(1) 右の表は、福岡県、大分県、鹿児島県、沖縄県について、それぞれの人口、人口密度、第3次産業の就業者割合、豚の産出額、地熱発電電力量を示したものである。表中の①～④にあてはまる県名の組み合わせとして正しいものを、次の**ア～エ**から選び、記号で答えなさい。

	人口 (千人)	人口密度 (人/km²)	第3次産業の 就業者割合(%)	豚の産出額 (億円)	地熱発電電力量 (百万kWh)
①	5107	1024.1	75.8	56	0
②	1626	177.0	72.2	723	243
③	1443	632.7	80.7	113	0
④	1152	181.7	69.6	90	879

(「データでみる県勢」2019年版など)

[2020 和歌山県]

ア ①－沖縄県   ②－福岡県   ③－鹿児島県   ④－大分県

イ ①－福岡県   ②－鹿児島県   ③－沖縄県   ④－大分県

ウ ①－鹿児島県   ②－福岡県   ③－大分県   ④－沖縄県

エ ①－福岡県   ②－大分県   ③－沖縄県   ④－鹿児島県

(2) 右は、沖縄県に見られる伝統的な家である。家を石垣で囲ったり、屋根のかわらをしっくいでかためたり、1階建てにしたりして家の造り方を工夫している。その理由を、この地域の気候に関連付けて説明しなさい。

[2020 富山県]

3 次の問いに答えなさい。

(1) 資料1中のⅠ、Ⅱは、それぞれ、2016年における、全国と瀬戸内工業地域のいずれかの、工業製品出荷額等の工業別の割合を表したものであり、Ⅰ、Ⅱ中のA、Bは、それぞれ機械、化学のいずれかにあたる。化学にあたる記号と、瀬戸内工業地域の工業製品出荷額等の工業別の割合にあたる記号の組み合わせとして最も適当なものを、次のア〜エから選び、記号で答えなさい。

[2020　愛媛県]

ア　AとⅠ 　　　　イ　AとⅡ
ウ　BとⅠ 　　　　エ　BとⅡ

資料1

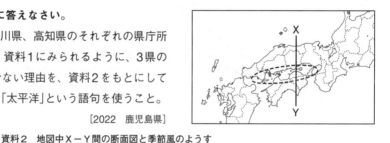

				食料品	
Ⅰ	金属 17.3%	A 36.8	B 20.6	8.4	その他 16.9
Ⅱ	金属 12.9%	A 45.9	B 12.8	食料品 12.6	その他 15.8

（「日本国勢図会」2019/20）

資料2

	X	Y	Z
香川県	3670t	12600t	59900t
徳島県	7640t	12700t	53600t
高知県	25100t	6770t	50700t
愛媛県	8080t	113500t	69200t

（「データでみる県勢」2020年版）

(2) 資料2は四国地方の主な農産物の収穫量を示し、X〜Zはみかん、きゅうり、米のいずれかである。X、Yにあてはまる作物をそれぞれ1つずつ書きなさい。

[2021　富山県]

4 右の地図を見て、あとの問いに答えなさい。

(1) 資料1は地図中の鳥取県、香川県、高知県のそれぞれの県庁所在地の年降水量を示している。資料1にみられるように、3県の中で香川県の年降水量が特に少ない理由を、資料2をもとにして書きなさい。ただし、「日本海」、「太平洋」という語句を使うこと。

[2022　鹿児島県]

資料1

	年降水量
鳥取県 鳥取市	1931.3mm
香川県 高松市	1150.1mm
高知県 高知市	2666.4mm

（気象庁統計）

資料2　地図中X−Y間の断面図と季節風のようす

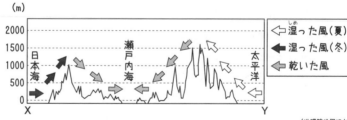

（地理院地図ほか）

(2) 資料3から、1990年に通勤・通学者数が1980年の約3倍に増えていることが分かる。その理由を、資料4を参考に、橋が開通した利点に着目して書きなさい。また、地図中の◯（破線）の地域にある本州四国連絡橋のうち、資料4の推移に最も影響を与えたと思われるものを、あとのア〜ウから選び、記号で答えなさい。[2021　富山県]

資料3　岡山県と香川県の間の1日あたりの通勤・通学者の推移

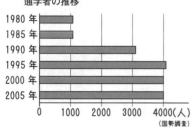

（国勢調査）

資料4　岡山市と高松市の間を移動する際の交通手段と最短時間

1985年以前	1990年以降
岡山市 ↓↑鉄道又はバス又は自家用車（フェリー） ↓↑鉄道又はバス又は自家用車 高松市　最短時間2時間10分	岡山市 ↓↑ 鉄道又はバス又は自家用車 高松市　最短時間1時間13分

ア　児島・坂出ルート（瀬戸大橋）　　　　イ　神戸・鳴門ルート（明石海峡大橋　大鳴門橋）
ウ　尾道・今治ルート（瀬戸内しまなみ海道）

Chapter 8

地理
近畿地方／中部地方

1 近畿地方の自然と気候

❶ **自然**…南部には険しい紀伊山地。中央低地には日本最大の湖である琵琶湖があり、ここから流れ出る川が合流して淀川となる。若狭湾や志摩半島には、海岸線が複雑に入り組んだリアス海岸がみられる。
└林業が盛ん。吉野すぎや尾鷲ひのき
└真珠の養殖

❷ **気候**

①北部…北西の季節風の影響で、冬に雪が多い。

②南部…黒潮（日本海流）や南東の季節風の影響で温暖で、夏の降水量は日本の中でも特に多い。

③中央低地…雨が少なく、夏と冬の気温差が大きい。

近畿地方の自然

2 近畿地方の工業、都市の発展

💡 **絶対おさえる！　近畿地方の工業と都市**

☑ 明治時代に阪神工業地帯が形成。東大阪市や泉州地域などに中小企業が多く集まる。

☑ 都市中心部の住宅不足の解消のため、1960年代以降、郊外の各地にニュータウンが形成。

❶ **工業**

①大阪湾の臨海部に阪神工業地帯が形成。明治時代に繊維工業から発展し、戦後は重化学工業が発達。近年は、**再開発**が進み、太陽光発電のパネルや蓄電池などの生産が盛ん。

②東大阪市や泉州地域に、規模の小さい中小企業が多く集まる。なかには世界有数の技術力をもつ工場も。
└自転車部品、タオルなど

③京都市の西陣織や清水焼、堺市の刃物などの伝統的工芸品の生産が、地場産業として根付く。

● おもなニュータウン
▲ おもな工業都市

❷ **都市の発展**

①東京大都市圏についで人口が多い京阪神大都市圏（大阪大都市圏、関西大都市圏）が、大阪市、神戸市、京都市を中心に広がる。

②都市中心部の住宅不足の解消のために、1960年代以降、郊外の各地に大規模なニュータウンを造成⇒現在は建物の老朽化や住民の高齢化が課題。
└千里ニュータウン、泉北ニュータウンなど

❸ **歴史ある大都市**
京都には平安京、奈良には平城京！

①京都・奈良…かつての日本の都（古都）があり、歴史的な建物、文化財が数多く残る。多くの寺院が世界文化遺産に登録。京都市では、景観を守るため条例を制定し、建物の高さや外観などを規制している。

②大阪…江戸時代、**商業の中心地**として「天下の台所」と呼ばれた。現在も卸売業の問屋が集まる。
└うり

③神戸…貿易港として発展。六甲山地からけずった土を使って、沿岸をうめ立て、**ポートアイランド**という人工島を建設。
└山地が海にせまり、平地が少ない

🔖 発展

阪神工業地帯では、かつては地下水のくみ上げすぎによる地盤沈下などの公害が発生した。

🔖 発展

京阪神大都市圏では、私鉄（民間の鉄道会社）の開発で市街地が拡大した。

合格への
ヒント
● 近畿地方は、歴史的経緯とあわせて都市ごとに特徴をつかんでいこう！
● 中部地方は、東海・中央高地・北陸の3地域に分けて特徴を理解しよう！

3 中部地方の自然と気候

❶ **地域区分と都市**…太平洋側の東海、中央部の**中央高地**、日本海側の北陸の3つの地域に分けられる。名古屋市を中心に名古屋大都市圏を形成。

中部地方の自然

❷ **自然と気候**

①東海…**濃尾平野**が広がり、**輪中**と呼ばれる堤防に囲まれた地域がある。黒潮（日本海流）や南東の季節風の影響で温暖で、夏に雨が多く、冬は乾燥した青天の日が続く。
↳洪水から集落を守る

②中央高地…日本アルプスと呼ばれる**飛騨・木曽・赤石山脈**が連なる。年間を通して降水量が少なく、夏と冬の気温差が大きい。

③北陸…**能登半島**や**越後平野**。日本最長の信濃川が流れる。
↳石川県
北西の季節風の影響で冬に雪が多く、日本有数の豪雪地帯。

4 中部地方の産業

💡 **絶対おさえる！ 中部地方の産業**

☑ 東海では、自動車工業が盛んな**中京工業地帯**と、東海工業地域が形成されている。

☑ 北陸では稲作が盛んで水田単作地帯が多い。冬の副業が伝統産業や地場産業に発展。

❶ **東海**

①名古屋市を中心に形成された中京工業地帯は日本最大の工業地帯。愛知県豊田市とその周辺で**自動車工業**が発達。

②静岡県の太平洋沿岸に**東海工業地域**が形成。

③愛知県の知多半島や渥美半島では、キャベツなどを生産する**施設園芸農業**や**電照菊**の栽培が盛ん。
↳用水をつくり、水不足を解消　↳夜も照明を当てて開花時期をおくらせる

④静岡県の牧ノ原台地などでは、茶の栽培が盛ん。

北陸の主な伝統的工芸品

◆織物	◎たんす・仏壇
◆漆器	◎陶磁器
◆金物・刃物	＊その他

❷ **中央高地**

①かつて製糸業が盛んだった**諏訪盆地**では、第二次世界大戦後、時計などをつくる**精密機械工業**が発達。
↳長野県。現在は電子部品工業の工場が進出

②甲府盆地や長野盆地の**扇状地**では、果樹栽培が盛ん。
↳ぶどうやももなど

③八ヶ岳や浅間山のふもとでは、夏にすずしい気候を生かして**高原野菜**を栽培。
↳レタスやキャベツなど

❸ **北陸**

①稲作が盛ん。冬に雪が多いため、単作で米を栽培。

②冬は雪のため農作業ができないので古くから副業が盛ん⇒伝統産業や地場産業として発達。織物・漆器など伝統的工芸品も多い。

確 認 問 題

解答解説 別冊 P.009

日付	／	／	／
○△✕			

1 右の地図を見て、あとの問いに答えなさい。

(1) 地図中の**A**〜**C**の府県のうちで、府県名と府県庁所在地名が異なるもの
を1つ選び、記号で答えなさい。また、その府県庁所在地の都市名を漢字
で書きなさい。　　　　　　　　　　　　　　　　　　　[2022　富山県]

(2) 地図中の**X**の山地名を書きなさい。また、この山地の特産物として最も
適当なものを、次の**ア**〜**エ**から選び、記号で答えなさい。　[2021　福島県]
　ア 吉野すぎ　**イ** 九条ねぎ　**ウ** 賀茂なす　**エ** 木曽ひのき

(3) 右の**a**と**b**は、地図中の舞鶴と潮岬のいずれかの月別の平均降水量を表
したものである。また、次の文は、舞鶴について述べたものである。文中
の（　　　）にあてはまる語句の組み合わせとして正しいも
のを、下の**ア**〜**エ**から選び、記号で答えなさい。
　　　　　　　　　　　　　　　　　　　　　　[2022　岩手県]

> 舞鶴の降水量を示しているのは（　**X**　）で、冬には
> （　**Y**　）からの季節風の影響を受けた気候が見られる。

　ア　**X**−**a**　　　**Y**−北西　　　　**イ**　**X**−**a**　　　**Y**−南東
　ウ　**X**−**b**　　　**Y**−北西　　　　**エ**　**X**−**b**　　　**Y**−南東

(4) 地図中の**A**の府県でみられる伝統的工芸品を、次の**ア**〜**エ**から選び、記号で答えなさい。　[2022　富山県]
　ア　西陣織　　　**イ**　輪島塗　　　**ウ**　小千谷ちぢみ　　　**エ**　南部鉄器

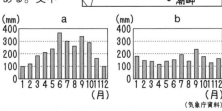

2 次の問いに答えなさい。

(1) 資料1は、日本の総人口にしめる三大都市圏の
人口の割合を表している。京都府が位置する大都
市圏を表しているものを、資料1中の**X**〜**Z**から
選び、記号で答えなさい。また、その大都市圏名を書きなさい。
　　　　　　　　　　　　　　　　　　　　　　[2022　青森県]

資料1

総人口 1億2807万人	X 28.2%	Y 14.4	Z 8.9	その他 48.5

（「住民基本台帳人口要覧」平成28年版）

(2) 資料2は、京都府、兵庫県、大阪府、奈
良県の工業生産額、米生産額、畜産生産
額、国宝・重要文化財の指定件数（建造物）
を表している。兵庫県を表しているもの
を、資料2中の**ア**〜**エ**から選び、記号で答
えなさい。　　　　　　　　[2021　青森県]

資料2	工業生産額（億円）	米生産額（億円）	畜産生産額（億円）	国宝・重要文化財の指定件数（建造物）
ア	157988	476	627	109
イ	58219	177	143	300
ウ	21181	108	61	264
エ	173490	77	23	101

（「データでみる県勢」2020年版、文化庁Webサイト）

(3) 京都府では、店の看板、建物の高さ、デ
ザインなどを規制する条例が定められている。このような条例が定められている理由を、「景観」という語句を
用いて書きなさい。　　　　　　　　　　　　　　　　　　　　　　　　　　　　　　　　　　　[2022　青森県]

3 右の地図を見て、あとの問いに答えなさい。

(1) 地図中の⬭で示した区域には、飛驒山脈、木曽山脈、(　　)山脈からなる日本アルプスがある。(　　)にあてはまる山脈の名を書きなさい。　　　　　　　　　　　　　　　　　　　　　[2020　愛媛県]

(2) 資料1中の**ア〜ウ**は、地図中の**A〜C**のいずれかの地点の気温と降水量を表している。**A**の地点にあたるものを、**ア〜ウ**から選び、記号で答えなさい。また、そのように判断した理由を、「季節風」という語句を用いて、簡潔に書きなさい。　　　　[2022　群馬県]

資料1
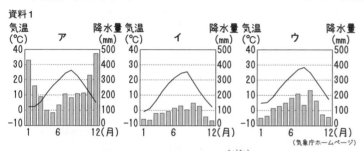
（気象庁ホームページ）

資料2
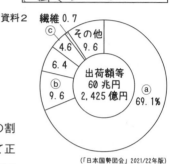
（「日本国勢図会」2021/22年版）

(3) 資料2は、地図中の愛知県を中心とする中京工業地帯の工業出荷額等の割合を表している。資料2中の@〜©にあてはまる工業の組み合わせとして正しいものを、次の**ア〜エ**から選び、記号で答えなさい。　　　　[2022　徳島県]

ア　@一金属工業　　　⑥一機械工業　　　©一食料品工業

イ　@一機械工業　　　⑥一食料品工業　　©一金属工業

ウ　@一金属工業　　　⑥一食料品工業　　©一機械工業

エ　@一機械工業　　　⑥一金属工業　　　©一食料品工業

4 次の問いに答えなさい。

(1) 北陸の伝統産業（伝統工業）にあたるものを、次の**ア〜エ**から選び、記号で答えなさい。　　[2022　和歌山県]
ア　会津塗　　**イ**　西陣織　　**ウ**　南部鉄器　　**エ**　輪島塗

(2) 次の文は、北陸地方の農家の副業について述べたものである。文中の　　　　　　　にあてはまる内容を、北陸地方を含む日本海側の気候の特徴にふれて、「農作業」という語句を用いて、簡潔に書きなさい。[2020　大阪府]

　北陸地方では、冬に北西から吹く季節風の影響により、　　　　　　　　ため、農家の副業が盛んに行われたことが、伝統産業や地場産業の発達の一因となった。

(3) 資料1、資料2中の**ア〜ウ**は、新潟県、長野県、愛知県のいずれかを示している。新潟県と長野県にあたるものを、次の**ア〜ウ**から、それぞれ選びなさい。ただし、資料1と資料2の**ア〜ウ**には、それぞれ同じ県名が共通してあてはまるものとする。　　　　　　　　　　　　　　[2022　群馬県]

資料1　県別の主な業種別製造品の出荷額等

県名	食料品 （十億円）	金属製品 （十億円）	輸送用機械器具 （十億円）
ア	1,651	1,520	26,473
イ	565	328	398
ウ	731	527	245

資料2　県別の主な農産物の農業産出額に対する割合

県名	米 （%）	野菜 （%）	果実 （%）
ア	9.5	36.1	6.5
イ	18.1	34.6	27.3
ウ	58.7	14.2	3.1

（資料1、2は「データブック　オブ・ザ・ワールド」2021年版）

Chapter 9

【地理】
関東地方／東北地方

1 関東地方の自然と気候、産業

💡 絶対おさえる！ 関東地方の自然、工業

☑ 関東ロームにおおわれた関東平野が広がり、流域面積が最大の利根川が流れる。
☑ 東京湾沿岸に京浜工業地帯、京葉工業地域、内陸部に北関東工業地域が形成される。

❶ **自然**…日本最大の平野である**関東平野**が広がり、流域面積が最大の利根川が流れる。台地は、富士山などの噴火による火山灰が積もってできた関東ロームという赤土におおわれる。

❷ **気候**…内陸部は夏と冬の気温差が大きく、北西の季節風が乾いたからっ風となってふきおろす。太平洋沿岸は温暖。東京の中心部では、気温が周辺部よりも高くなるヒートアイランド現象がみられる。

> 気温の高い地域が島のように分布！

関東地方の自然

❸ **工業**

① 東京湾沿岸に京浜工業地帯が広がる。千葉県の臨海部には京葉工業地域が形成され、石油化学工業などが発達。
　└機械工業中心

② 高速道路網の整備とともに、内陸部の高速道路沿いに自動車や電気機械などの工業団地が建設され、北関東工業地域（関東内陸工業地域）が形成。

> ☆ 重要
> 京葉工業地域は、京浜工業地帯、北関東工業地域に比べて化学工業の割合が高い。

❹ **農業**

① 埼玉・千葉・茨城の各県では、大消費地への近さを生かし近郊農業が盛ん。

② 群馬県の嬬恋村では、夏でもすずしい高原の気候を生かし、キャベツやレタスなどの生産が盛ん（輸送園芸農業）。
　└高速道路や保冷車を利用して輸送

2 首都・東京、交通

東京大都市圏の交通網

❶ **首都・東京**

① 東京大都市圏には日本の総人口の約4分の1が集中し、過密の状態に⇒交通渋滞やゴミ、騒音などの問題が発生。

② 日本の首都である東京には、国の機関や大企業の本社、報道機関、文化施設が集中。情報通信産業が発達。

③ 東京の中心部は都心、ターミナル駅がある新宿・渋谷・池袋などは副都心と呼ばれる。

④ 通勤や通学で通う人が多いため、都心は夜間人口よりも昼間人口が多い。

❷ **交通**

① 東京の中心部から鉄道や高速道路が放射状にのび、沿線にニュータウンを建設。再開発が行われ、みなとみらい21、幕張新都心などが造成。
　└神奈川県　　└千葉県

合格への
ヒント

● 関東地方各都県の昼間人口と夜間人口の違いに関する設問が頻出！
● 東北地方は県ごとにお祭りや伝統的工芸品を覚えていこう！

②成田国際（成田）空港が国際線の中心で、日本最大の貿易港。東京国際（羽田）空港が国内線の中心。東京港や千葉港、横浜港もある。

3 東北地方の自然と気候、文化

① 自然…中央を奥羽山脈が南北に走り、日本海側に秋田平野や庄内平野、太平洋側に仙台平野が広がる。三陸海岸の南部にはリアス海岸が続く。
出入りの複雑な海岸線

② 気候…北西の季節風の影響で、日本海側は冬に雪が多い。太平洋側は、夏にやませとよばれる冷たく湿った北東の風がふくと冷害が起こることもある。
農作物が十分育たない

③ 災害…2011年に東北地方太平洋沖地震が発生。津波も伴い大きな被害（東日本大震災）⇒被害の経験を後世に残す取り組み。災害をふまえた新しい社会・まちづくりを進める。

④ 伝統行事…青森ねぶた祭、仙台七夕まつり、秋田竿燈まつり、山形花笠まつりなど。豊作への願いから生まれた行事が多い。

東北地方の自然

4 東北地方の産業

💡 絶対おさえる！ 東北地方の果樹栽培と伝統産業

☑ 山形盆地ではさくらんぼ、福島盆地ではもも、津軽平野ではりんごの栽培が盛ん。
☑ 津軽塗（青森県）、南部鉄器（岩手県）、天童将棋駒（山形県）などは国の伝統的工芸品に指定。

① 農業
①稲作…全国有数の穀倉地帯。1970年代から政府が減反政策を進め、稲作農家の畑作への転作が進んだ。はえぬき（山形県）、ひとめぼれ（宮城県）、あきたこまち（秋田県）など各県で銘柄米（ブランド米）を開発し、全国に販売している。
②果樹栽培…山形盆地ではさくらんぼ、福島盆地ではもも、津軽平野ではりんごの栽培が盛ん。

② 林業…青森ひば、秋田すぎなどの高級木材を生産。

③ 漁業…三陸海岸沖に親潮（千島海流）と黒潮（日本海流）がぶつかる潮目（潮境）があり、好漁場となっている。三陸海岸にあるリアス海岸でかきやわかめの養殖、陸奥湾でほたての養殖が盛ん。
プランクトンが多く集まる

④ 工業…東北新幹線や東北自動車道の整備が進む中、高速道路沿いに工業団地がつくられ、IC（集積回路）、半導体、自動車部品などの工場が進出。
製品の輸送に便利

⑤ 伝統産業…冬の農家の副業として発達。津軽塗（青森県）、南部鉄器（岩手県）、会津塗（福島県）、天童将棋駒（山形県）などは国の伝統的工芸品に指定されている。

主な果実の県別生産量割合

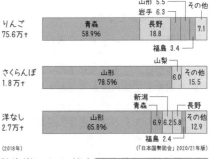

| りんご 75.6万t | 青森 58.9% | 長野 18.8 | 山形 5.5 / 岩手 6.3 | 福島 3.4 | その他 7.1 |

| さくらんぼ 1.8万t | 山形 78.5% | 山梨 6.0 | その他 15.5 |

| 洋なし 2.7万t | 山形 65.8% | 新潟 6.9 / 青森 6.2 / 長野 5.8 | 福島 2.4 | その他 12.9 |

(2018年)　（「日本国勢図会」2020/21年版）

📖 参考

減反政策→米の生産量を減らす政策。政府が各府の米の生産量を決定していた。その後、米の輸入が増え、輸入米に対する国産米の競争力を高めるために、2018年に廃止された。

解答解説 ▷ 別冊 P.010

確 認 問 題

日付	／	／	／
○△×			

1 右の地図を見て、あとの問いに答えなさい。

(1) 地図の地域に広がる台地は、富士山などの火山灰が堆積した赤土におおわれている。この赤土を何というか、書きなさい。　[2022　石川県]

(2) 次の文中の（　　）にあてはまる内容として最も適当なものを、下の**ア～エ**から選び、記号で答えなさい。　[2021　宮崎県]

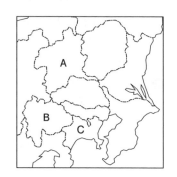

> 茨城県の中央部から南西部は、日本最大の平野の一部をなしており、その平野には、（　　）など多くの河川が流れている。

ア 流域面積が日本最大の利根川　**イ** 流域面積が日本最大の信濃川
ウ 長さが日本最長の利根川　**エ** 長さが日本最長の信濃川

(3) 地図中の**A**県では、夏の冷涼な気候を生かして作物の生長を遅らせる工夫をして出荷している。この生産方法を何というか。漢字4字で書きなさい。　[2022　福島県]

(4) 右の資料は、地図中の**B**県と**C**県の夜間人口100に対する昼間人口の割合を示したものである。**Ⅱ**にあてはまる県は**B**、**C**のどちらか、記号で答えなさい。また、そのように判断した理由を、その県の人の移動に着目して書きなさい。　[2022　石川県]

県	Ⅰ	Ⅱ
割合（％）	99.3	89.9

（「データでみる県勢」2020年版）

(5) ビルや商業施設が集中する東京の中心部では、気温が周辺地域よりも高くなる（　　）現象がみられる。（　　）にあてはまる語句を書きなさい。　[2022　徳島県]

2 次の問いに答えなさい。　[2020　岐阜県改]

(1) 関東地方について述べた次の文中の（　　）にあてはまる工業地帯名を答えなさい。

> 工業では、三大工業地帯の一つで、東京都や神奈川県の臨海部を中心に発達してきた（　　）をはじめ、内陸部まで工業地域が見られる。

(2) 群馬県のキャベツの生産の特徴を千葉県と比べたとき、資料1のようになる理由を、資料2、3を参考にして、「標高」「夏」という2つの語句を用い、「群馬県の主な産地は、千葉県に比べて」の文に続けて書きなさい。

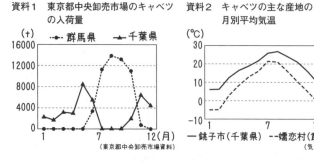

資料1　東京都中央卸売市場のキャベツの入荷量

（東京都中央卸売市場資料）

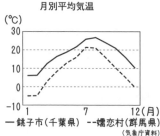

資料2　キャベツの主な産地の月別平均気温

―銚子市（千葉県）　--嬬恋村（群馬県）
（気象庁資料）

資料3
・キャベツは高温に弱い。
・千葉県銚子市は、関東平野にある。

3 右の地図を見て、あとの問いに答えなさい。

(1) 地図中と次の文中の**X**に共通してあてはまる語句を書きなさい。[2022　埼玉県]

> 　東北地方は本州の北部に位置し、中央に　**X**　山脈がはしり、日本海側に出羽（でわ）山地などが、太平洋側に北上高地などがある。

(2) 東北地方で、おもに太平洋側で夏に冷たい北東の風が強く吹くことで、低温や日照不足となり、冷害を起こす風を何というか、書きなさい。　　[2020　長崎県]

(3) 右の資料は、1991年から2000年における、東北地方の、（　　　）の収穫量を表したものであり、1993年に収穫量が大きく減少していることがわかる。（　　　）にあてはまる農作物として適当なものを、次の**ア～エ**から選び、記号で答えなさい。　　　　　　　[2022　愛媛県]

ア　りんご　　**イ**　みかん　　**ウ**　小麦　　**エ**　米

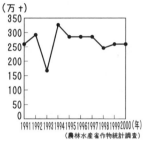

（農林水産省作物統計調査）

(4) 地図中の岩手県で生産されている伝統的工芸品として最も適当なものを、次の**ア～エ**から選び、記号で答えなさい。　　　　　[2022　徳島県]

ア　南部鉄器（なんぶ）　　**イ**　西陣織（にしじんおり）　　**ウ**　会津塗（あいづぬり）　　**エ**　天童将棋駒（てんどうしょうぎこま）

4 次の問いに答えなさい。

(1) 花子さんは、日本の郷土料理について調べ、資料1を見つけた。いずれも岩手県と宮城県で養殖（ようしょく）されている食材を使用している。この二県で養殖が盛んに行われている理由を、二県に共通する地形と、その地形が養殖漁業に適している特徴に着目して書きなさい。　　　　　[2022　福井県]

資料1　岩手県と宮城県の郷土料理

【岩手県】　いちご煮 ウニとアワビの吸いもの。青森県の太平洋沿岸の郷土料理でもある。	【宮城県】　ホヤの酢の物 ホヤをワカメなどと一緒に酢などであえたもの。　＊ホヤ：海産動物の一種

(2) 資料2は、東北地方の各県の、2018年における人口、農業産出額、漁業生産量について、各県を人口の多い順に並べたものである。資料2中の**X～Z**には岩手県、宮城県、秋田県のいずれかがあてはまり、**a**と**b**には米と果実のいずれかがあてはまる。**X**と**a**の組み合わせとして正しいものを、下の**ア～カ**から選び、記号で答えなさい。　　　　　[2022　埼玉県]

資料2

	人口（千人）	農業産出額（億円）			漁業生産量（t）
			a	b	
X	2316	1939	26	818	266530
福島県	1864	2113	255	798	51398
青森県	1263	3222	828	553	179515
Y	1241	2727	126	582	127794
山形県	1090	2480	709	835	4308
Z	981	1843	72	1036	6709

（「データでみる県勢」2021年版）

ア　**X**－岩手県　　　**a**－米　　　**イ**　**X**－岩手県　　　**a**－果実

ウ　**X**－宮城県　　　**a**－米　　　**エ**　**X**－宮城県　　　**a**－果実

オ　**X**－秋田県　　　**a**－米　　　**カ**　**X**－秋田県　　　**a**－果実

Chapter 10

地理

北海道地方／地域の在り方

1 北海道地方の自然と気候、歴史

① 自然

①中央部に北見山地や日高山脈が南北にそびえる。西側には石狩平野や上川盆地、東側には十勝平野や根釧台地が広がる。

②十勝岳や有珠山は活火山で、たびたび噴火。洞爺湖や屈斜路湖は火山のカルデラに水がたまってできた湖。
（噴火のあとにできたくぼ地）

③オホーツク海沿岸には、冬に流氷が押し寄せる

② 気候…冷帯（亜寒帯）に属し、夏は短く冬は寒さが厳しく長い。梅雨はみられない。日本海側は、冬にふく北西の季節風の影響で雪が多い。太平洋側は、夏にふく南東の季節風が海上で寒流に冷やされ、沿岸部で濃霧（海霧）が発生する。
（親潮(千島海流)）（日照時間が短くなる）

③ 歴史…明治時代に政府が開拓使という役所をおき、屯田兵が大規模な開拓を進める⇒札幌市は人口約200万人の大都市に発展。先住民族アイヌの人々を守る活動が進む。

北海道の自然

北見山地／オホーツク海／知床半島／石狩平野／北海道／洞爺湖／根釧台地／十勝平野／有珠山／日高山脈

📖 参考

北海道の地名は、アイヌの言語が由来になっているものが多い。

2 北海道地方の産業

💡 **絶対おさえる！ 北海道の農業**

☑ 石狩平野は客土を行い、稲作地帯に。
☑ 十勝平野では畑作、根釧台地では酪農が盛ん。

① 農業…広大な土地を生かした大規模な生産が行われている。

①石狩平野…かつて泥炭地が広がり農業に向かない土地だったが、農業に適した土をほかの場所から運びこむ、客土によって土地を改良⇒有数の稲作地帯に。

②十勝平野…畑作が盛ん。小麦やてんさい、じゃがいも、豆類など、寒さに強い作物を生産。多くの農家は、年ごとに栽培する作物をかえる輪作を行っている。
（砂糖の原料）（土地の肥沃度が落ちるのを防ぐため。）

③根釧台地…酪農が盛ん。農家一戸あたりの乳牛飼育数は全国一。
（乳牛などを飼育し、生乳やバター、チーズなどを生産）

② 漁業…漁獲量日本一。かつてはロシア沿岸やアラスカ沿岸で行う北洋漁業が盛んだったが、水揚げ量が大きく減少⇒近年はほたて貝やこんぶを育てる養殖業や、さけの稚魚を川に放流する栽培漁業が盛ん。
（みずあげ）（アメリカ合衆国）（ようしょく）（ちぎょ）

③ 観光業…豊かな自然と気候を生かした観光業が盛ん。外国からの観光客も多い。世界自然遺産に登録された知床などでは、エコツーリズムの取り組みが進む。

主な農産物の生産地割合

てんさい 399万t	北海道 100.0%		
小豆 6万t	北海道 93.7%		その他 6.3
じゃがいも 226万t	北海道 77.1%	長崎 4.1 / 鹿児島 4.3	その他 14.5
小麦 104万t	北海道 65.4%	佐賀 4.5 / 福岡 6.6	その他 23.5

（じゃがいもは2018年、その他は2019年。）
（「日本国勢図会」2020／21年版）

🔖 暗記

エコツーリズム→生態系を守りながら観光を行う取り組み。

月　　　日

合格への ヒント

- 北海道地方は他の地域との気候の違いに着目してみよう！
- 北海道地方は農産物ごとにデータを確認しておこう！

3 地域の在り方

❶ **地域の課題を見つける**…「自然環境」「人口や都市・町村」「産業」「交通・通信」「伝統・文化」「その他（持続可能な社会づくり）」といった視点から、地域の課題をふり返り、調査テーマを決定する。その際、日本全体の課題と地域の課題の共通点やちがいに着目する。

暗記

持続可能な社会→環境を保全し、将来の世代の欲求を満たしつつ、現在の世代の欲求も満足させるような社会。

地域の課題の例

地域		課題
地方	都道府県・市など	
九州地方	沖縄県	米軍基地の影響
	鹿児島市	桜島とともに暮らす
中国・四国地方	中国、四国山地	人口減少の課題と対策
近畿地方	奈良、京都	歴史的建造物との共存
中部地方	富士山周辺	観光客の増加と環境破壊
	北陸地方	雪を生かした暮らし
	浜松市	外国人との共生
関東地方	東京都	集中する人口と交通
東北地方	東日本の太平洋岸	震災からの復興
北海道地方	北海道	自然や気候を生かした観光

❷ **地域の実態を把握する**…地域の課題の現状を詳しく知るため、調査項目をあげたうえで、聞き取り調査や文献調査などで調査する。
└電話や対面でインタビューする　┌インターネットや新聞記事、本などを用いる

❸ **地域の課題の要因を考察する**…調査結果を分析したり、他地域の事例を参考にしたりしながら、要因を考察する。その際、同じような課題がみられる地域と比較したり、関連づけて考えたりすることが大切。

❹ **課題の解決策を構想する**

①同じような課題がみられる地域の課題解決に向けた取り組みについて調査する。

②地域の特色をふまえて、その地域にあった取り組みを考える。

③構想したことを、グループやクラスで発表し、さまざまな意見を出し合い、議論・討論する。

❺ **構想の成果を地域に向けて提案・配信する**

①調査結果や構想の成果を、ポスターやレポートにまとめたり、学校のホームページに掲載したりして発信する。

②地域の住民に向けて発表会を開き、感想や意見をうかがう。

③市役所や町村役場の担当の人に提案し、意見をうかがう。

発表会の手順

①発表方法の決定
- イラストマップやグラフを作成する
- 発表内容の要点をまとめる

②発表会の準備
- 班ごとに資料・原稿をまとめる
- 発表会の進め方と役割を決定する
- おおまかな発表時間を決定する

③発表する
- 調査結果を伝える
- 発表内容について、質問や討論を行う
- 自分たちの意見を発信する

④まとめ
- ポスターやレポートに表現する
- 他の班の発表を聞き、比較、関連づけ
- さらに追究する
- 将来の地域の在り方を提案する

確 認 問 題

解答解説 別冊 P.011

日付	/	/	/
○△×			

1 右の地図を見て、あとの問いに答えなさい。

(1) 地図中の釧路市周辺の自然について述べた文として、最も適当なものを、次の**ア～エ**から選び、記号で答えなさい。 [2021 宮城県]

ア まわりを山で囲まれた盆地となっており、夏と冬の気温の差が大きい。

イ 湿地が広がっており、季節風の影響を受けて、夏でも気温が低く、霧が発生しやすい。

ウ 冬になると、水蒸気を含んだ季節風が山地に当たるため、北海道の中でも降雪量が多い。

エ 冬になると、海水が凍ってできた流氷が、北から沿岸に押し寄せてくる。

釧路市

(2) 北海道では、水産資源を守りながら水産物を生産するために、育てる漁業の取り組みが行われている。育てる漁業のうち、卵からふ化させた稚魚や稚貝をある程度まで育てたあと、海や川などに放し、成長してから漁獲する漁業を何というか、書きなさい。 [2021 宮城県]

(3) 右の表中の**ア～エ**は、2019年の北海道、神奈川県、奈良県、沖縄県のいずれかの訪問者数、世界遺産登録数、空港の数、新幹線の駅の数をそれぞれ示したものである。**ア～エ**のうち、北海道にあたるものを選び、記号で答えなさい。

[2021 岩手県]

	訪問者数（万人）	世界遺産登録数	空港の数	新幹線の駅の数
ア	588	3	0	0
イ	773	2	13	0
ウ	2,133	2	14	2
エ	2,642	0	0	2

※訪問者数は、観光・レクリエーション目的で訪れた人数。(国土交通省、文部科学省資料)

2 右の地図を見て、あとの問いに答えなさい。

(1) 北海道では、自然条件に応じて地域ごとに特色ある農業が展開されている。地図は、その特色別に４つの地域区分を表したものである。十勝平野を含む地域を、地図中の**A～D**から選び、記号で答えなさい。また、その地域の農業の説明として最も適当なものを、下の**ア～ウ**から選び、記号で答えなさい。 [2022 和歌山県]

ア 稲作を中心に野菜・畑作などの農業

イ 畑作での輪作と酪農を中心とした農業　　**ウ** 酪農を中心とした農業

(2) 資料1は、2018年の農家一戸あたりの耕地面積について北海道と全国平均、資料2は、北海道の農作物の収穫のようすを示したものである。資料1、2からわかる北海道の畑作の特徴を簡単に書きなさい。[2021 岩手県]

資料1

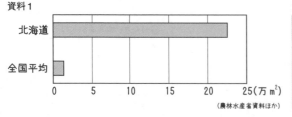
（農林水産省資料ほか）

資料2

3 次の問いに答えなさい。

(1) 太郎さんは、北海道の知床半島の斜里町を訪れた際に観光政策に興味をもち、資料1、資料2を作成した。1980年代から1990年代にかけて知床半島においてどのような問題が生じたと考えられるか。また、知床半島の人々はその解決に向けてどのような取り組みをしてきたのか、資料1、資料2をふまえ、「両立」という語句を用いてそれぞれ簡潔に書きなさい。　　　　　　　　　　　　[2022　栃木県]

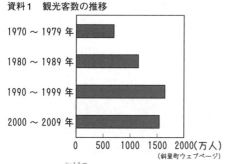

資料1　観光客数の推移

1970～1979 年	
1980～1989 年	
1990～1999 年	
2000～2009 年	

0　500　1000　1500　2000(万人)
（斜里町ウェブページ）

資料2

1980年	知床横断道路開通
1999年	自動車の乗り入れ規制開始
2005年	世界自然遺産登録
2007年	知床エコツーリズムガイドライン策定

（知床データセンターウェブページ）

(2) 中村さんは、上越新幹線の沿線の県について調べた。次の文は、中村さんが略地図のX駅がある町の取り組みをメモしたものの一部である。この町では、どのような方針があって下線部のような事業に取り組んでいると考えられるか、資料3と資料4をもとに、この町の課題を明らかにして書きなさい。　　　　　　　　[2020　石川県]

※グリーンツーリズムとは、農村などで自然、文化、人々との交流を楽しむ滞在型の余暇活動のこと。

> この町は、総面積のうち約90％を森林が占め、就労者の多くが観光産業を中心とした第3次産業に従事する「観光産業を中核とした産業構造」となっている。そのため、観光振興を基本政策の1つとした「まちづくり」を目指し、<u>グリーンツーリズムやエコツーリズムを推進したり、森林散策やキノコ採り、川遊びなどの自然体験などのイベントなどを開催したりする他に、外国人の受け入れ体制と多言語の案内ツールを充実する</u>などしている。

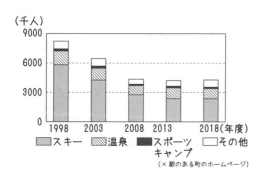

資料3　X駅のある町の目的別観光入込客数

（千人）

9000
6000
3000
0
1998　2003　2008　2013　2018(年度)

☐スキー　▨温泉　■スポーツキャンプ　□その他

（×駅のある町のホームページ）

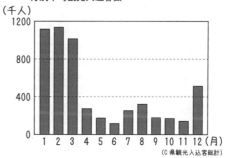

資料4　X駅のある町の平成10～30年度の月別平均観光入込客数

（千人）

1200
800
400
0
1　2　3　4　5　6　7　8　9　10　11　12(月)

（C県観光入込客総計）

Chapter 11

歴史
文明のおこりと日本の誕生

1 人類の出現

❶ **人類の誕生と進化**…猿人（今から約 700 万年前から 600 万年前）➡原人（約
　　　　　　　　　　　　　　　　　　　　　└アフリカに出現
200 万年前）➡新人（ホモ・サピエンス）（約 20 万年前、**人類の直接の祖先**）
　　　　　└アフリカに出現。火や言葉を使う
へと進化。

❷ **旧石器時代**…打製石器を使い、狩りや採集を行う。移動の生活。
　　└石を打ち欠いてつくった石器

❸ **新石器時代**…土器や磨製石器を使い、農耕や牧畜を始める。
　　　　　　　　　　└表面を磨いた石器

> 🔖 発展
> ラスコー洞窟の壁画（フラン
> ス）→旧石器時代に新人に
> よってえがかれた壁画。

2 世界の古代文明

> 💡 **絶対おさえる！ 世界の古代文明**
>
> ☑ **ナイル川流域のエジプト文明では、象形文字や太陽暦を発明。**
> ☑ **チグリス・ユーフラテス川流域のメソポタミア文明では、くさび形文字や太陰暦を発明。**

❶ **古代文明**…大河のほとりで発生。

①エジプト文明…紀元前 3000 年ごろ、**ナイル川**流域で発
生。**ピラミッド**をつくる。**象形文字、太陽暦**などを発明。
　└王の墓　　　　　　　　　　　　　└1年を365日とする

②メソポタミア文明…紀元前 3000 年ごろ、**チグリス川・ユー
フラテス川**流域で発生。**くさび形文字、太陰暦**などを発明。
　　　　　　　　　　　　└月の満ち欠けに基づく暦

③インダス文明…紀元前 2500 年ごろ、**インダス川**流域で発
生。整備された道路や水路の都市。**モヘンジョ・ダロ**の遺跡。
　　　　　　　　　　　　　　　　　　　　　　　　　└い せき

④中国文明…今から 1 万年ほど前、**黄河・長江**の流域で発生。
　　　　　　　　　　　　　　　└ホワンホー └チャンチアン

古代文明

0　　2000 km

メソポタミア文明　インダス文明
　　　　　　　　　　　　　　中国文明
エジプト文明

❷ **中国の古代国家**

①殷…紀元前 16 世紀ごろ黄河流域に成立。**青銅器、甲骨文字。**
　└いん　　　　　　　　　　　　　　　　└こうこつ

②秦…始皇帝が中国を統一。文字・貨幣の統一。**万里の長城。**
　└しん └しこうてい　　　　　　　　　　　　└ばんり └ちょうじょう

③漢…中央アジアも支配。シルクロード（**絹の道**）を通じて、**西方と交易。**
　└かん　　　　　　　　　　　　　　　　　　　　　　└北方の遊牧民の侵入を防ぐ
　　　　　　　　　　中国から西方へは絹織物など、西方から中国へは馬やぶどう、仏教など

> 💬 漢字の基となった
> 文字！

❸ **ギリシャ・ローマの文明**…①ギリシャ文明…紀元前 8 世紀ごろからアテネや
スパルタでは、都市国家（ポリス）を形成。アテネでは、**民主政**が行われた。

②ローマ帝国…紀元前 30 年に地中海周辺を統一。ローマを首都とする。
　　　　　　　└内乱がおこり、帝政に変わる

> 🔖 発展
> 孔子→戦乱の時代（紀元前6
> └こう　世紀ごろ）に儒学（儒教）を説
> いた人物。

3 宗教のおこり

❶ **仏教**…紀元前 5 世紀ごろ、**シャカ（釈迦）**が開く。
　　　　　└インドに生まれた

❷ **キリスト教**…紀元前後にパレスチナ地方に生まれた**イエス**の教えを基に成立。
　　└教典は聖書（新約聖書）　　　　　　　　　　　　　　└「人は神の前ではみな平等」と説く
　　　　　4 世紀末にローマ帝国の国教になりヨーロッパに広まる。

❸ **イスラム教**…7 世紀に**ムハンマド**が開く。**アラー（アッラー）**を信仰。
　　└教典はコーラン　　　└アラビア半島に生まれた　　└唯一の神

> 🔖 発展
> ローマの政治体制は、紀元前
> 6世紀に王政から共和政に
> なった。

> 📖 参考
> エルサレム→ユダヤ教・キリ
> スト教・イスラム教の聖地。

4 日本列島の誕生

❶ **日本列島の誕生**…約 1 万年余り前、氷河時代が終わると海面が上昇
　　　　　　　　　　　　　　　　　　　　　　　　　　　　　└じょうしょう

➡大陸の一部が島となり、日本列島ができた。

048

> 合格への
> ヒント
>
> ● 古代文明と大河は必ず地図を確認！
> ● 三大宗教は「成立時期」「場所」「開祖」をセットで暗記！

5 《 縄文時代・弥生時代

💡 **絶対おさえる！ 邪馬台国**

☑ 卑弥呼が邪馬台国の女王となり、倭の 30 ほどの小国を従えていた。
☑ 卑弥呼は中国に使いを送り、「親魏倭王」の称号や金印などを授かった。

❶ **縄文時代**…約 1 万年前〜紀元前 4 世紀ごろ。
　①**たて穴住居**…奈良時代ごろまで一般に用いられた住居。集団で定住した。
　　┗ほり下げた地面に柱を立て屋根をかけた住居
　②**縄文土器**…厚手でもろい土器。縄目の文様がついている。
　　┗低温で焼かれ、黒褐色
　③**貝塚**…人々が貝殻や魚の骨などを捨てた跡。
　④**土偶**…土製の人形。豊作を祈るためなどに用いられた。

📖 **暗記**
三内丸山遺跡(青森県)→縄文時代の遺跡。大きなむらの跡がみられる。

❷ **弥生時代**…紀元前 4 世紀〜紀元 3 世紀ごろ。
　①**稲作**…大陸から金属器とともに伝わり、広まる。
　②**弥生土器**…薄手でかための土器。米の保存や煮たきに使われた。
　　┗やや高温で焼かれ、赤褐色
　③**金属器**…青銅器や鉄器のこと。銅鏡・銅鐸・銅剣などの青銅器は主に祭りのための宝物、鉄器は武器や工具として使われた。
　④**高床倉庫**…収穫した稲を保管するための倉庫。ねずみや湿気を防ぐための工夫がほどこされている。
　⑤**金印**…1 世紀半ば、倭の奴国の王が漢（後漢）に使いを送り、皇帝から授けられたとされる印。「漢委奴国王」と刻まれる（「後漢書」東夷伝より）。
　　┗江戸時代に志賀島(福岡県で発見)
　⑥**邪馬台国**…3 世紀、卑弥呼が女王となって、倭の 30 ほどの小国を従えていた国。中国の魏に使いを送り、皇帝から「親魏倭王」の称号や金印、銅鏡 100 枚を授かる（「三国志」魏書・魏志倭人伝より）。

📖 **暗記**
吉野ヶ里遺跡(佐賀県)→弥生時代の遺跡。二重の濠や物見やぐらなどがみられる。

6 《 大和政権から古墳時代

❶ **大和政権（ヤマト王権）**…3 世紀後半に奈良盆地を中心とする地域に現れた、強大な力を持つ王と有力豪族の勢力。5 世紀後半には、王が九州から東北地方南部までの有力豪族を従え、**大王**と呼ばれる。
　　┗ある地方で大きな勢力をもつ一族

> 大王はのちの天皇！

❷ **古墳時代**…古墳がつくられた 6 世紀末ごろまで。
　①**古墳**…王や豪族の墓。円墳や方墳、前方後円墳など。**前方後円墳**は規模が大きいのが特徴で、**大仙古墳（仁徳天皇陵）**が代表例。
　　┗大阪府堺市にある
　②**埴輪**…古墳の周りや頂上に置かれた素焼きの土製品。
　③**渡来人**…日本に、漢字、仏教や儒教、須恵器の作り方などの大陸の技術を伝える。大和政権の記録など、財政や政治でも活躍。
❸ **朝鮮半島**…5〜6 世紀ごろ、**高句麗・百済・新羅**が勢力を争う。大和政権は百済や**伽耶地域（任那）**と結んで、高句麗や新羅と戦ったことが、**好太王（広開土王）**碑に記されている。

前方後円墳

5世紀の朝鮮半島

確認問題

日付	／	／	／
○△×			

1 古代文明（四大文明）について、次の問いに答えなさい。

(1) 資料1は、古代文明が生まれた地域のひとつで見られる遺跡（いせき）の写真である。この遺跡がある地域を、略地図中の**ア～エ**から選び、記号で答えなさい。　　　　　　　　　　　　　　　　　　　　　　　　　　　　[2022　奈良県]

資料1

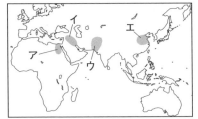

(2) 紀元前16世紀頃に黄河（こうが）の流域におこった　**X**　では、資料2のように、漢字の基（もと）となった甲骨（こうこつ）文字が作られた。　**X**　にあてはまる中国の王朝を、次の**ア～エ**から選び、記号で答えなさい。　　　　　　　　　　　　　　　　　　　　　　　　　　　　　　　　　　　　[2020　岐阜県]

ア 殷（いん）　**イ** 秦（しん）　**ウ** 漢（かん）　**エ** 隋（ずい）

資料2

[2022　和歌山]

(3) メソポタミア文明は、エジプト文明、インダス文明、中国文明とともに四大文明とよばれている。これらの文明に共通する特徴として適切なものを、次の**ア～エ**から選び、記号で答えなさい。

ア 大河の流域で成立した。　　**イ** イスラム教を信仰（しんこう）した。

ウ 東アジアで成立した。　　　**エ** 太陽暦（たいようれき）が主に用いられた。

(4) 紀元前に王や皇帝（こうてい）によって統治されていた国家として適当でないものを、次の**ア～エ**から選び、記号で答えなさい。　　　　　　　　　　　　　　　　　　　　　　　　　　　　　　　　　　[2022　大分県]

ア 紀元前3000年ごろのエジプト　　**イ** 紀元前5世紀ごろのギリシャ

ウ 紀元前3世紀ごろの秦　　　　　　**エ** 紀元前1世紀ごろのローマ帝国

2 次の問いに答えなさい。

(1) 群馬県の岩宿（いわじゅく）遺跡から打製石器が発見されたことによって、日本での存在が明らかになった時代を何というか、書きなさい。　　　　　　　　　　　　　　　　　　　　　　　　　　　　[2021　和歌山県]

(2) 右の資料は、弥生（やよい）時代に使用された青銅器（せいどうき）である。この青銅器を何というか。次の**ア～エ**から選び、記号で答えなさい。　　　　　　　　　　　　　　　　　　[2020　山口県]

ア 銅鐸（どうたく）　**イ** 銅鏡（どうきょう）　**ウ** 銅剣（どうけん）　**エ** 銅矛（どうほこ）

(3) 弥生（やよい）時代のようすについてまとめた次の文中の**X**、**Y**にあてはまる語句の組み合わせとして正しいものを、あとの**ア～エ**から選び、記号で答えなさい。　　　　　　　　　[2022　三重県]

稲作（いなさく）が本格的に始まり、収穫（しゅうかく）した米を　**X**　におさめて貯蔵した。代表的な遺跡として佐賀県の　**Y**　がある。

ア　X－高床倉庫　　Y－岩宿遺跡　　　イ　X－高床倉庫　　Y－吉野ヶ里遺跡

ウ　X－たて穴住居　　Y－岩宿遺跡　　エ　X－たて穴住居　　Y－吉野ヶ里遺跡

3 次の問いに答えなさい。

(1) 右の資料は、日本最大の古墳である大仙古墳（仁徳陵古墳）の写真である。あとの問いに答えなさい。

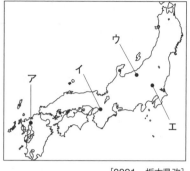

① 大仙古墳を示した場所はどれか、略地図に示したア～エから選び、記号で答えなさい。 ［2020　三重県］

② このような形をした古墳を何というか、書きなさい。 ［2021　栃木県改］

(2) 次のカードは、史料の一部を要約し、わかりやすく書き直したものである。あとの問いに答えなさい。 ［2020　栃木県］

> 百済の国王が初めて仏像・教典および僧らを日本に送ってきた。天皇は、お言葉を下し、蘇我氏にこれらを授け、仏教の発展を図ったのである。

① この頃、役人として朝廷に仕え、財政や外交などで活躍していた、中国や朝鮮半島から日本に移り住んできた人々を何というか、書きなさい。

② 下線部の仏教が伝来した時期と最も近い時期に大陸から日本に伝えられたものを、次のア～エから選び、記号で答えなさい。

ア　儒教　　　イ　土偶　　　ウ　青銅器　　　エ　稲作

4 次の問いに答えなさい。

(1) 右の資料は、略地図中の稲荷山古墳から出土した鉄剣とその一部を拡大したものである。そこには、大和政権（ヤマト王権）の大王の一人と考えられているワカタケルの名が漢字で刻まれている。また、資料と同じように、ワカタケルの名が刻まれているとされる鉄刀が略地図中の江田船山古墳からも出土している。これらの鉄剣や鉄刀に刻まれた文字からは、古墳にほうむられ

資料

【略地図】

た人物が、ワカタケル大王に仕えていたことが読み取れる。これらのことから、当時の大和政権（ヤマト王権）の勢力について考えられることを、簡単に書きなさい。 ［2020　和歌山県］

(2) 中国の南朝の歴史書には、5世紀頃から大和政権（ヤマト王権）の王が南朝の皇帝にたびたび使者を送っていたことが記録されている。大和政権（ヤマト王権）の王が中国の南朝の皇帝にたびたび使者を送っていたのはなぜか。その理由を「朝鮮半島」という語句を用いて、簡単に書きなさい。 ［2020　香川県］

歴史

律令国家の成立と貴族の政治

1 聖徳太子（厩戸皇子）の政治

💡 絶対おさえる！ 聖徳太子の国づくり

☑ 冠位十二階の制度、十七条の憲法で、天皇中心の政治を目指す。
☑ 隋の進んだ政治制度や文化を取り入れるため、小野妹子を遣隋使として派遣。

❶ 東アジアのようす

①朝鮮半島…6世紀に百済と新羅の勢力が強くなり、新羅が伽耶地域（任那）の国々をほろぼす。

②中国…6世紀末に隋が統一⇒7世紀初めに隋がほろび、唐が統一。

❷ 聖徳太子（厩戸皇子）の政治…推古天皇の摂政となり、蘇我氏と協力して天皇中心の政治を目指す。

> 摂政は、天皇にかわり政治を行う役職！

①冠位十二階の制度…家柄にとらわれず、才能や功績のある人物を役人に取り立てるための制度。

②十七条の憲法…天皇の地位を明らかにし、朝廷の役人の心得を示したもの。儒教や仏教の影響を強く受けている。

③遣隋使…隋の進んだ政治制度や文化を取り入れるために派遣された使節。小野妹子らが派遣。多くの留学生や留学僧も送られた。

❸ 飛鳥文化…日本で最初の仏教文化。法隆寺が代表的。

2 律令政治

❶ 大化の改新…645年、中大兄皇子と中臣鎌足らが、政治の実権をにぎっていた蘇我氏を倒して始めた政治改革。公地・公民など政治改革を始める。
（のちの藤原鎌足）
（豪族が支配していた土地と人を、国が直接治める）

❷ 白村江の戦い…日本と唐・新羅連合軍との戦い。中大兄皇子が唐と新羅にほろぼされた百済を援助するため、朝鮮半島に大軍を送ったが敗れた。
（663年に起こった）

❸ 壬申の乱…天智天皇の死後に起こった天皇のあとつぎ争い。勝利した大海人皇子が、天武天皇として即位。律令に基づく政治を進めた。

❹ 律令政治の成立

①大宝律令…701年に完成。唐の律令にならい制定され、「律」は刑罰の決まり、「令」は政治を行う上での決まり。地方には国司や郡司がおかれ、九州北部には大宰府。
（九州地方の政治や外交・防衛を担当）

②平城京…710年、奈良につくられた都。唐の都・長安にならう。広い道路によって碁盤の目のように区画された。和同開珎が流通する。

③班田収授法…戸籍に登録された6歳以上のすべての男女に一定の口分田を与え、その人が死ぬと国に返させるしくみ。

④人々の負担…租・調・庸。雑徭や防人など。

▶ 十七条の憲法

一に曰く、和をもって貴しとなし、さからう（争う）ことなきを宗とせよ。
二に曰く、あつく三宝を敬え。三宝とは仏・法（仏の教え）・僧なり。

⭐ 重要

法隆寺は、現存する世界最古の木造建築物。世界文化遺産に登録されている。

⚠ 注意

富本銭→天武天皇の時代につくられた日本で最初の銅銭。
和同開珎→708年に発行された通貨。

人々の負担

租	稲の収穫の約3%を納める
調	絹や魚などの特産物を納める
庸	労役の代わりに麻を約8m納める
出挙	稲を借りて利息付きで返す
雑徭	国司の下で1年に60日以内の労役
兵役	衛士（都の警備）：1年間　防人（北九州警備）：3年間

● 「租・調・庸・雑徭」の内容を口頭で説明できるようにしよう。
● 天台宗と真言宗は入試頻出！「開祖」「本山」をセットで覚えよう。

⑤ 律令政治のくずれ…人口増加にともなって口分田が不足したため、743 年に
墾田永年私財法を制定⇒貴族や寺院の私有地が増加⇒荘園の誕生。
　┗新しく開墾した土地の永久私有を認める

3 天平文化

❶ 天平文化…聖武天皇のころに最も栄えた、唐の影響を強く受けた仏教文化。
東大寺の正倉院が代表的。

❷ 仏教…①聖武天皇が、国ごとに**国分寺**と**国分尼寺**を建立。都には東大寺を建
　　　　　┗仏教の力によって、国を守ろうと考えた
て、大仏をつくらせる。②唐から来日した**鑑真**が、正しい仏教を伝える。
③書物…歴史書では「古事記」や「日本書紀」、地理書では「風土記」、和歌集
では「万葉集」が編さんされる。

4 平安時代の始まりと摂関政治

💡 絶対おさえる！　摂関政治

☑ **藤原氏は娘を天皇のきさきにし、その子を次の天皇に立て、摂政や関白の位につき、政治の実権を
にぎった。**
☑ **藤原道長・頼通親子のころの 11 世紀前半に最も栄えた。**

❶ 平安京…794 年に桓武天皇が都を平安京（現在の京都市）に移す。

❷ 律令政治の崩壊…朝廷による律令制度の立て直し➡重い税をのがれて人々が
土地から離れる➡税を取ることが難しくなる。

❸ 蝦夷の抵抗…征夷大将軍の**坂上田村麻呂**が蝦夷を征討➡朝廷の支配が東北地
方まで広がるが、その後も蝦夷は抵抗。

❹ 新しい仏教…**最澄**と**空海**が、仏教の新しい教えを日本に伝える。①最澄が天
　　　　　　　　　　　　　　　　　　　　　　　　比叡山に延暦寺を建てる┛
台宗を始める。②空海が真言宗を始める。
　　　　┗唐にわたった　　高野山に金剛峯寺を建てる┛

❺ 摂関政治…藤原氏が摂政や関白の位を独占して権力をにぎる。11 世紀前半の
　　　　　　　　幼い天皇の代わりに政治を行う　　成長した天皇を補佐する┛
藤原道長・頼通親子のころが最盛期。

❻ 地方政治の乱れ…朝廷は国司の権限を強化➡国司の不正が多くなる。農民の
　　　　　　　　　　　　　　　　　　　　　┗税の一部を自分の収入にするなど
戸籍の偽りや逃亡なども増加。

5 国風文化

学問の神様

❶ 遣唐使の派遣停止…894 年、**菅原道真**の提案により停止➡唐の文化を基本と
しながら、日本の風土や生活、日本人の感情に合った国風文化が栄える。

❷ 文学作品…仮名文字の誕生により、文学作品が多くつくられる。①紀貫之ら
の「古今和歌集」　②紫式部の「源氏物語」　③清少納言の「枕草子」

❸ 住居や生活様式…貴族の住居は寝殿造。年中行事の始まり。大和絵。
　　　　　　　　　　　┗建物が廊下で結ばれ、広い池や庭がある

❹ 浄土信仰…11 世紀に浄土信仰が広まる➡阿弥陀堂の代表的なものは、藤原頼
　　　　　　　┗阿弥陀如来にすがり、死後の極楽浄土への生まれ変わりを願う
通の平等院鳳凰堂。

Chapter 12

律令国家の成立と貴族の政治

📖 暗記

蝦夷→古くから朝廷に従わない東北地方の人々。

🔎 発展

中国→10世紀はじめに唐がほろび、その後宋が中国を統一。

朝鮮→10世紀前半に高麗がおこり、新羅をほろぼす。

📖 暗記

藤原氏は、娘を天皇のきさきにし、その子を天皇に立てて力をのばした。

漢字から
仮名文字への変化

ひらがな		
安以宇衣於	あいうえお（草書）	あいうえお

カタカナ		
阿伊宇江於	アイウエオ	アイウエオ

確 認 問 題

日付	／	／	／
○△×			

1 聖徳太子の政治について、次の問いに答えなさい。

(1) 右の資料は、聖徳太子が定めたきまりの一部である。この
きまりは誰の心がまえとして示されたものか。次の**ア〜エ**か
ら選び、記号で答えなさい。　　　　　　　　　[2020 奈良県]

二に曰く、あつく三宝を敬え。三宝と
は仏・法・僧なり。
三に曰く、詔を承りては、必ず謹め。
　　　　　　　　　　『日本書紀より』作成

ア 民衆　　**イ** 天皇　　**ウ** 役人　　**エ** 僧

(2) 聖徳太子は蘇我馬子とともに、天皇を中心とする政治制度を整えようとした。その中の1つである冠位十二
階の制度では、どのようなねらいで役人を採用しようとしたか、説明しなさい。　　　[2021 和歌山県]

(3) 次の文中の（　）の中から適当なものを1つ選びなさい。　　　　　　　　　　　　[2021 熊本県]

聖徳太子は天皇を中心とした政治制度を整え、進んだ文化を取り入れるため、（ 阿倍仲麻呂　小野妹子
菅原道真　）らを隋に派遣した。

(4) 聖徳太子が建てたと伝えられ、五重塔などが現存する世界最古の木造建築として有名な寺院を、次の**ア〜**
エから選び、記号で答えなさい。　　　　　　　　　　　　　　　　　　　　　　[2021 宮崎県]

ア 法隆寺　　**イ** 正倉院　　**ウ** 平等院鳳凰堂　　**エ** 延暦寺

2 大化の改新について、次の問いに答えなさい。

(1) 大化の改新は、中大兄皇子らによって始められた政治の改革である。この改革の中心人物であった中大兄
皇子はのちに即位して天皇となった。この天皇を何というか、次の**ア〜エ**から選び、記号で答えなさい。
　　　　　　　　　　　　　　　　　　　　　　　　　　　　　　　　　　　　　　[2022 徳島県]

ア 推古天皇　　**イ** 天智天皇　　**ウ** 天武天皇　　**エ** 聖武天皇

(2) 大化の改新で行われたことの説明として正しいものを、次の**ア〜エ**から選び、記号で答えなさい。
　　　　　　　　　　　　　　　　　　　　　　　　　　　　　　　　　　　　　　[2021 和歌山県]

ア 都を藤原京から平城京に移した。
イ 唐にならって、和同開珎を発行した。
ウ 国家が全国の土地と人々を支配する公地・公民の方針を出した。
エ 天皇の命令に従うべきことなど、役人の心構えを示した十七条の憲法を定めた。

(3) 次の文は、大化の改新が始まった後に起こったできごとについてまとめたものである。文中の**X**、**Y**にあ
てはまる語句の組み合わせとして正しいものを、あとの**ア〜エ**から選び、記号で答えなさい。[2022 静岡県]

朝鮮半島に大軍を送った倭（日本）は、唐と　**X**　の連合軍と戦った。この　**Y**　に敗れた倭（日本）は
朝鮮半島から退いた。その後、朝鮮半島は　**X**　によって統一された。

ア **X**－百済　　**Y**－白村江の戦い　　　**イ** **X**－新羅　　**Y**－白村江の戦い
ウ **X**－百済　　**Y**－壬申の乱　　　　　**エ** **X**－新羅　　**Y**－壬申の乱

3 次の文を読んで、あとの問いに答えなさい。

> 朝廷は、701年に大宝律令を制定し、全国の土地と人々を国家が直接統治する政治のしくみを整えた。

（---は現在の県界を示す）

(1) 大宝律令が制定されたころ、都は藤原京におかれていた。藤原京は、道路によって碁盤の目のように区画された、わが国で初めての本格的な都であった。右の地図中の**ア～エ**のうち、藤原京の場所を選び、記号で答えなさい。 [2022 大阪府]

(2) 次の文中の**X**、**Y**にあてはまる語句をそれぞれ書きなさい。 [2022 熊本県]

> 大宝律令により、中央や地方の政治のしくみが定められ、 X とよばれる役人が都から国ごとに派遣された。また、人々は戸籍に登録され、6歳以上のすべての者に Y という土地が与えられた。

4 次の問いに答えなさい。

(1) 次の文中の**X**、**Y**にあてはまる語句の組み合わせとして正しいものを、あとの**ア～エ**から選び、記号で答えなさい。 [2021 千葉県]

> 平城京は、710年に X の都の長安にならった、律令国家の新しい都としてつくられた。この都を中心に政治が行われた約 Y 年間を奈良時代という。

ア X－唐 Y－80　　**イ** X－隋 Y－80　　**ウ** X－唐 Y－60　　**エ** X－隋 Y－60

(2) 聖武天皇の時代に、都を中心にして栄え、仏教と中国の影響を強く受けた国際的な文化を何というか、書きなさい。 [2020年 岐阜県]

(3) 奈良時代に大伴家持によってまとめられたといわれる、現存する日本最古の和歌集を何というか、書きなさい。 [2020 福島県改]

5 平安時代について、次の問いに答えなさい。

(1) 797年に征夷大将軍に任命された坂上田村麻呂が、アテルイが指導する蝦夷との戦いの拠点とするために築いた城の位置する道県を、次の**ア～エ**から選び、記号で答えなさい。 [2020 石川県]

ア 北海道　　**イ** 青森県　　**ウ** 岩手県　　**エ** 山形県

(2) 右の資料は藤原氏と皇室の関係を示した系図の一部である。藤原道長は、三条天皇を退位させ、まだ幼い後一条天皇を即位させた。藤原道長は、後一条天皇を即位させることで、何という職に就こうとしたと考えられるか。資料から読み取れる、藤原道長と後一条天皇の関係とあわせて、簡単に書きなさい。[2020 静岡県]

(3) 国風文化において紀貫之たちによってまとめられたものを、次の**ア～エ**から選び、記号で答えなさい。 [2022 三重県]

ア 万葉集　　**イ** 古今和歌集　　**ウ** 日本書紀　　**エ** 古事記

(4) 平安時代に日本から唐に渡り、帰国して仏教の新しい教えを伝えた人物を、次の**ア～エ**から選び、記号で答えなさい。 [2020 群馬県]

ア 鑑真　　**イ** 行基　　**ウ** 最澄　　**エ** 法然

注 □内の数字は天皇の即位順を、二重線（＝＝）は夫婦関係を、それぞれ表している。

Chapter
13
歴史
武士の政治の始まりと発展

1 ≪ 武士の登場と平氏政権

❶ **武士の登場**…都の武官や地方の豪族の地位の上昇➡武士団を形成➡10世紀中
ごろ、平将門が北関東、藤原純友が瀬戸内地方で反乱➡源氏と平氏が有力な勢力。
_{白河天皇が始めた}　_{天皇の子孫}
❷ **院政**…天皇が位をゆずり、上皇となってからも院で行う政治。
❸ **平清盛**…保元の乱・平治の乱に勝利して太政大臣となり、政治の実権をにぎる
➡兵庫の港を整備し日宋貿易を行う。
_{武士として初めて}

2 ≪ 鎌倉幕府の成立と執権政治

> 💡 **絶対おさえる！ 鎌倉幕府**
>
> ☑ **源頼朝**が、国ごとに**守護**、荘園や公領ごとに**地頭**を設置し、鎌倉幕府を開く。
> ☑ 承久の乱後、幕府は京都に**六波羅探題**を設置し、幕府の支配を固める。

❶ **平氏の滅亡**…源義経が平氏を壇ノ浦（山口県）でほろぼす。
_{源頼朝の弟　軍事・警察}
❷ **鎌倉幕府**…源頼朝が守護・地頭を置く。頼朝は征夷大将軍となり、御家人
と御恩と奉公の主従関係を築く。
_{荘園などを管理・支配}
❸ **執権政治**…北条氏が執権の地位につき、代々独占。
_{将軍を補佐する役職}　_{独占}
❹ **承久の乱**…1221年に後鳥羽上皇が挙兵➡幕府側が勝利
➡京都に六波羅探題を設置➡幕府の支配が西日本にも広がる。
_{乱後、隠岐に流される}
❺ **御成敗式目**（貞永式目）…1232年、執権の北条泰時が政治の判断の基準を
示すために定める。 <u>武士の法律の見本！</u>

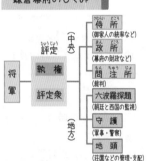

鎌倉幕府のしくみ

| 将軍 | 評定 執権 評定衆 | （中央）侍所（御家人の統率など）／政所（幕府の財政など）／問注所（裁判）
六波羅探題（朝廷と西国の監視）
（地方）守護（軍事・警察）／地頭（荘園などの管理・支配） |

3 ≪ 鎌倉時代の暮らしと鎌倉文化

❶ **農村のようす**…二毛作が始まる。
_{1年の間に同じ土地で米と麦を交互につくる}
❷ **定期市**…寺社の門前や交通の要所で開かれる市。
❸ **鎌倉文化**…写実的で力強い文化。①東大寺南大門の金剛力士像（運慶らがつくる）
②「新古今和歌集」 ③鴨長明の「方丈記」 ④琵琶法師が伝えた「平家物語」
_{後鳥羽上皇の命}　_{随筆}　_{武士の戦いをえがく}
❹ **鎌倉仏教**…法然が浄土宗、親鸞が浄土真宗、一遍が時宗、日蓮が日蓮宗（法
華宗）を開く。禅宗も伝えられ、栄西が臨済宗、道元が曹洞宗を開く。
_{座禅によって自らさとりを開く}

4 ≪ 元寇と鎌倉幕府のおとろえ

❶ **モンゴル帝国**…チンギス・ハンが遊牧民を統一して建国。
❷ **元**…フビライ・ハンが宋をほろぼし、中国全土を支配した国。
❸ **元寇**…フビライ・ハンが日本に服属を要求➡執権の北条時宗が無視➡元軍が
日本に2回襲来（文永の役、弘安の役）。
_{集団戦法や火薬を使った武器で幕府軍を苦しめる}
❹ **永仁の徳政令**…幕府が御家人を救うために出す➡効果は一時的で、御家人の
_{手放した土地を取り返させる命令}
幕府に対する反感が強まる。
❺ **幕府の滅亡**…後醍醐天皇が足利尊氏らの協力を得て、ほろぼす。

合格への
ヒント

- 混同しやすい人名は何度も書いて練習しよう！
- 永仁の徳政令は「背景」「経過」「結果」をセットで暗記！

月　　日

5 南北朝の動乱と室町幕府

💡 絶対おさえる！　建武の新政と日明貿易（勘合貿易）

- ☑ 後醍醐天皇が天皇中心の建武の新政を行うが、武士の不満が高まり2年ほどで終わる。
- ☑ 足利義満は、倭寇を禁止するとともに、日明貿易（勘合貿易）を始めた。

① **建武の新政**…後醍醐天皇が行った天皇中心の新しい政治⇒貴族を重視する政策を実施⇒武士の不満が高まり2年ほどで終わる。

② **南北朝時代**…足利尊氏が京都に新しい天皇をたて（北朝）、後醍醐天皇は吉野にのがれ正統な天皇であると主張（南朝）⇒約60年間続き足利義満が合一。
└ 北朝から征夷大将軍に任命される

③ **室町幕府**…足利尊氏が開いた幕府。
　①管領…将軍を補佐する役職。侍所、政所、問注所を統括した。
　└有力な守護大名から任命
　②日明貿易（勘合貿易）…勘合（勘合符）と呼ばれる合い札を用いて中国（明）との間で行われた貿易。足利義満が明の求めに応じて**倭寇**を禁止するとともに始める。日本は、刀や銅などを輸出し、銅銭や絹織物などを輸入。

④ **東アジア**…朝鮮では、李成桂が高麗をほろぼして朝鮮国を建国。琉球では、尚氏が琉球王国を建国。中継貿易で栄える。

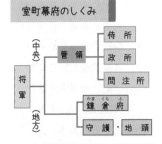

室町幕府のしくみ

（中央）将軍 ― 管領 ― 侍所 / 政所 / 問注所
（地方）― 鎌倉府 / 守護・地頭

☆ 重要

勘合は、正式な貿易船と、海賊行為をはたらいていた倭寇の船とを区別するために用いられた。

6 民衆の成長と戦国大名

① **産業の発達**
　①農業…二毛作や牛馬耕、麻・茶の栽培が始まる。
　②商工業…馬借・問が運送業、土倉・酒屋が金融業を営む。同業者ごとに座を結成した。京都では有力な商工業者の町衆が自治を行う。
　└営業する権利を独占

② **村の自治**…惣（惣村）がつくられ、寄合を開いて村のおきてを定める。

③ **民衆の抵抗**…借金の取り消しを求める土一揆が近畿地方を中心に広がる。正長の土一揆など。山城の国一揆、加賀の一向一揆なども発生。
　└土倉や酒屋をおそう　滋賀県　└京都府　└浄土真宗の信仰で結びついた武士や農民の一揆

④ **応仁の乱**…8代将軍足利義政のあとつぎ争いに、有力な守護大名である細川氏と山名氏の勢力争いがからんで起こった乱⇒下剋上の風潮が高まる⇒各地に戦国大名が登場。

> 下の身分の者が上の身分の者に打ち勝つ！

⑤ **戦国大名**…領国を統一して支配する大名。城下町をつくり、領国内の武士や民衆の行動を取りしまるため、独自の分国法を定める。

▶ 分国法の例
（朝倉氏の「朝倉孝景条々」）

本拠地である朝倉館のほかには、国内に城を構えてはならない。全ての有力な家臣は、一乗谷に引っ越し、村には代官を置くようにしなさい。

7 室町文化

① **北山文化**…足利義満の金閣、観阿弥・世阿弥が大成した能（能楽）。
　　　　└猿楽・田楽から発展

② **東山文化**…足利義政の銀閣、現在の和風建築の基となる書院造、雪舟が大成した水墨画（墨絵）。
　└墨一色で自然をえがく

③ **民衆の文化**…「一寸法師」などの御伽草子、能の合間に行われた狂言。
　　　　　└絵入りの物語

⚠ 注意

北山文化→貴族の文化と武士の文化が入り混じった文化。
東山文化→質素で落ち着いた文化。

確認問題

解答解説 別冊 P.013

日付	/	/	/
○△×			

1 次の問いに答えなさい。

(1) 平安時代末期に起きた、保元の乱についてまとめた資料1中の
X・Yにあてはまる最も適当なものを、次の**ア～エ**から1つずつ
選び、記号で答えなさい。　　　　　　　　　　　[2022　島根県]

ア　将軍のあとつぎをめぐり、有力な守護大名が対立した。

イ　院政の実権をめぐり、当時の天皇と上皇が対立した。

ウ　武家政権の成立につながっていった。

エ　下剋上の風潮が広がっていった。

資料1

原因・結果	できごと	結果・影響
X	→ 保元の乱 →	Y

(2) 平清盛は、武士として初めて太政大臣となった。資料2は平氏の系図の一部を
示したものである。資料2からは、平氏が、その後さらに権力を強めるようになっ
た要因の1つが読み取れる。その要因について、簡単に書きなさい。

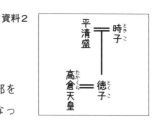

資料2

[2022　和歌山県]

2 鎌倉時代について、次の問いに答えなさい。

(1) 右の資料は、鎌倉幕府の将軍と御家人との主従関係を模式的に示したものであ
る。資料中の御恩にあてはまるものを、次の**ア～エ**から選び、記号で答えなさい。
　　　　　　　　　　　　　　　　　　　　　　　[2021　三重県]

ア　口分田を与えられること。　　イ　国司に任命されること。

ウ　領地を保護されること。　　　エ　管領に任命されること。

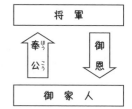

将 軍

奉公 ↑　　↓ 御恩

御 家 人

(2) 鎌倉幕府が勢力を拡大していくようすについて述べた次の文を読んで、あとの
問いに答えなさい。

　1185年、源頼朝は、荘園や公領に　**X**　をおくことを朝廷に認めさせた。　**X**　は御家人の中から
任命され、年貢の取り立てや土地の管理などを行った。1221年に起こった　**Y**　の乱で後鳥羽上皇に勝
利した幕府は上皇側の土地を取り上げ、西日本にも勢力をのばして、幕府の支配を固めた。

---

① 文中の**X**、**Y**にあてはまる語句を、それぞれ漢字2字で書きなさい。　　　　[2022　大阪府]

② 　**Y**　の乱の後、幕府は新たに六波羅探題を京都に設置した。六波羅探題を設置した目的を、簡単に説
明しなさい。　　　　　　　　　　　　　　　　　　　　　　　　　　　　　　　[2022　富山県]

(3) 御成敗式目について、あとの問いに答えなさい。

① 御成敗式目は、御家人と荘園領主との土地をめぐる争いが増えたことを背景に、執権の　□　により
制定された。□にあてはまる人名を書きなさい。　　　　　　　　　　　　　　　[2022　熊本県]

② 御成敗式目が定められた目的を、「慣習」、「公正」という2つの語句を用いて書きなさい。　[2022　新潟県]

(4) 新しい仏教に関し、踊りを取り入れたり、念仏の札を配ったりするなど、工夫をこらしながら時宗を広め
た人物を、次の**ア～エ**から選び、記号で答えなさい。　　　　　　　　　　　　　[2020　和歌山県]

ア　法然　　イ　日蓮　　ウ　一遍　　エ　栄西

3 鎌倉時代について、次の問いに答えなさい。

(1) 鎌倉時代には、2度にわたって元軍がわが国に襲来した。この元軍の襲来があったときに、幕府の執権であった人物はだれか。その人物名を書きなさい。　[2022　香川県]

(2) 右の資料は、元軍と戦う幕府軍の武士が描かれた絵である。この戦いで幕府軍が元軍に苦戦した理由の1つを、資料を参考に、それまで日本の武士の戦いではみられなかった武器に着目して、簡単に書きなさい。　[2021　山口県]

(3) 元軍の襲来（元寇）の影響について述べた文として最も適当なものを、次の**ア～エ**から選び、記号で答えなさい。
　　　　　　　　　　　　　　　　　　　　　　　　　　[2020　大分県]

ア 武士の社会の慣習に基づいた法が作られ、鎌倉幕府の繁栄につながった。

イ 御家人の不満が募り、鎌倉幕府がほろびる原因となった。

ウ 幕府に土地を寄進する武士が増え、鎌倉幕府の繁栄につながった。

エ 民衆が団結して一揆を起こすようになり、鎌倉幕府がほろびる原因となった。

4 室町時代について、次の問いに答えなさい。

(1) 資料1は、室町幕府の仕組みをあらわしたものである。□□□□に入る役職を書きなさい。　[2021　和歌山県]

資料1
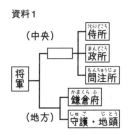

(2) 次の文は、室町時代に行われた明との貿易についてまとめたものの一部である。文中の**X**、**Y**にあてはまる語句の組み合わせとして正しいものを、あとの**ア～エ**から選び、記号で答えなさい。　[2020　三重県]

> 足利義満は、明に朝貢する形をとって貿易を始め、民間貿易船と区別するために **X** という証明書をもたせた。日本からは、銅や **Y** などを輸出した。

ア X－勘合　Y－刀剣　　**イ** X－勘合　Y－生糸

ウ X－朱印状　Y－刀剣　　**エ** X－朱印状　Y－生糸

(3) 資料2は、応仁の乱が始まった当初の対立関係を示したものである。資料2中の**X**、**Y**にあてはまる語句の組み合わせとして正しいものを、次の**ア～エ**から選び、記号で答えなさい。　[2022　大分県]

資料2
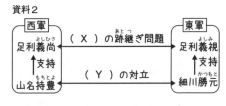

ア X－天皇　Y－守護大名

イ X－天皇　Y－戦国大名　　**ウ** X－将軍　Y－守護大名　　**エ** X－将軍　Y－戦国大名

(4) 資料3は、戦国大名の朝倉氏が定めた「朝倉孝景条々」を要約したものの一部である。資料3に示したような、戦国大名が定めた法令を何というか、書きなさい。　[2021　三重県]

資料3

> 本拠である朝倉館のほかには、国内に城を構えてはならない。全ての有力な家臣は、一乗谷に引っ越し、村には代官を置くようにしなさい。

(5) 室町幕府が税を課した、お金の貸し付けなどを行っていた金融業者を何というか。次の**ア～エ**から2つ選び、記号で答えなさい。[2020　山口県]

ア 土倉　　**イ** 飛脚　　**ウ** 惣　　**エ** 酒屋

(6) 能（能楽）の合間に演じられ、民衆の生活や感情をこっけいに表現した喜劇を何というか、書きなさい。

[2022　山梨県]

歴史
中世ヨーロッパのようすと安土桃山時代

1 キリスト教の世界

❶ **キリスト教**…東ローマ帝国（ビザンツ帝国）と結びついた正教会と、
　　　　　　　　ローマ教皇が指導する**カトリック教会**に分かれる。
　　　　　　↳強大な権威を持つ　　　　　　　　　↳西ヨーロッパに広まる

❷ **十字軍**…11～13世紀、イスラム勢力によってうばわれた**聖地エルサレム**の
　　　　　　奪還目的でローマ教皇により軍を派遣➡失敗。
　　　　　↳奪還

❸ **ルネサンス（文芸復興）**…古代ギリシャ・ローマの文化を再評価し、人間そ
　　のものに価値を認める動き。イタリアで始まり、天文学や地理学が発達。火薬
　　や**羅針盤**、活版印刷術が実用化。
　　↳羅針盤　　↳活版印刷術

> 🔎 発展
> 十字軍の遠征失敗により、ローマ教皇の影響力が低下。

> ⚠ 注意
> ルネサンスに活躍した人物。レオナルド・ダ・ビンチ→「モナ・リザ」をえがいた。ミケランジェロ→「最後の審判」をえがいた。

2 ヨーロッパの進出

❶ **大航海時代**…ヨーロッパ人が世界に進出した時代。キリス
　　　　　　　ト教の布教とアジアの香辛料を直接手に入れ
　　　　　　　るため、ポルトガルやスペインが航海開始。　↳香辛料

　①コロンブス…1492年に西インド諸島に到達。
　　↳スペインの援助
　②バスコ・ダ・ガマ…1498年にインドに到達。
　　↳ポルトガルの援助
　③マゼラン…16世紀前半に船隊が世界一周に成功。
　　↳スペインの援助

❷ **スペイン**…アメリカ大陸の先住民を労働させ、銀の鉱山を
　　　　　　　開発し、農園（プランテーション）を開く。南
　　　　　　　アメリカ大陸などに植民地を広げる。

16世紀ごろの世界

■ ポルトガルとその植民地
□ スペインとその植民地

3 宗教改革

❶ **宗教改革**…ローマ教皇が資金集めのために**免罪符**を売り出したことを批判し、
　　ルターがドイツで、**カルバン**がスイスで開始。プロテスタントと呼ばれる。
　　　　　　　　　　　　　　　　　　　↳「抗議する者」という意味

❷ **カトリック教会の立て直し**…イエズス会が宣教師を派遣して、アジアなどへ
　　の海外布教に力を入れる。

> カトリック改革運動の中心！

4 ヨーロッパ人の来航

💡 絶対おさえる！ 鉄砲とキリスト教の伝来

☑ 1543年、**種子島**（鹿児島県）に流れ着いたポルトガル人によって**鉄砲**が伝えられる。
　　　↳種子島
☑ 1549年に来日した**フランシスコ・ザビエル**によって**キリスト教**が伝えられる。

❶ **鉄砲の伝来**…1543年、ポルトガル人を乗せた中国船が種子島（鹿児島県）に
　　流れ着き、鉄砲を伝える➡戦国大名が注目し、**堺**（大阪府）や**国友**（滋賀県）
　　　　　　　　　　　　　　　　　　　　　　　↳堺　　　　　　↳国友
　　などで生産。

❷ **キリスト教の伝来**…1549年、イエズス会の宣教師**フランシスコ・ザビエル**
　　が来日し、各地で布教➡**キリシタン**の増加。
　　　　　　　　　　　　　　↳キリスト教信者

❸ **南蛮貿易**…日本は生糸、鉄砲、火薬などを輸入し、銀を輸出。
　　↳南蛮　　　↳生糸

> 📝 暗記
> 南蛮人→貿易や布教のために来日したポルトガル人やスペイン人のこと。

**合格への
ヒント**
● 大航海時代の航路を地図で確認しよう！
● 織田信長と豊臣秀吉の宗教政策を比較してみよう！

5 《 織田信長

❶ 織田信長の統一事業
　┌尾張(愛知県)の戦国大名
　　　　　　　　　　　　　　┌駿河(静岡県)の大名
　①桶狭間の戦いで今川義元を破り勢力を広げる。
　②15代将軍足利義昭を追放（室町幕府の滅亡）。
　③長篠の戦いで鉄砲を有効に使い武田勝頼を破る。

❷ 経済政策…琵琶湖のほとりに安土城を築く。城下で楽市・楽座を行い、自由
　　　　　　　└巨大な天守を持つ城
　　に商工業を行えるようにした。関所は廃止。

> 🔖 暗記
> 楽市・楽座→市での税を免除し、特権的な座を廃止。

❸ 仏教弾圧…抵抗する比叡山延暦寺や一向一揆などの仏教勢力を武力で従える。
　　　　　　　キリスト教は優遇。

6 《 豊臣秀吉

💡 絶対おさえる！ 豊臣秀吉の政策
☑ 大阪城を本拠地として、1590年に全国統一を成し遂げる。
☑ 太閤検地と刀狩により、武士と百姓の身分を明確に区別する（兵農分離）。

❶ 豊臣秀吉の統一事業
　└織田信長の家臣
　①明智光秀をたおして信長の後継者となる。
　②天皇から関白に任命される。
　③大阪城を築く。
　④1590年に小田原の北条氏を破り、全国統一。

❷ 兵農分離…武士と百姓の身分を明確に区別⇒近世の身分社会の基礎が確立。
　①太閤検地…全国の田畑を調査して、予想される収穫量を石高で表す。《米の体積！》
　②刀狩…一揆を防ぎ、耕作に専念させるため、百姓や寺社から武器を取り上げ
　　　　　る。年貢を確実にとろうとした。

▶ 刀狩令
一　諸国の百姓が刀やわきざし、弓、やり、鉄砲、そのほかの武具を持つことは、固く禁止する。
（一部要約）

❸ キリスト教の禁止…宣教師の国外追放を命じる（バテレン追放令）➡貿易は
　　　　　　　　　　　　└キリスト教の布教と、軍事力とが結びついていることを危険視
　禁止しなかったため、禁教は不徹底。

❹ 朝鮮侵略…明の征服を目指して大軍を朝鮮に派遣（文禄の役、慶長の役）➡
　日本軍は苦戦し失敗➡豊臣氏没落の原因に。

❺ 安土桃山時代…信長・秀吉が活躍した時代。

7 《 桃山文化

❶ 桃山文化…大名・豪商の権力・富を反映した豪華な文化。
　①壮大な城…安土城、大阪城、姫路城など。天守を持つ。
　②濃絵…狩野永徳らが屏風などにえがいたきらびやかな絵。
「唐獅子図屏風」が代表作
　③茶の湯…千利休が質素なわび茶の作法を完成。
　　　　　　└大名や豪商の交際手段
❷ 南蛮文化…パン、カステラ、時計、活版印刷による出版など。

> 🔖 暗記
> かぶきおどり→17世紀初めに出雲の阿国が始めた。

確 認 問 題

日付	／	／	／
○△✕			

1 中世ヨーロッパについて、次の問いに答えなさい。

(1)　Hさんは、スペインとポルトガル
の世界進出について調べ、コロンブ
ス、バスコ・ダ・ガマ、マゼランの
船隊の航路と、16世紀ごろのスペイ
ン、ポルトガルの植民地を模式的に
示した右の地図をつくった。地図中
のA～Cは航路を、地図中のa、b
は植民地を示している。バスコ・ダ・
ガマの航路とポルトガルの植民地に

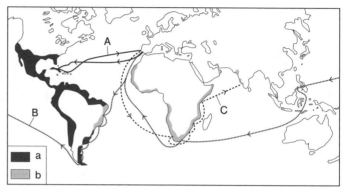

あたるものの組み合わせとして正しいものを、次の**ア～カ**から選び、記号で答えなさい。　　　[2020　埼玉県]

ア　航路－A　植民地－a　　　イ　航路－B　植民地－a　　　ウ　航路－C　植民地－a

エ　航路－A　植民地－b　　　オ　航路－B　植民地－b　　　カ　航路－C　植民地－b

(2)　次の文は、16～17世紀のヨーロッパのキリスト教に関するできごとについて述べたものである。文中の
X、**Y**にあてはまる語句の組み合わせとして正しいものを、あとの**ア～エ**から選び、記号で答えなさい。

[2021　福島県]

・ルターは、教皇がしょくゆう状（免罪符）を売り出したことを批判し、　**X**　ではなく聖書が信仰のより
どころであると主張して、宗教改革を始めた。

・　**X**　でも改革が進められ、その中心になった　**Y**　は、ザビエルなどの宣教師を派遣して海外布教
に力を入れた。

ア　X－カトリック教会　　Y－イエズス会　　　イ　X－カトリック教会　　Y－十字軍

ウ　X－プロテスタント　　Y－イエズス会　　　エ　X－プロテスタント　　Y－十字軍

2 右の資料は、室町時代にヨーロッパ人が来航するようすが描かれたものである。あとの問いに答えなさい。

(1)　資料に描かれているヨーロッパ人の多くは、ポルトガル人や
スペイン人である。16世紀から17世紀にかけて来日したポル
トガル人やスペイン人と、日本人との間で行われた貿易は何と
よばれるか。その名称を書きなさい。　　　[2022　静岡県]

(2)　(1)の貿易で、日本から最も多く輸出された品物として適切な
ものを、次の**ア～エ**から選び、記号で答えなさい。

[2021　山口県]

ア　銀　　イ　生糸　　ウ　米　　エ　砂糖

Photo : Kobe City Museum / DNPartcom

3 織田信長について、次の問いに答えなさい。

(1) 1575年、織田信長が鉄砲を有効に用いて武田勝頼に勝利した戦いを何というか。次のア～エから選び、記号で答えなさい。 [2021 大阪府]

　ア　長篠の戦い　　イ　桶狭間の戦い

　ウ　関ヶ原の戦い　エ　鳥羽・伏見の戦い

(2) 右の資料は、織田信長が出した法令の一部を要約したものである。　□　にあてはまる、土倉や酒屋、商人や手工業者などが、同業者ごとに作った団体を意味する語句を書きなさい。 [2019 岐阜県]

> 安土城下の町中に対する定め
> 一　この安土の町は楽市としたので、いろいろな　□　は廃止し、さまざまな税や労役は免除する。

(3) 次の文中の　□　にあてはまる適当な言葉を、「足利義昭」「室町幕府」という2つの語句を用いて25字以内（読点を含む。）で書きなさい。 [2021 千葉県]

> 織田信長は、敵対する戦国大名を破り勢力を強める中、1573年に　□　た。その後、全国統一を目前にした1582年に、家臣の明智光秀にそむかれて本能寺で自害した。

4 豊臣秀吉について、次の問いに答えなさい。

(1) 右の資料は、豊臣秀吉が出したある法令の一部である。この法令は何という政策か、書きなさい。 [2022 岩手県]

(2) 豊臣秀吉について、次の文中のX、Yにあてはまる語句の組み合わせとして正しいものを、あとのア～エから選び、記号で答えなさい。 [2020 岐阜県]

> 諸国の百姓が刀やわきざし、弓、やり、鉄砲、そのほかの武具などを持つことは、かたく禁止する。

> 豊臣秀吉は太閤検地を行い、　X　という統一的な基準で全国の土地を表した。また、　Y　の征服を目指して、大軍を朝鮮に派遣した。

　ア　X－地価　　Y－明　　　イ　X－地価　　Y－元

　ウ　X－石高　　Y－明　　　エ　X－石高　　Y－元

(3) 豊臣秀吉が実施したキリスト教に関する政策はどれか。次のア～エから選び、記号で答えなさい。 [2022 栃木県]

　ア　天正遣欧少年使節（天正遣欧使節）をローマ教皇のもとへ派遣した。

　イ　キリスト教徒を発見するために、絵踏を実施した。

　ウ　外国船を追い払い、日本に近付かせないようにした。

　エ　宣教師（バテレン）の海外追放を命じた。

(4) 豊臣秀吉に仕え、わび茶の作法を完成させたのはだれか、書きなさい。 [2021 鹿児島県]

(5) 豊臣秀吉らが活躍した時代に見られた桃山文化について述べた文として最も適切なものを、次のア～エから選び、記号で答えなさい。 [2022 岐阜県]

　ア　雪舟が、自然などを表現する水墨画を完成させた。

　イ　菱川師宣が、都市の町人の生活を基に浮世絵をえがいた。

　ウ　狩野永徳が、ふすまや屏風に、はなやかな絵をえがいた。

　エ　葛飾北斎が、錦絵で優れた風景画を残した。

1 《 江戸幕府の成立と支配のしくみ

💡 **絶対おさえる！ 江戸幕府の支配のしくみ**

☑ **関ヶ原の戦い**に勝利し、**征夷大将軍**に任命された**徳川家康**が江戸幕府を開く。
☑ 大名統制のため**武家諸法度**が定められ、3代将軍**徳川家光**が**参勤交代**の制度を追加。

❶ **江戸幕府の成立**…関ヶ原の戦いで石田三成らに勝利した徳川家康が 1603 年に、江戸に幕府を開く。

❷ **幕藩体制**…将軍を中心に、幕府と藩が全国の土地と人々を支配するしくみ。幕府の政治は**老中**を筆頭に行う。
　　　　　　　↳政治のとりまとめと老中

❸ **大名の配置**…**親藩・譜代大名**を重要な地域に、**外様大名**を江戸から遠い地域に置く。

❹ **大名の統制**…武家諸法度を制定。大名に 1 年おきに江戸と領地を
　　　　　　　↳将軍の代がわりごとに追加
　　　　　往復させる参勤交代の制度が追加される。

❺ **朝廷の統制**…京都所司代が監視。禁中並公家諸法度を制定。

❻ **身分制度**…武士、百姓、町人に区分。百姓に五人組をつくらせ、年貢の納入や犯罪防止に連帯責任をもたせる。

百姓が人口の80%以上を占める

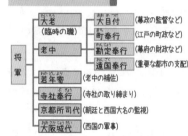

江戸幕府のしくみ

将軍	大老（臨時の職）	
	老中	大目付（幕政の監督など）
		町奉行（江戸の町政など）
		勘定奉行（幕府の財政など）
		遠国奉行（重要な都市の支配）
	若年寄	（老中の補佐）
	寺社奉行	（寺社の取り締まり）
	京都所司代	（朝廷と西国大名の監視）
	大阪城代	（西国の軍事）

⚠ **注意**

親藩→徳川家の一族。
譜代大名→古くから徳川家に従っていた大名。
外様大名→関ヶ原の戦いのころから徳川家に従った大名。

2 《 貿易から鎖国へ

❶ **朱印船貿易**…東南アジア各地と貿易➡**日本町**ができる。
　↳徳川家康が朱印状をあたえる

❷ **キリスト教の禁止**…**絵踏**や**宗門改**で禁教を強化。島原・天草一揆を鎮圧。
　　　　　　　　　↳キリストや聖母マリアの像を踏ませる

❸ **鎖国下の対外関係**…貿易や外交統制、日本人の出入国の禁止。①清・オランダ…**長崎**で貿易。オランダは出島で貿易。②朝鮮…**対馬藩**が交易。朝鮮通信使
　　　　　↳扇形をした人工島　　↳将軍の代がわりごと
を派遣させる。③琉球王国…**薩摩藩**が交易。琉球使節を派遣させる。④蝦夷
地…**松前藩**が交易。1669 年、シャクシャインが蜂起。
↳アイヌの人々

🔍 **発展**

1624年、スペイン船の来航禁止→1639年、ポルトガル船の来航禁止→1641年、平戸のオランダ商館を出島に移す。

3 《 産業の発達と元禄文化

❶ **農業**…①新田開発で耕地増加。②**備中ぐわ**や**千歯こき**などの農具や肥料で生産力が向上。③木綿などの商品作物を栽培。
　　　　　　　↳深く耕す　↳効率的に脱穀

❷ **交通**…①**東海道・中山道**などの五街道を整備。②**大阪・江戸**間が結ばれ、西廻り航路・東廻り航路が開かれる。
　　　　　　　　　　　　　　↳樽廻船や菱垣廻船が運航
　　↳東北地方と江戸・大阪を結ぶ

❸ **都市**…江戸・大阪・京都の三都が発展。大阪には諸藩が蔵屋敷を置き、年貢米や特産物などを取引。

❹ **工業**…問屋制家内工業➡**工場制手工業**（マニュファクチュア）。
　　　↳問屋が農民に機械を貸し出し、商品をつくらせ買い取る

❺ **元禄文化**…上方（京都・大阪）を中心に栄えた町人文化。
①文学…井原西鶴が浮世草子と呼ばれる小説、近松門左衛門が人形浄瑠璃の脚本を書く。松尾芭蕉は俳諧を芸術に。②美術…俵屋宗達や尾形光琳が大和絵の伝統を生かした装飾画をえがき、菱川師宣が浮世絵を確立。

📖 **参考**

三都→江戸は「将軍のおひざもと」、大阪は「天下の台所」と呼ばれる。

🔊 **暗記**

工場制手工業→大商人や地主らが工場を建設し、農民らを雇って分業で製品を生産するしくみ。

合格への
ヒント
● 徳川家光が参勤交代を制度化した理由を考えてみよう。
● 3大改革（享保・寛政・天保）の指導者と改革の内容はセットで覚えておこう。

4 幕政の改革

💡 絶対おさえる！ 江戸幕府の改革

☑ 8代将軍徳川吉宗が、公事方御定書の制定や目安箱の設置などの享保の改革を行う。
☑ 老中松平定信が、旗本・御家人の借金の帳消しや出版統制などの寛政の改革を行う。

❶ **徳川綱吉の政治**…朱子学を奨励。生類憐みの令を出す。貨幣の質を落とす。
　　└主従関係や上下関係を重視
❷ **新井白石の政治**…貨幣の質をもとにもどし、長崎貿易を制限。
❸ **享保の改革**…8代将軍徳川吉宗による。上げ米の制や、裁判の基準を示した
　　公事方御定書を定め、目安箱を設置。└民衆の意見を聞く
❹ **老中田沼意次の政治**…株仲間の結成を奨励し、特権をあたえるかわりに税を
　　納めさせた。長崎貿易を活発化。
❺ **寛政の改革**…老中松平定信による。倹約令を出し、旗本・御家人の借金を帳
　　消しに。昌平坂学問所で朱子学を学ばせる。

💡 発展
徳川綱吉は、貨幣の質を落として発行する量を増やし、幕府の収入を増やそうとしたが、物価の上昇を招いた。

💡 発展
上げ米の制→大名が参勤交代で江戸に住む期間を1年から半年に短縮するかわりに、1万石につき100石の米を幕府に納めさせた。

5 新しい学問と化政文化

❶ **国学**…仏教や儒教が伝わる前の日本人の考え方を明らかにする学問。
　　「古事記伝」を著した本居宣長が大成。
❷ **蘭学**…オランダ語で西洋の学問・文化を研究。①前野良沢・杉田玄
　　白らが「解体新書」を出版。②伊能忠敬が正確な日本地図を作成。
　　└ヨーロッパの解剖書を翻訳
❸ **化政文化**…江戸を中心に栄えた町人文化。
　　①文学…川柳や狂歌が流行。十返舎一九が「東海道中膝栗毛」、曲亭
　　（滝沢）馬琴が「南総里見八犬伝」。小林一茶が俳諧をよむ。
　　②錦絵…美人画の喜多川歌麿、風景画の葛飾北斎・歌川（安藤）広重。
　　歌舞伎役者をえがく東洲斎写楽。
❹ **教育の普及**…諸藩では藩校、町や農村では寺子屋で子どもが学ぶ。

外国船の来航

1804年レザノフ来航／1808年フェートン号事件／1792年ラクスマン来航／根室／浦賀／1853年ペリー来航／長崎／1837年モリソン号事件／山川

読み・書き・そろばん！

6 幕府のおとろえ

❶ **外国船の出現**…幕府は樺太や蝦夷地を調査し警備を固め、異国船打払令を出す。
　　└ロシアのラクスマンらが来航　　　　　　　　　　　　　└外国船の撃退を命令
❷ **天保のききん**…百姓一揆や打ちこわしが増加。
❸ **大塩の乱**…大阪町奉行所の元役人・大塩平八郎が、奉行所の対応に不満をも
　　ち、反乱。
❹ **天保の改革**…老中水野忠邦による。株仲間の解散や異国船打払令の廃止など。
　　江戸や大阪の周辺を幕領にしようとしたが、大名や旗本に反対され、取り消す。
❺ **雄藩の成長**…19世紀になると、どの藩も財政難に。財政改革を行い、軍事力
　　の強化をすすめる。
　　①薩摩藩…砂糖の専売制。琉球王国との密貿易。
　　②長州藩…下関港などに入港した船への貸付金で利益を上げる。

⚠ 注意
水野忠邦は、アヘン戦争で清がイギリスに敗北したことを知り、異国船打払令を廃止。

確認問題

解答解説 別冊P.015

日付	/	/	/
○△×			

1 次の文章を読んで、あとの問いに答えなさい。　　　　　　　　　　　　　　　　　　[2022　岐阜県改]

> 　安土桃山時代に、朝鮮から伝わった技術を基に、有田焼がつくられはじめ、①江戸時代のはじめにはヨーロッパに向けて輸出された。②江戸時代の後半には、陶磁器を専売制にして輸出する藩も現れるようになった。

(1)　下線部①に、江戸幕府が大名を統制するため、大名が許可なく城を修理したり、大名どうしが無断で縁組みをしたりすることなどを禁止した法律の名を書きなさい。

(2)　下線部②について、江戸幕府にラクスマンやレザノフを使節として派遣し、日本との通商を求めた国を、次のア〜エから選び、記号で書きなさい。

　ア　ロシア　　イ　フランス　　ウ　イギリス　　エ　アメリカ合衆国

2 江戸時代には、幕府と藩が全国の土地と人々を支配する幕藩体制がとられた。江戸幕府は直轄地をもち、京都や大阪などの主要都市や全国のおもな鉱山を直接支配した。次の問いに答えなさい。　　　[2022　大阪府]

(1)　表は、19世紀における、幕府領（幕府の直轄地と旗本・御家人領とをあわせた領地）、天皇・公家領、大名領、寺社領の石高と石高の合計に占める割合とを示したものである。表中のア〜エから、幕府領にあたるものを選び、記号で答えなさい。

表　石高とその割合

	石高（万石）	割合（%）
ア	2,250	74.5
イ	723	23.9
ウ	34	1.1
エ	14	0.5
合計	3,021	100.0

（「吹塵録」「徳川幕府県治要略」）

(2)　次の文章は、19世紀前半に行われた江戸幕府の土地政策について述べたものである。文章中の①〔　　〕から最も適当なものを選び、記号で答えなさい。また、あとのエ〜キのうち、文章中の（　②　）に入る内容として最も適当なものを選び、記号で答えなさい。

> 　江戸幕府は、新たに江戸や大阪の周辺にある大名や旗本の領地を直接支配しようとした。この政策は、老中であった①〔ア　水野忠邦　　イ　松平定信　　ウ　井伊直弼〕が、19世紀前半に（　②　）ことをはじめとする国内の諸問題や、財政難、海沿いの防備の強化などに対応するために打ち出されたものであるが、大名や旗本の強い反対などによって実施されなかった。

　エ　薩摩藩などに対する不満から、鳥羽・伏見で内戦が起こった

　オ　米の安売りを求めて富山で起こった米騒動が、全国に広がった

　カ　苦しむ人々を救済するため、大阪町奉行所の元役人の大塩平八郎が乱を起こした

　キ　重い年貢やキリスト教徒への弾圧に反対して、島原・天草一揆（島原・天草の一揆）が起こった

3 次のA・Bのカードは、こうじさんが社会科の調べ学習で、**文化遺産**についてまとめたものの一部です。これらを読み、あとの問いに答えなさい。

[2022 和歌山県改]

> A 唐蘭館絵巻
>   この絵巻には、長崎の出島で取引された交易商人の重さを量るようすがえがかれている。①オランダや日本の商人が、この地で銅や砂糖などを取引していた。

> B 傘連判状
>   ②江戸時代の農民が起こした一揆では、誓約のしるしとして傘連判状がつくられることがあった。署名を円形にしたのは、一揆の指導者がだれかを、わからないようにするためだといわれている。

(1) 下線部①は、鎖国下の日本で、貿易を許された唯一のヨーロッパの国だった。オランダが日本との貿易を許された理由を、宗教に着目して簡潔に書きなさい。

(2) 下線部②に関して、この時代の農業や農民の暮らしについて述べたものとして最も適当なものを、次のア～エから選び、記号で答えなさい。

　ア 6歳以上の男女には口分田があたえられ、その面積に応じて租を負担するようになった。

　イ 米と麦を交互につくる二毛作を行うようになり、草や木の灰を肥料に用いるようになった。

　ウ 農具が改良され、土を深く耕すことができる備中ぐわなどが広く使われるようになった。

　エ 有力な農民を中心に村ごとにまとまり、惣とよばれる自治組織をつくるようになった。

4 次の文章を読んで、あとの問いに答えなさい。

[2021 大阪府改]

> 　江戸幕府により、①昌平坂学問所がつくられ、諸藩では、藩校がつくられた。また、江戸や大阪などの都市には、町人や武士が学ぶ私塾がつくられ、町や村には、多くの②寺子屋が開かれた。

(1) 下線部①は江戸につくられた武士の教育機関であり、江戸幕府は学問を奨励し、政治の安定を図ろうとした。儒学の中で、特に江戸幕府が奨励した学問として最も適当なものを、次のア～エから選び、記号で答えなさい。

　ア 蘭学　　イ 国学　　ウ 天文学　　エ 朱子学

(2) 下線部②の寺子屋は、農民や町人の子どもたちが読み・書き・そろばんなどの実用的な知能や技能を身につけるための教育機関であり、寺子屋における教育の普及もあって、文化・文政期には文学作品が広く親しまれるようになった。化政文化における文学作品について述べた文として適当なものを、次のア～エから2つ選び、記号で答えなさい。

　ア 島崎藤村が、「若菜集」などの作品を発表した。

　イ 十返舎一九が、「東海道中膝栗毛」などの小説を書いた。

　ウ 曲亭(滝沢)馬琴が、「南総里見八犬伝」などの小説を書いた。

　エ 井原西鶴が、町人たちの生活を描いた浮世草子と呼ばれる小説を書いた。

歴史
ヨーロッパの近代化と幕末

1 近代革命

💡 絶対おさえる！ ヨーロッパの近代革命

☑ イギリスでは名誉革命で権利（の）章典が定められ、立憲君主制と議会政治が確立。
☑ フランス革命で人権宣言を発表し、19世紀初めに、ナポレオンが皇帝に就任。

❶ **啓蒙思想**…ロックは社会契約説と抵抗権、モンテスキューは「法の精神」で
└ 国王の権力の制限と人民の政治参加を主張
　三権分立、ルソーは社会契約説と人民主権を主張。

❷ **イギリス**…17世紀半ばまで、国王が議会を無視して専制政治。

　①ピューリタン革命…国王と議会が対立➡**クロムウェル**率いる議会側が勝利。
　　　　　　　　　　　国王を処刑して共和政を開始。
　　　　　　　└ 国民が政治のあり方を最終的に決定する
　②名誉革命…国王を国外に追放し、議会を尊重する国王を迎え、権利（の）章

　　典を制定➡**立憲君主制と議会政治が確立**。
　　　　　└ 君主による憲法に基づく政治

❸ **アメリカ独立戦争**…イギリスからの独立を目指して勃発➡独立宣言を発表
　　　└ 人民主権や三権分立が柱
　　➡合衆国憲法を定め、ワシントンが初代大統領に就任。

❹ **フランス革命** 国王が政治権力のすべてをにぎる！

　①旧体制…絶対王政。第一身分と第二身分は免税の特権を持ち、全人口の約
　　　　　　　　　　　　└ 聖職者　└ 貴族
　　90%を占める第三身分が税を負担。
　　　　　　　　　　└ 平民
　②フランス革命…バスチーユ牢獄を襲撃。人権宣言を発表。
　　　　　　　　　　　　└ろうごく　　└しゅうげき
　③ナポレオン…民法（ナポレオン法典）を定める➡ロシア遠征失敗➡失脚。
　　└ 皇帝に就任

> ⚠ 注意
>
> 権利（の）章典→イギリスで、1689年に制定。国王の権利を制限し、国民の自由と権利の保障を定めた。
>
> 人権宣言→フランス革命で出された宣言。法と権利における平等、国民主権、私有財産の不可侵などを主張した。

2 19世紀の欧米諸国と産業革命

❶ **アメリカ**…自由貿易や奴隷制をめぐり南北が対立➡南北戦争で、リンカン大
　統領が率いる北部が勝利。
　　　　└ 奴隷制に反対

❷ **ドイツ**…宰相のビスマルクの下、ドイツを統一して、ドイツ帝国を建国。
　　　　　　　　　　　　└ もと

❸ **ロシア**…積極的に領土を拡張（南下政策）➡工業が急速に発展。皇帝の専制
　政治が続く。

❹ **産業革命**…イギリスで18世紀に始まる。紡績機・機織機の改良➡蒸気機関を
　　　└「世界の工場」と呼ばれる
　動力として利用➡工場での大量生産。

　①資本主義…資本家が労働者を雇って生産・販売を行う➡貧富の差が拡大する
　　　　　　　　　　　　　└ やとって　└ はんばい　　　　└ ひんぷ
　　➡労働者が団結して労働組合を結成。

　②社会主義…土地や工場などを公有し、平等な社会を目指す。
　　　└ マルクスらが主張

> 🌱 発展
>
> リンカン大統領→南北戦争中に奴隷解放宣言を発表し、「人民の、人民による、人民のための政治」を訴える。

> 🌱 発展
>
> 産業革命→技術革新にともなう産業・社会のしくみの大きな変革。

三角貿易

3 欧米のアジア侵略
　　　　　└ しんりゃく

❶ **イギリスのアジア進出**…清とインドと三角貿易を行う。
　　　　　　　　　　　└ しん

　①アヘン戦争…清がアヘンの密輸入を取りしまるとイギリスが攻撃➡イギリ
　　　　　　　　　　　　　　　　　　　　　　　　　└ こうげき
　スが勝利し、南京条約を締結。②太平天国の乱…イギリスやフランスが鎮圧。
　　　　　　└ ナンキン　└ ていけつ　└ たいへいてんごく　　　　　　　└ ちんあつ
　　　　　　　　└ 上海などの開港、香港を割譲
　③インド大反乱…イギリスの支配に対して反乱➡イギリスの植民地となる。

合格への
ヒント
● 「〇〇革命」は頻出！背景・経過・結果を説明できるようにしておこう！
● 日米和親条約と日米修好通商条約の違いを整理しておこう。

4 開国と不平等条約

💡 絶対おさえる！ 開国に関する条約

☑ ペリー来航後、1854 年に日米和親条約を結び、下田・函館を開港して開国。
☑ 1858 年に日米修好通商条約を結び、神奈川（横浜）・長崎・新潟など5港を開港して貿易開始。

❶ ペリー来航…1853 年、浦賀に来航、開国を要求。
　└アメリカの使節
❷ 日米和親条約…1854 年、下田・函館を開港し、アメリカ船への水や食料、石
　　　　　　　　炭などの供給を認める➡開国。
❸ 日米修好通商条約…1858 年、大老井伊直弼が朝廷の許可を得ずに締結。函
　館・神奈川（横浜）・長崎・新潟・兵庫（神戸）を開港し貿易開始。アメリカ
　に領事裁判権を認め、日本に関税自主権がない不平等条約。
　　　　　　　　　　　　　　　　　　　　　オランダ・ロシア・
　　　　　　　　　　　　　　　　　　　　　フランス・イギリス
　　　　　　　　　　　　　　　　　　　　　とも結ぶ

> 📖 暗記
>
> 領事裁判権→日本で罪を犯した外国人を、その国の領事が裁く権利。
>
> 関税自主権→輸入品への関税率を、独自に決める権利。

5 開国後の政治と経済

❶ 尊王攘夷運動…天皇を尊び、外国勢力を排除する動き。
❷ 安政の大獄…井伊直弼が幕府に反対する大名や公家を処罰➡井伊直
　　　　　　　弼が元水戸藩士らに暗殺される（桜田門外の変）。
❸ 貿易開始後…最大の貿易港は横浜。相手はイギリスが中心。生糸・
　茶などを輸出、安い綿織物などを輸入➡綿織物の国内の産地は打撃➡
　民衆が世直し一揆や「ええじゃないか」を起こす。
❹ 物価の上昇…大量の金貨（小判）が国外に持ち出される➡幕府が小
　　　　　　　　└外国との金銀の交換比率のちがいによる
　判の質を落とす➡物価が急速に上昇、経済が混乱。
　　　　　　　　　　　　　　　　└金の流出を
　　　　　　　　　　　　　　　　　防ぐため

日本の主な貿易品

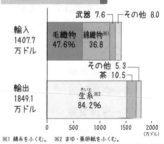

| 輸入 1407.7 万ドル | 毛織物 47.6% | 綿織物※1 36.8 | 武器 7.6 | その他 8.0 |

| 輸出 1849.1 万ドル | 生糸※2 84.2% | | 茶 10.5 | その他 5.3 |

※1 綿糸をふくむ。 ※2 まゆ・蚕卵紙をふくむ。
（1865 年）
　　　　　　　　　　　　　　　　　　　　　　（「日本経済史3 開港と維新」）

6 江戸幕府の滅亡

❶ 倒幕運動…長州藩と薩摩藩が中心。
　①長州藩…木戸孝允・高杉晋作ら。外国船砲撃➡下関戦争。
　　　　　　　　　　　　　　　　　　　　　└4か国の連合艦隊が下関を攻撃
　②薩摩藩…西郷隆盛・大久保利通ら。生麦事件➡薩英戦争で敗北。攘夷が不可
　　　　　　　　　　　　　　　　　　　　　イギリス海軍が鹿児島を攻撃┘
　　　　　能であることを知る。
　③薩長同盟…薩摩藩と長州藩が、坂本龍馬らの仲立ちで結束。
❷ 大政奉還…江戸幕府 15 代将軍徳川慶喜が朝廷に政権を返上。
❸ 王政復古の大号令…朝廷が天皇中心の政府樹立を宣言。徳川氏を新政権から
　排除➡江戸幕府滅亡。
❹ 戊辰戦争…新政府軍と旧幕府軍の戦い➡鳥羽・伏見の戦いで開戦➡五稜郭の
　　　　　　　　　　　　　　　　　　　　　　　　　　　　　　　　└函館
　　　　　戦いで新政府軍が勝利。

> 💡 発展
>
> 「ええじゃないか」→開国後、政治や経済が混乱すると、世直しを期待する一揆が起こり、1867 年には人々が「ええじゃないか」とおどり熱狂するさわぎが各地で起こった。

確 認 問 題

日付	／	／	／
○△×			

1 **ヨーロッパの近代化について、次の問いに答えなさい。**

(1) フランス革命について述べた次の文中の **X**、**Y** にあてはまる語句の組合せとして正しいものを、あとの**ア**〜**エ**から選び、記号で答えなさい。　　　　　　　　　　　　　[2021　沖縄県]

> 革命開始の年に発表された「人権宣言」は第3条で、国家の主権の源（みなもと）が　**X**　にあると述べている。これは啓蒙思想の代表的人物である　**Y**　の考えに通じるものがある。

　ア　X－国民　　　Y－モンテスキュー　　　　**イ**　X－自由　　　Y－ルソー
　ウ　X－自由　　　Y－モンテスキュー　　　　**エ**　X－国民　　　Y－ルソー

(2) 19世紀に起こったアメリカでの南北戦争（なんぼく）について述べた次の文中の **X**〜**Z** にあてはまる語句の組合せとして正しいものを、あとの**ア**〜**エ**から選び、記号で答えなさい。　　　　　　　　　　[2020　三重県]

> 　**X**　を主張して、奴隷（どれい）制度に反対する北部と、　**Y**　を主張して、奴隷制度に賛成する南部の対立により起こった南北戦争は、北部、南部ともに多大な被害（ひがい）を出した後、　**Z**　の勝利で終わった。

　ア　X－自由貿易　　　Y－保護貿易　　　Z－南部
　イ　X－自由貿易　　　Y－保護貿易　　　Z－北部
　ウ　X－保護貿易　　　Y－自由貿易　　　Z－南部
　エ　X－保護貿易　　　Y－自由貿易　　　Z－北部

(3) 次の図は、産業革命によってイギリス社会がどのように変化したかをまとめたものである。図中の **A**〜**C** にあてはまる最も適切な語句を、あとの**ア**〜**カ**からそれぞれ選び、記号で答えなさい。　　[2022　長野県]

A　を燃料とする　**B**　で動く機械が使われ始め、綿織物が大量に生産されるようになった。	製鉄に必要な　**A**　や工業製品などの運搬のため、鉄道が利用されるようになった。	産業革命の進展にともない、資本家が労働者を雇い、利益の拡大をめざして生産活動をする　**C**　が広がった。

　ア　社会主義　　　**イ**　資本主義　　　**ウ**　蒸気（じょうき）機関　　　**エ**　石油　　　**オ**　鉄鉱石　　　**カ**　石炭

(4) 右の資料は、イギリスが関係したある戦争のようすを表している。この戦争の原因についてまとめた次の文中の　　　　　　に適する言葉を補い、これを完成させなさい。　　　　　　[2021　鹿児島]

> 　イギリスは、清（しん）から大量の茶を輸入していたが、自国の綿製品は清で売れず、清との貿易は赤字であった。その解消のためにイギリスは、インドで　　　　　　　。それに対して、清が取りしまりを強化したため、イギリスは戦争を起こした。

2 次の年表を見て、あとの問いに答えなさい。

(1) 年表中 **a** のペリーが来航した場所の地名を、次の**ア～エ**から選び、記号で答えなさい。また、その場所を、地図中の**A～D**から選び、記号で答えなさい。[2022年 和歌山県]

　ア 新潟　　　　　**イ** 浦賀（うらが）
　ウ 兵庫（神戸）（こうべ）　**エ** 下田（しもだ）

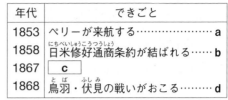

年代	できごと
1853	ペリーが来航する……………………… a
1858	日米修好通商条約（にちべいしゅうこうつうしょう）が結ばれる…… b
1867	c
1868	鳥羽（とば）・伏見（ふしみ）の戦いがおこる……… d

(2) 年表中 **b** の日米修好通商条約について、次の問いに答えなさい。

① 日米修好通商条約について述べた次の文中の**X**にあてはまる人物を、**ア～ウ**から選び、記号で答えなさい。また、**Y**にあてはまる藩（はん）の名称（めいしょう）を答えなさい。[2021 熊本県]

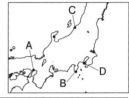

> 日米修好通商条約が、朝廷（ちょうてい）の許可を得ないまま**X**（**ア** 水野忠邦（みずのただくに）　**イ** 井伊直弼（いいなおすけ）　**ウ** 勝海舟（かつかいしゅう））によって結ばれたことを機に、尊王攘夷（そんのうじょうい）運動がさかんとなった。運動の中心となった　**Y**　藩は、外国船への砲撃（ほうげき）を行ったが、翌年イギリスなど四か国の艦隊（かんたい）の報復攻撃を受けることとなった。

② 日米修好通商条約は、我が国にとって不利な内容をふくむ不平等な条約であった。どのような内容が不平等であったか、2つ書きなさい。[2020 新潟県]

(3) 年表中の　**c**　にあてはまる、将軍（しょうぐん）であった徳川慶喜（とくがわよしのぶ）が朝廷に政権を返上したできごとを何というか、答えなさい。[2022 岡山県]

(4) (3)に対して、武力による倒幕（とうばく）をめざす勢力が天皇中心の政治にもどすために宣言したものは何か、答えなさい。[2020 鹿児島県]

(5) 年表中 **d** に始まり、約1年5か月にわたる、新政府軍と旧幕府側との戦争は何と呼ばれるか。その呼び名を答えなさい。[2020 香川県]

3 次の問いに答えなさい。

(1) 次の文中の**X**、**Y**にあてはまる語句の組合せとして正しいものを、あとの**ア～エ**から選び、記号で答えなさい。[2022 兵庫県]

> 大老（たいろう）井伊直弼が　**X**　を結び、欧米諸国との貿易が始まると物価が上昇（じょうしょう）し、外国との金銀交換比率のちがいから、一時的に　**Y**　が流出して経済（けいざい）が混乱した。

　ア X－日米和親条約　　　Y－金　　　**イ** X－日米和親条約　　　Y－銀
　ウ X－日米修好通商条約　Y－金　　　**エ** X－日米修好通商条約　Y－銀

(2) 次の**A～C**は、江戸時代に起きたできごとである。年代の古い順に並べたものとして、正しいものを、あとの**ア～カ**から選び、記号で答えなさい。[2022 新潟県]

　A 桜田門外（さくらだもんがい）の変が起こった。
　B 日米和親条約が結ばれた。
　C 幕府（ばくふ）が異国船（外国船）（いこくせん）打払令を出した。

　ア A→B→C　　　**イ** A→C→B　　　**ウ** B→A→C
　エ B→C→A　　　**オ** C→A→B　　　**カ** C→B→A

Chapter 17

歴史
明治維新と日本の近代化

1 新政府の成立

❶ **明治維新**…江戸時代の幕藩体制の国家から近代国家へと移る際の、政治・経済・社会の改革。首都は東京へ移された。
└江戸を改称

①**五箇条の御誓文**…新しい政治の方針。明治天皇が神に誓う形で出される。

②**版籍奉還**…藩主に土地（版）と人民（籍）を返させる。

③**廃藩置県**…藩を廃止して府・県を置き、府知事・県令を中央から派遣⇒中央集権国家の基礎が完成。
└のち県知事

❷ **身分制度**

①**四民平等**…天皇の一族を皇族、もとの公家と大名を華族、武士を士族、百姓・町人を平民とする。平民も名字（姓）を名のることを認め、結婚・職業・居住地などで身分による制度を廃止。

②**解放令**…「えた」・「ひにん」として差別されていた人々の身分を廃止し、平民と同じとする⇒その後も、差別は強く残る。

> ☆ 重要
> 五箇条の御誓文→広く意見を聞いて政治を行うこと、身分の上下にかかわりなく協力して国をおさめていくことなど5か条からなる。

> ♪ 発展
> 明治政府は、国民に対しては五榜の掲示を出し、一揆やキリスト教を禁止した→1873年までに撤去。

2 富国強兵の政策

> 💡 **絶対おさえる！ 明治政府の改革**
>
> ☑ 経済を発展させて国力をつけ、軍隊を強くする富国強兵をスローガンに掲げる。
> ☑ 満20歳以上の男子に兵役の義務を課す徴兵令や地価の3%を現金で納めさせる地租改正など。

❶ **富国強兵**…経済を発展させて国力をつけ、軍隊を強くすること。欧米の強国に対抗できる近代国家をつくるため、明治政府が掲げたスローガン。

①**学制**…満6歳以上のすべての男女に小学校教育を受けさせる。

②**徴兵令**…満20歳以上の男子に**兵役**の義務。
└最初は多くの免除規定あり

③**地租改正**…土地所有者と地価を定めて地券を発行し、地価の3%を地租として現金で納めさせる⇒政府の財政は安定したが、農民の負担は重いまま⇒各地で反対一揆がおこり、地租は地価の2.5%に。
└毎年一定の金額が納められるようになったため

❷ **殖産興業**…近代産業の育成を目指す政策。

①**官営模範工場**…欧米の技術を導入して建設。富岡製糸場など。
└群馬県富岡市。生糸を生産。

②**交通の整備**…1872年、新橋・横浜間に鉄道開通。

> 同じころに郵便制度も導入！

地租改正による変化		
	改正前	改正後
基準	収穫高	地価
方法	主に米	現金
納税者	耕作者	土地所有者

3 文明開化

❶ **文明開化**…明治時代初め、欧米の文化がさかんに取り入れられ、都市部を中心におこった人々の生活様式の変化。れんが造りの洋館、ガス灯、馬車・人力車、洋服・洋食、新聞・雑誌の発行など。**大陽暦**を採用。

❷ **近代思想**…福沢諭吉が「学問のすゝめ」で人間の平等と自立を説き、中江兆民がフランスの民主主義思想を紹介。
└「東洋のルソー」とよばれる

▶「学問のすゝめ」（冒頭部分）

「天は人の上に人を造らず、人の下に人を造らず」と言へり。

● 「版籍奉還」と「廃藩置県」の違いは要確認！
● 内閣制度創設(1885年)、大日本帝国憲法制定(1889年)は年号も頻出！必ず覚えておこう！

4 明治初期の外交　最年少(7歳)留学生の津田梅子も参加！

❶ 岩倉使節団…岩倉具視を全権大使とし、大久保利通、伊藤博文などが参加⇒
欧米に派遣され、不平等条約の改正交渉⇒交渉は失敗に終わる
が、進んだ文化を視察し、国力の充実政策へ。

❷ 征韓論…鎖国政策をとっていた朝鮮に対して、武力で開国をせまろうとする
考え方。板垣退助や西郷隆盛らが主張⇒敗れて政府を去る。

❸ 東アジアとの外交
　①清…対等な条約である日清修好条規を結ぶ。
　②朝鮮…江華島事件をきっかけに、朝鮮にとって不利な日朝修好条規を結ぶ⇒
　　開国させる。

❹ 領土の確定…欧米にならって、国境を明確化。
　①ロシア…樺太・千島交換条約を結び、樺太をロシア領、千島列島を日本領と
　　する。
　②蝦夷地…北海道と改称。開拓使を設置し、屯田兵などが開拓。
　　　　　　土地を耕し、兵士の役割ももつ
　③琉球…薩摩藩支配の琉球藩を廃止し、沖縄県を設置（琉球処分）。

明治初期の外交	
1871	・日清修好条規を結ぶ
1872	・琉球藩を置く
1875	・樺太・千島交換条約を結ぶ ・江華島事件が起こる
1876	・日朝修好条規を結ぶ ・小笠原諸島の領有を各国に通告
1879	・沖縄県を置く
1895	・尖閣諸島の日本領への編入が内閣で決定
1905	・竹島の日本領への編入が内閣で決定

5 民権運動と立憲制国家の成立

💡 絶対おさえる！　立憲制国家の成立

☑ 1885年に内閣制度が創設され、初代内閣総理大臣は伊藤博文。
☑ 1889年、君主権が強い大日本帝国憲法を発布し、日本はアジア初の立憲制国家となる。

❶ 西南戦争…1877年に起こった、西郷隆盛を中心とした鹿児島の士族の反乱⇒
　　　　　　　　　　　　　　　　　特権を失ったことに不満
徴兵令によって組織された政府軍に敗れる。

❷ 自由民権運動…国民が政治に参加する権利を求めた運動。
　①民撰議院設立の建白書…1874年、板垣退助らが政府に提出。
　　　　　　　　　　　　高知県に立志社を設立
　②国会期成同盟…全国の民権派代表が大阪に結集し、国会開設をせまる。
　③国会開設の勅諭…1881年、政府が10年後の国会開設を約束。
　④政党の結成…板垣退助らが自由党、大隈重信が立憲改進党を結成⇒政府が
　　弾圧⇒秩父事件など激化事件が多発。
　　　不況の影響で自由党員と
　　　農民が起こした暴動事件

❸ 立憲制国家の成立
　①内閣制度…1885年創設。初代内閣総理大臣は伊藤博文。
　②大日本帝国憲法…天皇が国民にあたえる形で1889年発布。国民は法律の範
　　囲内で言論や出版などの自由⇒日本はアジア初の立憲制国家に。
　③帝国議会…貴族院と衆議院の二院制。衆議院議員の選挙権は、直接国税を
　　　　　　　皇族や華族など
　　15円以上納める満25歳以上の男子のみに認められる。

君主権が強い
ドイツの憲法を参考！

▶ 大日本帝国憲法
第1条　大日本帝国ハ万世一系ノ
　　　　天皇之ヲ統治ス
第3条　天皇ハ神聖ニシテ侵スベ
　　　　カラズ
　　　　　　　　　　　　　（一部）

⭐ 重要
第1回衆議院議員総選挙で選
挙権をあたえられた有権者
は、総人口の約1.1%にすぎ
なかった。

確 認 問 題

日付	／	／	／
○△×			

1 右の年表を見て、次の問いに答えなさい。

(1) 右の資料は、年表中の **a** にあてはまる明治新政府の政治の
方針を表したものの一部である。この政治の方針の名称を答えなさい。
[2021 徳島県]

年代	できごと
1868	**a** が出される
1869	版籍奉還が行われる……b
1873	地租改正が行われる………c

(2) 年表中 **b** のとき、全国の藩から朝廷に「版」と「籍」が返された。こ
の「版」と「籍」は何か、それぞれ答えなさい。　　[2021 石川県]

― 広ク会議ヲ興シ万機公論
　ニ決スヘシ
― 上下心ヲ一ニシテ 盛ニ
　経綸ヲ行フヘシ

(3) 年表中 **c** の地租改正によって税のかけ方と税の納め方はどのように変
わったか。次の文中の にあてはまる内容を、「基準にして」「土地
の所有者」という2つの言葉を用いて、簡単に書きなさい。　[2021 岐阜県]

政府は国の財政を安定させるために、地租改正を実施した。これまで収穫高を基準にして税をかけ、主
に農民が米で税を納めていたが、この改革により、地券を発行し、 こととした。

(4) 次の文中の にあてはまる語句を答えなさい。　　　　　　　　　　　　　　　　[2022 新潟県]

明治時代、新政府は中央集権国家をつくることをめざし、1871年に をした。これにより、新政
府から派遣された府知事や県令(県知事)が政治を行うことになった。

(5) 徴兵制や殖産興業など、欧米諸国に対抗するため、経済を発展させ軍隊を強くする政策を何というか、答
えなさい。　　　　　　　　　　　　　　　　　　　　　　　　　　　　　　　　　　　　　[2022 青森県]

2 次の問いに答えなさい。

(1) 次の文中の **X** にあてはまる都市を**ア〜ウ**から選び、記号で答えなさい。また、**Y** にあてはまる語句を書き
なさい。　　　　　　　　　　　　　　　　　　　　　　　　　　　　　　　　　　　　　[2022 熊本県]

明治政府は殖産興業政策として、交通の整備を行い、1872年に東京(新橋)と **X**(**ア** 大阪　　**イ** 京
都　　**ウ** 横浜)の間に初めて鉄道が開通した。また、北海道の開拓を進めるにあたり、防備の目的も兼ね、
士族などを **Y** とよばれる兵士として移住させた。

(2) 明治時代に欧米のようすや思想を日本に紹介した人物のうち、『学問のすゝめ』の中で「天は人の上に人をつ
くらず」という言葉を残した人物はだれか、答えなさい。　　　　　　　　　　　　　　　　[2022 山口県]

(3) 明治時代のようすについて述べた文として適切でないものを、次の**ア〜エ**から選び、記号で答えなさい。
[2022 青森県]

　ア 民主主義の教育の基本を示す教育基本法などがつくられた。
　イ れんが造りなどの欧米風の建物が増え、道路にはランプやガス灯がつけられた。

ウ 太陽暦が採用され、1日を24時間、1週間を七日とすることになった。

エ 活版印刷の普及で、日刊新聞や雑誌が発行されるようになった。

3 明治初期の外交について、次の問いに答えなさい。

(1) 1871年から1873年にかけて海外に渡った岩倉使節団について、次の問いに答えなさい。

① 岩倉使節団に同行した女子留学生で、女子教育の発展に努めた人物を、次のア〜エから選び、記号で答えなさい。 　　　　　　　　　　　　　　　　　　　　　　　　　　　　　　　　　　[2022　京都府]

ア 津田梅子　　イ 樋口一葉　　ウ 平塚らいてう　　エ 与謝野晶子

② 岩倉使節団が欧米に派遣された主な目的を、新政府の外交課題に着目して、簡単に説明しなさい。 　　　　　　　　　　　　　　　　　　　　　　　　　　　　　　　　　　[2021　山口県]

(2) 次の文中の ▢ に共通してあてはまる語句を書きなさい。 　　　　　　[2021　北海道]

> 明治政府は、朝鮮に国交を結ぶよう求めたが断られた。そのため、政府内には、武力を用いてでも朝鮮を開国させようとする主張である ▢ が高まった。しかし、欧米諸国から帰国した岩倉具視らは国力の充実が優先と考え、 ▢ に反対した。

4 右の年表を見て、次の問いに答えなさい。

(1) 年表中**a**をきっかけとして始まった、憲法制定や議会開設などの実現をとおして、国民が政治に参加する権利の確立をめざす運動を何というか、答えなさい。 　　　　　[2020　和歌山県]

(2) (1)のはじまりと同時期に起きた士族の反乱のうち、西郷隆盛を中心として鹿児島の士族が起こした最も大規模なものを何というか、答えなさい。 　　　　　　　　　　　　　　　[2022　岩手県]

(3) 国会の開設に備えて自由党を結成し、党首となった人物を次のア〜エから選び、記号で答えなさい。 　　　　　　　　　[2022　岩手県]

ア 板垣退助　　イ 大隈重信　　ウ 木戸孝允　　エ 大久保利通

年代	できごと
1874	民撰議院設立建白書が政府に提出される……………………a
1885	内閣制度がつくられる……b
1889	大日本帝国憲法が制定される……………………c
1890	第1回衆議院議員総選挙が行われる………………………d

(4) 年表中**b**に関して、初代の内閣総理大臣となった人物はだれか、答えなさい。 　　　　　　　　[2022　長崎県]

(5) 年表中**c**の大日本帝国憲法について述べた次の文中の**X**、**Y**にあてはまる語句の組合せとして正しいものを、あとのア〜エから選び、記号で答えなさい。 　　　　　　　　　　　　[2021　千葉県]

> 大日本帝国憲法では、議会は、 **X** と衆議院の二院制がとられ、 **Y** は、天皇の相談に応じ、憲法解釈などの国の重要事項を審議する組織とされた。

ア X−参議院　　Y−枢密院　　　　イ X−参議院　　Y−内閣

ウ X−貴族院　　Y−枢密院　　　　エ X−貴族院　　Y−内閣

(6) 次の文は、年表中**d**の第1回衆議院議員総選挙で選挙権が与えられたのはどのような人であったかについてまとめたものである。文中の**A**〜**C**にあてはまる語句や数をそれぞれ答えなさい。 　　　　　[2022　滋賀県]

> 衆議院議員の選挙権があたえられたのは、直接国税 **A** 円以上を納める満 **B** 以上の **C** であった。そのため、有権者は裕福な地主や都市に住む人々などに限られていた。

Chapter 18

歴史

日清・日露戦争と産業の発展

1 帝国主義と条約改正

❶ **帝国主義**…産業が発達した欧米諸国が、軍事力で植民地を獲得する動き。資源や製品の市場を求め、アジア・アフリカに拡大。

❷ **条約改正**

　①欧化政策…欧米諸国に日本の近代化を示す。

　②ノルマントン号事件…1886年に和歌山県沖でイギリス船ノルマントン号が沈没した際、イギリス人船員は全員助けられたが、日本人乗客は全員水死した。イギリス人船長は軽い刑罰のみ⇒国内で条約改正の声が高まる。

　③領事裁判権（治外法権）の撤廃…1894年、陸奥宗光外相が成功。
　　　　　　　　　　　　　　　　　└日清戦争直前

　④関税自主権の回復…1911年、小村寿太郎外相が成功。
　　　　　　　　　　　　└日露戦争の後

> **暗記**
>
> 領事裁判権→日本で法を犯した外国人を、その国の領事が裁く権利。このため、ノルマントン号事件で、船長はイギリス領事館で裁判を受けたため、軽い刑罰となった。

> **暗記**
>
> 関税自主権→輸入品の関税率を自主的に定める権利。日本は、この権利を持たなかったため、安い外国の製品が大量に輸入された。

2 日清戦争

> 💡 **絶対おさえる！　日清戦争とその後の国際関係**
>
> ☑ 朝鮮で起こった甲午農民戦争をきっかけに、1894年に日清戦争が起こる。
> ☑ 日本が下関条約で獲得した遼東半島を、ロシア・フランス・ドイツが清へ返還要求（三国干渉）。

❶ **甲午農民戦争**…東学という民間宗教を信仰する農民を中心とする人々の反乱。政治の改革や外国勢力排除を求める。

❷ **日清戦争**…朝鮮に出兵した清と日本が1894年に開戦⇒日本が勝利。

❸ **下関条約**…1895年に結ばれた講和条約。清は朝鮮の独立を認め、遼東半島・台湾などを日本にゆずり、巨額の賠償金を支払う。

❹ **三国干渉**…ロシアがフランス・ドイツと結び、遼東半島を返還するよう要求⇒日本は対抗する力がなく要求を受け入れる。

3 日露戦争

❶ **義和団事件**…清で帝国主義国の侵略に反対する義和団が北京の外国公使館を包囲⇒日本をふくむ8か国の連合軍が鎮圧⇒ロシアが満州を占領。
　　　　　　　　　　　　　　　　　　　　　　　　　　　　　　└中国の東北部

❷ **日英同盟**…ロシアの南下をおさえるため、1902年にイギリスとの間で結ぶ。

❸ **日露戦争**…満州や韓国をめぐるロシアとの対立から、1904年に開戦⇒日本海海戦でロシア艦隊に勝利するも、日本・ロシアとも戦争継続が困難に。
　　　　　　　　　　　　　　　　　　　　　　　　└東郷平八郎が活躍

❹ **ポーツマス条約**…アメリカの仲介で、1905年に結ばれた講和条約。ロシアが韓国に対する日本の優越権を認め、樺太（サハリン）の南半分（北緯50度以南）、南満州鉄道の権益をゆずる⇒賠償金がなかったため、国民の不満が高まり、日比谷焼き打ち事件などが起こる。

> 大きな犠牲や増税に耐えて戦争に協力！

> ⭐ **重要**
>
> 日露戦争に対して、社会主義者の幸徳秋水やキリスト教徒の内村鑑三は反対。歌人の与謝野晶子は、弟を思う詩（「君死にたまふことなかれ」）を発表した。

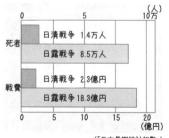

	0		5		10万（人）
死者	日清戦争　1.4万人				
	日露戦争　8.5万人				
戦費	日清戦争　2.3億円				
	日露戦争　18.3億円				
	0	5	10	15	20（億円）

（「日本長期統計総覧」）

合格への
ヒント
● 下関条約とポーツマス条約の違いを整理しておこう。
●「日清戦争の賠償金→八幡製鉄所設立」の流れを押さえよう。

4 日本の韓国支配と中国の近代化

❶ 日本の韓国支配

①保護国化…韓国の外交権を握り、韓国統監府を置く。初代統監は伊藤博文⇒抵抗運動が広がる。

②韓国併合…韓国を朝鮮と改める。朝鮮総督府を置き、武力を背景に植民地支配。日本人と同じようにする同化政策が行われる。

❷ 中国

①辛亥革命…1911年、三民主義を唱えた孫文が革命を指導。
└欧米や日本で活躍

②中華民国…1912年、南京で孫文を臨時大総統として建国を宣言⇒清がほろぶ。

> ♪ 発展
>
> 三民主義→民族主義（民族の独立）、民権主義（国民の政治参加）、民生主義（土地改革や工業化などによる民衆の生活の安定）の3つ。

5 産業の発展と社会の変化

💡 絶対おさえる！ 日本の産業革命

☑ 日清戦争前後に軽工業が発展。紡績業や製糸業がさかんに。
☑ 官営の八幡製鉄所が操業を開始→日露戦争前後に重工業が発展。鉄鋼業や製鉄業がさかんに。

❶ 日本の産業革命

①軽工業…日清戦争前後に発展。紡績業や製糸業がさかんになる。

②重工業…日露戦争前後に発展。鉄鋼業や製鉄業がさかんになる。清から得た賠償金をもとに官営の八幡製鉄所がつくられ、鉄鋼の生産を開始。
└下関条約で得た　　　　└福岡県北九州市

❷ 社会の変化

①財閥…三井・三菱などの資本家が日本の経済を支配。

②足尾銅山鉱毒事件…日本の公害問題の原点。田中正造が住民とともに、操業の停止や被害者の救済を求める運動を進める。
└衆議院議員

③社会運動…労働争議・小作争議が増加。社会主義運動はきびしく弾圧され、社会民主党を結成した幸徳秋水らが処刑される（大逆事件）。
└日本で最初の社会主義政党

6 近代文化の発達

❶ 芸術…フェノロサや岡倉天心による日本美術の復興。日本画では横山大観、西洋画では黒田清輝が、彫刻では高村光雲が活躍。
└「湖畔」「読書」

❷ 文学…文語表現にかわる口語表現の誕生（二葉亭四迷の言文一致）。樋口一葉や与謝野晶子など女性の文学者が活躍。小説では森鷗外、夏目漱石ら。

❸ 教育…小学校教育が普及。日露戦争後、義務教育が6年間に延長され、就学率も100%に近づく。私立大学が発展。

❹ 自然科学…北里柴三郎、志賀潔、野口英世など、すぐれた科学者が活躍し、世界で最先端の研究や発見が生まれる。

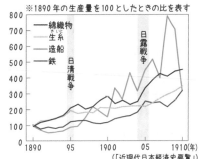

※1890年の生産量を100としたときの比を表す
（「近現代日本経済史要覧」）
綿織物／生糸／造船／鉄
日清戦争　日露戦争

1890	北里柴三郎、破傷風の血清療法を発見
1894	高峰譲吉、タカジアスターゼを創製
1897	志賀潔、赤痢菌を発見
1898	大森房吉、地震計を発明
1902	木村栄、緯度の変化の研究
1903	長岡半太郎、原子模型の研究
1910	鈴木梅太郎、ビタミンB1を創製
1918	野口英世、エクアドルで黄熱病を研究

確認問題

日付	／	／	／
○△×			

1 条約改正について、次の問いに答えなさい。

(1) 右の資料は、1886年に起こったノルマントン号事件について示したものである。裁判において、資料の下線部のような判決となったのはなぜか、当時、日本とイギリスとの間で結ばれていた条約において、イギリスに認められていた権利にふれて、書きなさい。　　　[2022　三重県]

> 1886年、イギリス船のノルマントン号が、和歌山県沖で沈没し、イギリス人船長と船員はボートで脱出したが、日本人乗客25人が全員溺れて亡くなった事件が起こった。しかし、裁判では、<u>イギリス人船長に、軽い刑罰が与えられた</u>だけだった。

(2) 次の文中の **X**、**Y** にあてはまる語句の組合せとして正しいものを、あとの**ア〜エ**から選び、記号で答えなさい。　　　[2020　鳥取県]

> 日露戦争後の1911年、　**X**　外務大臣のもと、日米間などで新たな通商航海条約が結ばれ、日本は　**Y**　に成功し、欧米諸国との条約改正が達成された。

ア　**X**－小村寿太郎　**Y**－関税自主権の回復　**イ**　**X**－小村寿太郎　**Y**－領事裁判権の廃止

ウ　**X**－陸奥宗光　**Y**－関税自主権の回復　**エ**　**X**－陸奥宗光　**Y**－領事裁判権の廃止

2 日清戦争について、次の問いに答えなさい。

(1) 右の資料は日清戦争が起こる前の東アジアをめぐる情勢を描いた風刺画である。日清戦争が起こった背景についての説明として最も適切なものを、資料を参考にして、次の**ア〜エ**から選び、記号で答えなさい。　　　[2022　群馬県]

ア　日本は朝鮮をめぐって清と対立していた。

イ　日本はロシアをめぐって清と対立していた。

ウ　日本は朝鮮と同盟を結び、清と対立していた。

エ　日本はロシアと同盟を結び、清と対立していた。

(2) 次の**ア〜エ**のうち、日清戦争につながったできごととして最も適切なものを選び、記号で答えなさい。　　　[2022　石川県]

ア　江華島事件　　**イ**　甲午農民戦争　　**ウ**　三・一独立運動　　**エ**　辛亥革命

(3) 日清戦争で結ばれた講和条約を、次の**ア〜エ**から選び、記号で答えなさい。　　　[2021　岩手県]

ア　下関条約　　　　　**イ**　ポーツマス条約

ウ　日中平和友好条約　　**エ**　サンフランシスコ平和条約

(4) 日清戦争後の三国干渉によって日本が清に返還したものを、次の**ア〜エ**から選び、記号で答えなさい。また、三国干渉の三国とはフランス、ドイツとどこか、国名を答えなさい。　　　[2020　富山県]

ア　山東半島　　**イ**　台湾　　**ウ**　澎湖諸島　　**エ**　遼東半島

3 日露戦争について、次の問いに答えなさい。

(1) わが国は、日露戦争の講和条約で地図中の ―― で示した鉄道
の利権を得て、□□□ 鉄道株式会社を設立した。□□□ にあ
てはまる語句を答えなさい。また、この条約の締結によりわが
国とロシアとの間で、新たに引かれた国境線として正しいもの
を、右の地図中の┈┈┈ で示した**ア〜エ**から選び、記号で答えな
さい。　　　　　　　　　　　　　　　[2021　熊本県]

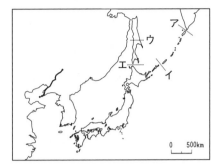

(2) 右の資料は、日清戦争と日露戦争の、日本の死者と戦費を示
している。日本は日露戦争に勝利したが、1905年に結ばれた
講和条約の内容に不満をもった人々による暴動が起こった。
人々が講和条約の内容に不満をもった理由を、資料から読み取
れることに関連づけて、簡単に書きなさい。　　[2020　静岡県]

	死者（万人）	戦費（億円）
日清戦争	1.4	2.3
日露戦争	8.5	18.3

（「日本長期統計総覧」）

4 産業の発展について、次の問いに答えなさい。

(1) 1901年、官営の製鉄所が操業を開始した。この製鉄所は、日清戦争
の講和条約で清国から得た賠償金などをもとに設立された。この製鉄所
が設立された場所を、右の地図中の**ア〜エ**から選び、記号で答えなさい。
　　　　　　　　　　　　　　　　　　　[2020　長崎県]

(2) 次の表は、日清戦争前後の日本の主な貿易品目と貿易額に占める割合
の変化を示したものであり、表中の**A〜C**には生糸、綿花、綿糸のいず
れかが入る。表中の**A・C**に入る貿易品目の組合せとして正しいものを、
あとの**ア〜カ**から選び、記号で答えなさい。　　[2020　山梨県]

＜輸入＞

1885年	（%）
A	17.7
砂糖	15.9
綿織物	9.8
毛織物	9.1

1899年	（%）
B	28.2
砂糖	7.9
機械類	6.2
鉄類	5.4

＜輸出＞

1885年	（%）
C	35.1
茶	17.9
水産物	6.9
石炭	5.3

1899年	（%）
C	29.1
A	13.3
絹織物	8.1
石炭	7.2

（「日本経済統計集」により作成）

ア　A－生糸　C－綿花　　　**イ**　A－生糸　C－綿糸　　　**ウ**　A－綿花　C－綿糸

エ　A－綿花　C－生糸　　　**オ**　A－綿糸　C－綿花　　　**カ**　A－綿糸　C－生糸

(3) 右の資料は、綿糸の生産と貿易の変化を表したものである。資
料中の**X〜Z**を表している語句の組合せとして正しいものを、
次の**ア〜エ**から選び、記号で答えなさい。　　　[2021　青森県]

ア　X－国内生産量　　Y－輸入量　　Z－輸出量

イ　X－輸出量　　　　Y－輸入量　　Z－国内生産量

ウ　X－国内生産量　　Y－輸出量　　Z－輸入量

エ　X－輸出量　　　　Y－国内生産量　Z－輸入量

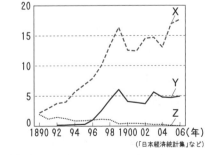

（「日本経済統計集」など）

Chapter 19

歴史

二度の世界大戦

1 第一次世界大戦

❶ **ヨーロッパ諸国の対立**…三国協商（連合国）と三国同盟（同盟国）が対立。
  └イギリス・フランス・ロシア　　　　　　　└ドイツ・オーストリア・イタリア
❷ **第一次世界大戦**…セルビア人がオーストリア皇太子夫妻を暗殺➡オーストリ
  └1914年～1918年
  アがセルビアに宣戦➡同盟国と連合国に分かれて総力戦に。
  日本は**日英同盟**を理由に連合国側で参戦。
  └にちえい
❸ **ロシア革命**…レーニンの指導の下、世界最初の社会主義政権➡シベリア出兵
  └1917年　　　　　　　└もと　　　　　　　　社会主義の拡大をおそれた国々が出兵┘
❹ **ソビエト社会主義共和国連邦（ソ連）**…革命政府が干渉戦争に勝利し1922
  └れんぽう　　　　　　　　　　　　　　　　└かんしょう
  年に成立。**スターリン**が五か年計画を進める。
  └重工業の発展と農業の集団化を強行

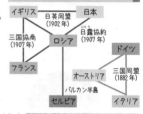

第一次世界大戦前の国際関係

バルカン半島→「ヨーロッパの火薬庫」と呼ばれ、民族や宗教の対立に列強の利害がからまり紛争が続いていた。

💡 発展

新渡戸稲造→国際連盟の事務次長となり、国際平和のために力をつくした。

2 国際協調

❶ **ベルサイユ条約**…1919年、パリ講和会議で締結。
  └ドイツと連合国との講和条約で、ドイツは領土を縮小され、巨額の賠償金も　└ていけつ
❷ **国際連盟**…民族自決を唱えたアメリカの**ウィルソン大統領**の提案を基に、世
  └ほっそく　　　　　　　　　　　　　　　　　　　　　　　　　　　　　└もと
  界平和と国際協調を目的に発足。アメリカは国内の反対により不参加。
❸ **ワシントン会議**…海軍の軍備制限、太平洋地域の現状維持。
  └いじ
❹ **民主主義の広がり**…普通選挙の実施。ワイマール憲法の制定。
  └世界で初めて社会権を保障したドイツの憲法

3 アジアの民族運動

❶ **二十一か条の要求**…第一次世界大戦中の1915年、日本は、山東省のドイツ
  権益を引きつぐことなどを中国に要求➡大部分を認めさせた。　　└さんとう シャントン
❷ **中国の五・四運動**…学生集会をきっかけとする反日運動。
  └ご　し　　　　　　 └1919年
❸ **朝鮮の三・一独立運動**…日本からの独立を宣言しデモ行進。
  └ちょうせん └さん いち　　└1919年に起こり、朝鮮総督府が武力で鎮圧
❹ **インドの民族運動**…ガンディーの指導により抵抗運動。
  └非暴力・不服従　　　　　　　　　　　　　　　└ていこう

4 大正デモクラシーの時代
  └たいしょう

💡 **絶対おさえる！ 護憲運動と政党政治**

☑ **寺内内閣**が米騒動で退陣後、**原敬首相**が本格的な政党内閣を組織。
  └てらうち └こめそうどう　　　└はらたかし
☑ 満25歳以上の男子に選挙権をあたえる普通選挙法と同時に治安維持法を制定。

❶ **第一次護憲運動**…憲法に基づく政治を守ろうとする運動。
❷ **大戦景気**…第一次世界大戦による好況。輸出が大幅に増加。
  └こうきょう　　　　└おおはば
❸ **米騒動**…軍隊が鎮圧したが、寺内内閣は退陣。
  └1918年　└ちんあつ　└「平民宰相」と呼ばれる　陸軍・海軍・外務以外の大臣を立憲政友会党員から出す
❹ **政党内閣**…原敬が本格的な政党内閣を組織。
  └たいしょう
❺ **大正デモクラシー**…**吉野作造**が民本主義、**美濃部達吉**が天皇機関説を唱える。
  └自由主義・民主主義の風潮 └よしのさくぞう └みんぽん └みのべたつきち
  └ストライキなど こさく　　└一般民衆の意見を反映して政策を決める考え方
❻ **社会運動の広がり**…労働争議や小作争議が起こる。差別解放を目指す全国水
  青鞜社や新婦人協会設立　　　　　　　　　　　　　　 └ちょう
  平社が結成。平塚らいてうが女性解放運動。
❼ **普通選挙法**…1925年、**加藤高明内閣**のときに成立した満25歳以上の男子に
  └かとうたかあき　　　　　　　　　 有権者は約4倍に増加┘
  選挙権をあたえる法律。同時に治安維持法を制定。

⚠ 注意

米騒動→シベリア出兵を見こした米の買いしめなどにより、値段が急上昇したため、米の安売りを求めた騒動。

📖 暗記

大正時代の文化→進学率の上昇。ラジオ放送の開始。新聞の発行部数の増加。文学では、志賀直哉や芥川龍之介、小林多喜二などが活躍。

共産主義の取りしまり！

● 第一次大戦後の民族運動は、国名と事件名（朝鮮-三・一独立運動、中国-五・四運動）をセットで覚えよう。
● 「五・一五事件」は海軍、「二・二六事件」は陸軍の青年将校が起こしたことに注目。

Chapter 19
二度の世界大戦

5 世界恐慌

❶ 世界恐慌…1929 年、アメリカで株式市場で株価が大暴落➡恐慌が
世界中に広がり、他国も深刻な不況に。

①**アメリカ**…農業や工業の生産を調整し、積極的に公共事業を行う
　ニューディール（新規まき直し）政策。

②**イギリス・フランス**…植民地との貿易を拡大する一方、それ以外
　の国からの輸入に対する関税を高くする**ブロック経済**政策。

③**ソ連**…**五か年計画**➡世界恐慌の影響を受けず経済成長。

❷ ファシズム…民主主義や自由主義を否定する**全体主義**。

①**イタリア**…ファシスト党が政権をにぎる。
②**ドイツ**…ヒトラー率いる**ナチス**が政権をにぎる。
　└ムッソリーニが率いる
　└ユダヤ人を迫害し、共産主義者などを攻撃

主な国の鉱工業生産

[グラフ：縦軸 0〜300、横軸 1927 28 29 30 31 32 33 34 35（年）。ソ連、日本、イギリス、フランス、アメリカ、ドイツの推移を示す]

※年平均。1929年を100とした指数。（「明治以降 本邦主要経済統計」）

6 日本の中国侵略

💡 **絶対おさえる！ 中国侵略と軍国主義**

☑ **満州事変**は**柳条湖事件**、**日中戦争**は**盧溝橋事件**をきっかけに始まる。
☑ **犬養毅首相**が暗殺された**五・一五事件**、**二・二六事件**後、軍部の発言力が強まる。

❶ 昭和恐慌…関東大震災と金融恐慌に加え、世界恐慌の影響で深刻な不況に➡
　　　　　　　└1923年
　　　　　　　　農産物の価格は暴落し、失業者も増大。

❷ 満州事変…関東軍が柳条湖で満鉄の線路を爆破、攻撃を開始➡満州主要部を
　　　　　　　└1931年　　　　　　　　　　　└奉天郊外
　　　　　　　　占領➡満州国建国宣言➡国際連盟脱退。
　　　　　　　　　　　　└清朝最後の皇帝溥儀が元首

❸ 強まる軍国主義…軍部が政治を支配。①**五・一五事件**…海軍の青年将校らが
　　　　　　　　　　犬養毅首相を暗殺。②**二・二六事件**…陸軍の青年将校らが東京の中心部を占拠。
　　　└犬養毅

❹ 日中戦争…**盧溝橋**で日中両軍が武力衝突➡戦争の長期化により、国家総動員
　　　　　　　└北京郊外
　　　　　　　　法が制定され、政党は大政翼賛会に合流。

議会の承認なしに物資や
労働力を戦争に動員！

💬 暗記

国際連盟は、満州国の不承認
と日本軍の撤兵を日本に勧
告したため、日本は国際連盟
から脱退した。

💬 暗記

戦時下の人々
学徒出陣→それまで徴兵を
猶予されていた文科系の大
学生などを軍隊に召集。
勤労動員→中学生や女学生、
未婚の女性が軍需工場など
に勤務。
疎開→都市の小学生が農村
に集団で避難。

7 第二次世界大戦

❶ 第二次世界大戦…ドイツがソ連と独ソ不可侵条約を締結後、ポーランドに侵
　　　　　　　　　　　　　　　　　　　　　　　　　　　　└1939年
　　　　　　　　攻➡イギリス・フランスがドイツに宣戦布告。

❷ 太平洋戦争…1941 年、ソ連と日ソ中立条約を結ぶ➡日本軍がハワイの真珠
　　└東条英機内閣と
　　　軍部が決定
　　　　　　　　湾にあるアメリカ海軍基地などを襲撃し始まる。

❸ ポツダム宣言…広島・長崎への原子爆弾（原爆）投下後、宣言を受け入れ降伏。
　　└アメリカ、イギリス、中国の名で発表

解答解説 ▷ 別冊 P.019

 確 認 問 題

日付	/	/	/
○△×			

1 次の問いに答えなさい。

(1) 資料1 は、第一次世界大戦直前の国際関係について示したものであり、**a～d**は大戦に参加した国である。**a**、**d**にあてはまる国名をそれぞれ答えなさい。 [2022 石川県]

資料1

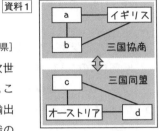

—— 協力　⇔ 対立
※bはcと大戦中に単独で講和を結ぶことになる。

(2) 資料2 は、大正時代のわが国の輸出額の推移を示したものであり、第一次世界大戦中の1914年～1918年頃は輸出額が大幅に伸びていることがわかる。この頃のわが国は、大戦景気と呼ばれるかつてない好況であった。わが国の輸出額が大幅に伸びたのはなぜか。その理由を、わが国における第一次世界大戦の経済的な影響に着目して、簡単に書きなさい。 [2022 香川県]

(3) 資料3 は、第一次世界大戦中に日本が中国に示した要求の一部であり、**X**には国名が入る。この**X**国について述べた文として適当なものを、次の**ア～エ**から選び、記号で答えなさい。 [2022 福島県]

ア 第一次世界大戦中、英露と三国協商を結んでいた。

イ レーニンの指導で、社会主義政府が生まれた。

ウ 第一次世界大戦の敗戦後、ワイマール憲法が定められた。

エ ガンディーの指導で、非暴力・不服従運動が展開された。

資料2 （億円）

資料3
> 中国政府は、| **X** |が山東省にもっている一切の権利を日本にゆずること。

2 次の問いに答えなさい。

(1) 1920年に設立された国際連盟について、次の問いに答えなさい。

① 国際連盟の設立を提案したアメリカの大統領はだれか、答えなさい。
[2020 奈良県]

② 国際連盟が設立された後のできごととして適当なものを、次の**ア～エ**から選び、記号で答えなさい。
[2020 大分県]

ア アメリカの呼びかけによって開かれたワシントン会議で、海軍の軍備制限などが決められた。

イ ドイツはベルサイユ条約によって領土を縮小され、巨額の賠償金や軍備縮小が課せられた。

ウ ロシアでは、戦争を続ける皇帝に対して民衆が反対し、革命により皇帝が退位した。

エ オーストリアは、サラエボで皇太子夫妻が暗殺されたことにより、セルビアに宣戦布告した。

(2) 右の資料は、世界恐慌が起きたころの日本、アメリカ、イギリス、ソ連のいずれかの鉱工業生産指数の推移を表している。資料で示した時期に、**X**国が進めた政策として適当なものを、次の**ア～エ**から選び、記号で答えなさい。 [2020 福島県]

※1929年の生産量を100とした場合の指数

ア 社会主義のもとで五か年計画と呼ばれる経済政策を進めた。

イ 実権をにぎった満州国へ移民を送る政策を進めた。

ウ 積極的に経済を調整するニューディール政策を進めた。

エ オーストラリアやインドなどの国や地域との間でブロック経済を進めた。

3 次の問いに答えなさい。

(1) 米騒動について述べた次の文中の 　　　　　　　 にあてはまる内容を、「買いしめ」、「価格」という2つの語句を用いて、簡単に書きなさい。　　　　　　　　　　　　　　　　　　　　　　　[2022　岐阜県改]

> 　第一次世界大戦によって日本経済は好況となったが、物価が上がり、民衆の生活は苦しくなった。さらに1918年に、シベリア出兵を見こした 　　　　　　　 ことに対して、米の安売りを求める騒動が全国に広まった。

(2) 1925年、普通選挙法が成立した時の首相を、次の**ア〜エ**から選び、記号で答えなさい。　　[2021　石川県]
ア 犬養毅　　**イ** 桂太郎　　**ウ** 加藤高明　　**エ** 原敬

(3) 右の資料は、1890年から1928年までのわが国の全人口と有権者数の推移を表している。普通選挙法の成立後、初めて実施された1928年の選挙で、有権者数が1920年に比べて大幅に増えたのはなぜか、「直接国税」という語句を用いて、簡単に書きなさい。　　　　　　[2020　徳島県]

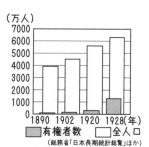

(4) 吉野作造は、天皇主権のもとでも、民衆の考えにもとづいた政治を行うことを主張した。この主張を漢字四字で答えなさい。　　　　　　[2021　岡山県]

(5) 市川房枝や平塚らいてうが、女性の政治参加などを求めて1920年に設立した団体を、次の**ア〜エ**から選び、記号で答えなさい。　　　　　　[2022　兵庫県]
ア 国会期成同盟　　**イ** 立憲政友会　　**ウ** 青鞜社　　**エ** 新婦人協会

4 右の年表を見て、次の問いに答えなさい。

(1) 年表中 **a** に関して、次の文中の**X**、**Y**の（　　）の中から適当なものをそれぞれ選び、記号で答えなさい。　　[2020　熊本県]
　満州に駐留していた日本軍（関東軍）が、奉天（現在の瀋陽）郊外の**X**（**ア** 盧溝橋　**イ** 柳条湖）で南満州鉄道の線路を爆破したことをきっかけに軍事行動を開始し、満州の大部分を占領した。これに対し、**Y**（**ア** 毛沢東　**イ** 蔣介石　**ウ** 孫文）を指導者とする中国国民政府は、国際連盟に日本の行動を訴えた。

年代	できごと
1932	満州国の建国を宣言する……**a**
1933	日本が国際連盟からの脱退を表明する……………………**b**
1941	太平洋戦争が始まる………**c**
1945	日本が 　**d**　 宣言を受諾する

(2) 年表中 **a** と同じ1932年にわが国では五・一五事件がおこった。五・一五事件がもたらした影響を「政党内閣」という語句を用いて、簡単に書きなさい。　　　　　　　　　　　　　　　　　[2021　香川県]

(3) 年表中 **b** について、日本が国際連盟からの脱退を表明したのは、国際連盟が満州国についての日本の主張を認めなかったためである。このときの日本の主張を、簡単に書きなさい。　　　　　　[2021　石川県]

(4) 年表中 **c** について、次の**ア〜ウ**は、太平洋戦争の開戦までに起こったできごとである。年代の古いものから順に、記号で答えなさい。　　　　　　　　　　　　　　　　　　　　　　　　　[2021　熊本県]
ア ドイツが、ソ連と不可侵条約を結び、ポーランドに侵攻を開始した。
イ アメリカ合衆国が、わが国への石油などの輸出を禁止した。
ウ わが国が、ドイツ、イタリアと日独伊三国同盟を結んだ。

(5) 年表中の 　**d**　 には、ドイツの、ある都市の名があてはまる。連合国は、この都市で、日本に対して軍隊の無条件降伏や民主主義の復活を求める宣言を発表した。 　**d**　 にあてはまる都市の名を答えなさい。

[2020　愛媛県]

1 日本の民主化

💡 **絶対おさえる！ 戦後改革**

☑ マッカーサーを最高司令官とする連合国軍最高司令官総司令部（GHQ）の指令で民主化。
☑ 経済の民主化政策では、財閥解体や農地改革などが行われた。

❶ **戦後の日本**…領土は北海道・本州・九州・四国とその周辺の島々に限定。それ以外はアメリカ軍の直接統治の下に置かれる。

❷ **戦後改革**…マッカーサーを最高司令官とする連合国軍最高司令官総司令部（GHQ）の指令により、民主化を進める。極東国際軍事裁判（東京裁判）で戦争をおし進めた政治家や軍人を公職から追放。

　①**農地改革**…地主の小作地を買い上げ小作人に安く売り渡す➡多くの自作農が生まれる。

　②**財閥解体**…日本の経済を支配してきた財閥を解体。
　　　　　　　　└三井、三菱など

　③**選挙法改正**…満20歳以上の男女に選挙権があたえられる。

　④**治安維持法の廃止**…政治活動の自由が認められる。

❸ **日本国憲法**…1946年11月3日公布、1947年5月3日施行。
　　　　　　　　　└現在は祝日の「文化の日」　└現在は祝日の「憲法記念日」
　　　　　　　国民主権、基本的人権の尊重、平和主義の3つが基本原理。

❹ **教育基本法**…民主主義の教育の基本を示す。
　　　　　　　└9年間の義務教育、男女共学など

農地改革による変化

▼ 自作地と小作地の割合

1940年	自作地 54.5%	小作地 45.5
1950年	89.9	9.9

その他 0.2

▼ 自作・小作の農家の割合

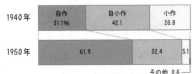

1940年	自作 31.1%	自小作 42.1	小作 26.8
1950年	61.9	32.4	5.1

その他 0.6

（「完結昭和国勢総覧」ほか）

2 国際連合と冷戦の始まり

❶ **国際連合（国連）**…1945年発足。世界平和を維持する機関として**安全保障理事会**が設けられる。

❷ **冷たい戦争（冷戦）**…アメリカを中心とする資本主義の西側陣営と、ソ連を
　　　　　　　└全面的な戦争には至らず
中心とする共産主義の東側陣営の対立。

　①**ドイツの分裂**…東西に分かれて独立。

　②**軍事同盟**…西側は北大西洋条約機構（NATO）、東側はワルシャワ条約機構を結成。

　③**中国**…国民党と共産党が対立➡共産党が勝利し、**毛沢東**を主席とする中華人
　　　　　　　　　　　　　　　　　　　　　　　　　　　マオツォトン
民共和国成立。国民党は台湾へ。
　　　　└蒋介石が率いる

　④**朝鮮**…北緯38度線を境に、南をアメリカ、北をソ連が占領➡南に**大韓民国**
　　　　ちょうせん　ほくい　　　　　　　　　　　　　　　　せんりょう　　　　だいかんみんこく
（韓国）、北に朝鮮民主主義人民共和国（北朝鮮）➡1950年に朝鮮戦争➡日
本はGHQの指示で警察予備隊（後の自衛隊）をつくる。
　　　　　　　けいさつよびたい　　じえいたい

　⑤**ベトナム**…南北の内戦にアメリカが介入➡ベトナム戦争。
　　　　　　　　　　　　　　　　　かいにゅう　└1975年まで続く

❸ **植民地支配の終わり**

　①**アジア・アフリカ会議**…1955年、平和共存を訴える。
　　　└インドネシアのバンドンで行われる

　②「**アフリカの年**」…1960年に17か国が独立。

　③**南北問題**…発展途上国と先進工業国との経済格差の問題。
　　　　　　　└植民地だった国が多い

🔊 **暗記**

安全保障理事会の常任理事国→アメリカ、イギリス、ソ連、中国、フランスの5か国。

⚠ **注意**

国際連合⇔第一次世界大戦後に発足した国際連盟と間違えないように。

🔊 **暗記**

朝鮮戦争→北朝鮮が韓国に侵攻して始まる。アメリカ中心の国連軍が韓国を、中国の義勇軍が北朝鮮を支援。1953年に休戦となった。

🌱 **発展**

アジア・アフリカ会議→インドのネルー首相の提案でインドネシアのバンドンで開かれる。

● GHQによる戦後改革では、「農地改革」「選挙法改正」が特に出題されやすい。
●「朝鮮戦争→特需景気→高度経済成長スタート」の流れを押さえよう。

3 国際関係の変化

💡 絶対おさえる！　日本の外交

☑ 1951 年、日本はサンフランシスコ平和条約と同時に日米安全保障条約を結ぶ。
☑ 1972 年、中国と日中共同声明を発表し、国交を正常化させる。

❶ 占領政策の転換…冷戦の激化でアメリカは日本の経済復興を優先。朝鮮戦争
が起こると、日本はアメリカ軍向けに軍需物資を生産し特
需景気となる。

🖊 暗記
日米安全保障条約→日本の
安全と東アジアの平和を守
るため、アメリカ軍が日本に
駐留することなどを認めた。

❷ 日本の独立

①サンフランシスコ平和条約…吉田茂内閣が、1951 年にアメリカなど 48 か
国と結ぶ⇒日本は独立を回復。

②日米安全保障条約…サンフランシスコ平和条約と同時に結ぶ⇒新安保条約
改定に対し、国民の反対運動（安保闘争）が起こる。

🖊 暗記
1972年に沖縄が日本に復帰。
交渉の過程で、「持たず、作ら
ず、持ちこませず」の非核三
原則が国の方針となった。

❸ 独立後の外交…ソ連・韓国・中国との国交が回復。

①ソ連…日ソ共同宣言に調印→ソ連と国交回復⇒日本が国際連合に加盟。
　　　　└1956年
②韓国…日韓基本条約。韓国を朝鮮半島の唯一の政府と承認。
　　　　└1965年
③中国…日中共同声明を出し、国交正常化⇒日中平和友好条約。
　　　　└1972年　　　　　　　　　　　　　　　└1978年

4 日本の高度経済成長

❶ 高度経済成長…1955 年から 73 年まで年平均 10％の成長。1973
年の石油危機（オイル・ショック）により終わる。

①産業の発展…技術革新で重化学工業が産業の主軸。新幹線や高速
道路が開通し、東京オリンピック・パラリンピック開催。
　　　　　　　└1964年
②国民生活の変化…「三種の神器」が普及。
　　　　　　　　　└テレビ、洗濯機、冷蔵庫
③公害問題の発生…公害対策基本法制定、環境庁設置。
　　　　　　　　　　　　　　　　　　　　└現在の環境省

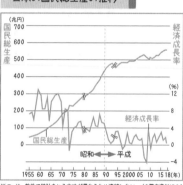

日本の国民総生産の推移

※ ≈ は、前後で統計をとる方法が異なるため連続しない。（内閣府資料ほか）

5 冷戦後の国際社会と日本

❶ 国際関係の変化

①冷戦の終結…米ソの首脳がマルタ会談で宣言⇒東西ドイツ統一、ソ連解体。
　　　　　　　　　　　　　　　　　　　　　　└1990年　　　　　　└1991年
②国際協調…主要国首脳会議（サミット）の開催。EC → EU へ発展。
　　　　　　　　　　　　　　　　　　　　　　　　└ヨーロッパ連合
③地域紛争…湾岸戦争など。国際平和維持活動（PKO）や非政府組織（NGO）
の役割が高まる。

🖊 暗記
四大公害裁判→新潟水俣病、
四日市ぜんそく、イタイイタ
イ病、水俣病の4つの公害に
関する裁判。

日本もカンボジア
などに自衛隊を派遣！

❷ 冷戦後の日本
自由民主党と日本社会党の2つ
の政党を中心とした政治体制
①政治…自民党の長期政権⇒ 1993 年非自民連立内閣成立⇒ 55 年体制の終了。
　　　　　　　　　　　　　└細川護熙内閣
②経済…1980 年代後半、バブル経済⇒ 1991 年に崩壊⇒平成不況⇒ 2008 年
　　　　　　　　　　└地価や株価が異常に高くなる　　└崩壊
に世界金融危機が発生。

⚠ 注意
55年体制→自民党を与党、社
会党を野党第一党とする体
制。

❸ 災害…1995 年に阪神・淡路大震災、2011 年に東日本大震災。

確 認 問 題

日付	／	／	／
○△×			

1 戦後改革について、次の問いに答えなさい。

(1) 資料1は、農地改革による自作地と小作地の割合の変化を表している。農地改革の内容を、資料1を参考にして、「政府」「小作人」という2つの語句を用いて、簡単に書きなさい。

[2021　青森県]

(2) 次の文は、1946年に実施された戦後初の衆議院議員総選挙について述べたものである。文中の 　　　　　 にあてはまる内容を、選挙資格に着目して簡単に書きなさい。[2022　和歌山県]

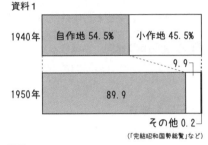

資料1

（「完結昭和国勢総覧」など）

資料2 は、1928年と1946年に実施された衆議院議員総選挙における、全人口にしめる有権者の割合を表している。この資料から1946年の有権者の割合が、1928年の2倍以上に増えていることがわかる。それは、1946年の選挙では、選挙権が 　　　　　　　 からである。

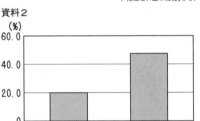

資料2
（総務省ホームページ）

2 次の問いに答えなさい。

(1) 右の地図中のA〜Cは、第二次世界大戦後に、資本主義陣営と社会主義陣営の争いが発生した地域である。A〜Cと、それぞれの争いについて述べたP〜Rの組合せとして正しいものを、右下のア〜カから選び、記号で答えなさい。

[2020　大分県]

P　戦争はアメリカの撤退によって終結に向かい、社会主義陣営の国に統一された。

Q　国際連合が軍を派遣するなど戦闘は激化したが、後に休戦協定が結ばれた。

R　両陣営は戦闘を行わなかったが、それぞれが独自の国家を成立させた。

(2) 次の文は、冷戦の終結についてまとめたものである。文中のX、Yにあてはまる語句の組合せとして正しいものを、あとのア〜エから選び、記号で答えなさい。

[2022　高知県]

	A	B	C
ア	P	Q	R
イ	P	R	Q
ウ	Q	P	R
エ	Q	R	P
オ	R	P	Q
カ	R	Q	P

1989年、 X の後に、アメリカ合衆国と Y の首脳がマルタ島で会談し、冷戦が終結した。

ア　X－アメリカ合衆国での同時多発テロの発生　Y－ソビエト社会主義共和国連邦

イ　X－アメリカ合衆国での同時多発テロの発生　Y－中華人民共和国

ウ　X－ドイツでの「ベルリンの壁」の崩壊　　　Y－ソビエト社会主義共和国連邦

エ　X－ドイツでの「ベルリンの壁」の崩壊　　　Y－中華人民共和国

3 次の問いに答えなさい。

(1) 右の資料は、サンフランシスコ平和条約に関す
る経過を表している。資料中の**X**、**Y**にあてはま
る語句の組合せとして正しいものを、次の**ア**〜**エ**
から選び、記号で答えなさい。　　　　[2022　鳥取県]

| 冷戦下の
アジア情勢

X | ⇒ | 日本政府の
講和方針

Y | ⇒ | サンフランシスコ
平和条約調印

独立を回復 |

　ア　X－朝鮮戦争　　　　　　　Y－アメリカ側の国々との講和の実現
　イ　X－ベトナム戦争　　　　　Y－アメリカ側の国々との講和の実現
　ウ　X－朝鮮戦争　　　　　　　Y－すべての交戦国との講和の実現
　エ　X－ベトナム戦争　　　　　Y－すべての交戦国との講和の実現

(2) 日本はある国との外交が進展したことによって国際連合への加盟が実現したが、そのできごとを、次の**ア**
〜**エ**から選び、記号で答えなさい。　　　　　　　　　　　　　　　　　　　　[2021　岐阜県]

　ア　ドイツと同盟を結ぶ。　　　　　　　**イ**　中国との国交が正常化する。
　ウ　ソ連との国交が正常化する。　　　　**エ**　韓国との国交が正常化する。

(3) 1972年に沖縄が日本に復帰したが、このできごとについて述べた次の文中の**A**、**B**の{ }の中から適当
なものを、それぞれ1つ選び、記号で答えなさい。　　　　　　　　　　　　[2020　愛媛県]

> 沖縄は、**A**{**ア**　中華人民共和国　　**イ**　アメリカ合衆国} の統治下にあったが、日本への復帰を求める
> 住民の運動が続けられ、**B**{**ウ**　佐藤栄作　　**エ**　田中角栄} 内閣のとき、日本に復帰した。

4 次の問いに答えなさい。

(1) 次の文は、資料1のように経済成長率が変化した理由を説明したものである。文中の**X**、**Y**にあてはまる
語句を答えなさい。ただし、同じ記号には同じ語句が入る。　　　　　　　[2020　福岡県]

> 　20世紀後半に、わが国の経済成長率が、0%を下回った時期が2度
> あったことがわかる。
> 　1度目は、　**X**　の影響によるものである。　**X**　は、中東戦争と
> 関係が深い。
> 　2度目は、　**Y**　が崩壊したことによるものである。　**Y**　は、実
> 際の経済の力をこえて、株式や土地の価格が急激に上昇したことであ
> る。

資料1
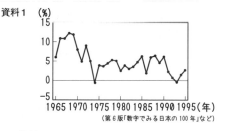
（第6版「数字でみる日本の100年」など）

(2) 資料2は、主な耐久消費財の家庭への普及率を表したもの
で、**ア**〜**エ**は、それぞれカラーテレビ、コンピュータ、電気冷
蔵庫、乗用車のいずれかである。カラーテレビの普及率を示す
ものを選び、記号で答えなさい。　　　　[2021　岡山県]

(3) 次は、第二次世界大戦後から日本万国博覧会の開催までの日
本の経済に関するできごとである。**ア**〜**エ**を年代の古い順に並
べ、記号で答えなさい。　　　　　　　[2022　山口県]

　ア　池田勇人内閣によって、国民所得倍増計画が発表された。
　イ　GHQの指示で、日本の産業や経済を支配してきた財閥の解体が始まった。
　ウ　国民総生産が、資本主義国の中でアメリカに次ぐ第2位となった。
　エ　朝鮮戦争の軍需物資の生産を引き受け、特需景気が起こった。

資料2
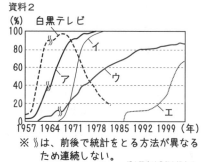
※ ∮は、前後で統計をとる方法が異なる
　　ため連続しない。
（「内閣府消費動向調査」）

公民
現代社会と日本国憲法

1 現代社会の特色

💡 絶対おさえる！　現代の日本社会の特色

☑ **情報化**が進むなか、**情報リテラシー**を身につけ、**情報モラル**を守る必要がある。

☑ 人や物、お金、情報などが国境をこえて移動する**グローバル化**が進展している。

☑ 子どもの数が減少する一方、高齢者の割合が増加する**少子高齢化**が進んでいる。

❶ **情報化**…社会のなかで情報が果たす役割が大きくなること。情報通信技術
（ICT）の急速な発達や人工知能（AI）の進化による。**情報リテラシー**や情報
モラルを身につける必要がある。
└情報を正しく活用する力
└情報を正しく利用する態度

❷ **グローバル化**…人や物、お金、情報などが国境をこえて広がっていく
こと。**国際競争**が激しくなり、**国際分業**も活発化。
└より良い商品をより安く提供しようと競争

❸ **少子高齢化**…合計特殊出生率の減少による少子化と、平均寿命ののび
└一人の女性が一生の間に生む子どもの平均人数
による高齢化が進行。生産年齢人口の経済的負担増。
└人口にしめる65歳以上の高齢者の割合の増加

📖 暗記
国際分業→競争力の弱い産業を他国にたよること。

人口にしめる高齢者の割合

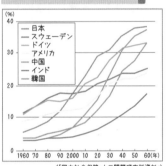

凡例：
— 日本
— スウェーデン
— ドイツ
— アメリカ
— 中国
— インド
— 韓国

（「国立社会保障・人口問題研究所資料」）

2 私たちの生活と文化

❶ **文化**…生活様式や言語、科学、学問、芸術、宗教など。
└衣服、食、住まいなど
①科学技術…人々の暮らしをより便利で快適にする。
②芸術…絵画や映画、音楽など。人々の生活を豊かにする。
③宗教…神や仏などを信仰する。
└信仰

❷ **日本の文化**…お盆などの年中行事や冠婚葬祭など。
└ぼん　　　　　　　　　└かんこんそうさい

❸ **伝統文化**…能や歌舞伎、茶道や華道（生け花）など。
└かぶき
└歴史の中で育まれ、受けつがれてきた文化

❹ **多文化共生**…たがいの文化のちがいを認め、ともに生活すること➡持続可能
な社会の実現のために必要。

📖 暗記
琉球文化→琉球王国のころ
から受けついできた文化。
アイヌ文化→北海道などの
先住民族であるアイヌ民族
が受けついだ文化。

3 現代社会の見方や考え方

❶ **社会集団**…私たちが生活している集団。家族や学校、地域社会、国など。人
間は**社会的存在**といわれる。
[最も身近な社会集団！]

❷ **対立と合意**…人はそれぞれの考え方がちがうため、問題や争い（対立）が起
こる➡たがいが受け入れられる解決策を話し合い、合意を目指す。

❸ **決まり（ルール）の決定の仕方**
①全会一致…全員の意見が一致。②多数決…より多くの人が賛成する意見を採
└いっち
用➡少数の意見も十分に聞き、できるだけ生かす**少数意見の尊重**が重要。

❹ **契約**…たがいの権利を尊重し、保障するための決まりである。その決まりを
└けいやく
守る責任や義務がある。

❺ **効率と公正**…対立から合意にいたる決まりをつくるときの判断基準。
①効率…時間やお金、ものなどをむだなく使うという考え方。
②公正…特定の人を不当にあつかわないようにする考え方。

🍃 発展
手続きの公正さ→決まりを
つくる過程で全員が参加し
ているか。
機会や結果の公正さ→機会
が不当に制限されたり、結果
が不当なものになっていな
いか。

● 思想家は、「ロック―抵抗権」「モンテスキュー―三権分立」「ルソー―『社会契約論』」の組み合わせで覚えておこう！
● 日本国憲法の三原則（国民主権・基本的人権の尊重・平和主義）は口頭で言えるようにしておこう。

4 人権支配と法の支配

❶ **基本的人権（人権）**…人間が生まれながらにして持つ権利。近代革命以降
に主張されるようになり、アメリカ独立宣言やフランス人権宣言などで宣
言。18世紀に自由権と平等権、20世紀に社会権が確立。
　　└ 表現の自由や財産権の保障など
❷ **法の支配**…国の政治は、国民が制定した法に基づいて行うべきだとする考
え方。⇔権力を持つ者が政治を支配する「人の支配」。
❸ **憲法**…国の基本を定めた法。国の最高法規であり、憲法に違反する法律や
条例は無効となる。
❹ **立憲主義**…議会で制定された憲法によって国家権力を制限し、国民の人権を
保障しようとする考え方。

17～18世紀の思想家	
ロック	「統治二論」で抵抗権を主張。
モンテスキュー	「法の精神」で三権分立を主張。
ルソー	「社会契約論」で人民主権を主張。

5 日本国憲法

💡 絶対おさえる！　日本国憲法

☑ 日本国憲法の基本原理は、国民主権、基本的人権の尊重、平和主義の3つ。
☑ 天皇は日本国と国民全体の「象徴」とされ、国事行為のみを行う。

❶ **大日本帝国憲法**…1889年発布。主権者は天皇。国民は天皇によってあたえ
られる「臣民の権利」を持つとされ、法律によって制限される場合もあり。
❷ **日本国憲法**…1946年11月3日公布、1947年5月3日施行。
　①**国民主権**…国の政治を最終的に決める力は国民にあるという考え方。天皇は
　　　　　　　日本の国と国民全体の「象徴」とされ、内閣の助言と承認に基づ
　　　　　　　き国事行為のみを行う。
　　　　　　└ 形式的・儀礼的な行為
　②**基本的人権の尊重**…人間が生まれながらに持つ権利を、国政上最大限尊重す
　　　　　　　ること。憲法第11条で「侵すことのできない永久の権
　　　　　　　利」として保障している。
　③**平和主義**…憲法第9条で、国際紛争を解決する手段とし
　　　　て、戦争をしたり武力を使ったりすることはしないこと
　　　　（戦争放棄）、陸海空軍その他の戦力はもたないこと（戦力
　　　　の不保持）、戦争時に相手国に対して攻撃や占領を行う権
　　　　利を認めないこと（交戦権の否認）を定めている。「自衛
　　　　のための必要最小限度の実力」として自衛隊をもつ一方、
　　　　核兵器を「持たず、つくらず、もちこませず」という非核
　　　　三原則をかかげる。
❸ **憲法改正**…衆議院と参議院のそれぞれの総議員の3分の2
以上の賛成を経て国会が発議⇒満18歳以上の国民による国
民投票で有効投票の過半数の賛成が必要。

▶ **天皇の主な国事行為**

・国会が指名した内閣総理大臣の任命
・内閣が指名した最高裁判所長官の任命
・憲法改正、法律、条約などの公布
・国会の召集
・衆議院の解散
・栄典の授与

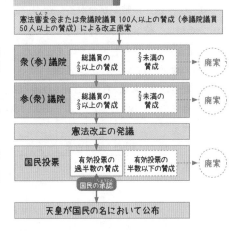

憲法改正の手続き

憲法審査会または衆議院議員100人以上の賛成（参議院議員50人以上の賛成）による改正原案	

| 衆（参）議院 | 総議員の2/3以上の賛成 | 2/3未満の賛成 → 廃案 |
| 参（衆）議院 | 総議員の2/3以上の賛成 | 2/3未満の賛成 → 廃案 |

憲法改正の発議

| 国民投票 | 有効投票の過半数の賛成 | 有効投票の半数以下の賛成 → 廃案 |

国民の承認

天皇が国民の名において公布

確 認 問 題

日付	／	／	／
○△×			

1 次の問いに答えなさい。

(1) 次の**ア〜オ**のうち、核家族（かくかぞく）世帯にあたるものをすべて選び、記号で答えなさい。　［2022　京都府］

　ア　単独（一人）世帯　　　　　　　　**イ**　夫婦（ふうふ）のみの世帯

　ウ　夫婦と未婚の子どもの世帯　　　　**エ**　夫婦と未婚の子どもと夫婦の両親の世帯

　オ　一人親（父または母のみ）と未婚の子どもの世帯

(2) 情報化の進展についてまとめた次の文中の**X**、**Y**にあてはまる語句の組合せとして正しいものを、あとの**ア〜エ**から選び、記号で答えなさい。　［2022　宮城県］

　　| **X** | と略称される情報通信技術は、急速に発展し、私たちの生活の利便性を大きく向上させた。一方で、情報化社会に対応するために、情報を正しく読み取り活用する能力である | **Y** | を身につけることが求められている。

　ア　**X**－ICT　　**Y**－情報リテラシー　　　　**イ**　**X**－ICT　　**Y**－マスメディア

　ウ　**X**－AI　　**Y**－情報リテラシー　　　　　**エ**　**X**－AI　　**Y**－マスメディア

2 次の問いに答えなさい。

(1) 右の表は、採決（さいけつ）の仕方についての説明と特徴を表したものである。次の問いに答えなさい。　［2022　福島県］

　① **X**にあてはまる語句を漢字3字で書きなさい。

　② **Y**、**Z**にあてはまる特徴の組合せとしていて適切なものを、次の**ア〜エ**から選び、記号で答えなさい。

採決の仕方	説明	特徴
全会一致（いっち）	全員の意見が一致する	**Y**
X	より多くの人が賛成する意見を採用する	**Z**

　　ア　**Y**－決定に時間がかからない

　　　　Z－少数意見が反映される

　　イ　**Y**－決定に時間がかからない　　**Z**－少数意見が反映されにくい

　　ウ　**Y**－決定に時間がかかる　　　　**Z**－少数意見が反映される

　　エ　**Y**－決定に時間がかかる　　　　**Z**－少数意見が反映されにくい

(2) ある班は、修学旅行の行き先の決め方について考えることにした。集計結果が資料のようになったと仮定した場合の考え方を右のようにまとめた。**X**、**Y**にあてはまる内容を簡単に書きなさい。　［2022　福井県］

資料　修学旅行アンケートの集計結果

生徒数＼行き先	A組	B組	C組	D組	E組	総数
	30	30	30	30	30	150
東京都	7	15	15	13	5	55
大阪府	11	4	2	6	8	31
愛知県	12	11	13	11	17	64

考え方
1. | **X** | ので、行き先を東京都に決める。
2. | **Y** | ので、行き先を愛知県に決める。
3. 上の二つの決め方では、意見が分かれるので、東京都と愛知県で決選投票を行い、決める。

3 次の問いに答えなさい。

(1) 人権が保障されるまでには、人々の長年にわたる努力があった。これについて、次の**ア〜ウ**のできごとを、年代の古い順に並べ、記号で答えなさい。 [2020 岐阜県]

ア 人権を、人類普遍の価値として認める世界人権宣言が採択された。

イ 人間らしい生活を保障しようとする社会権を認めるワイマール憲法が制定された。

ウ 人は生まれながらに自由で平等な権利をもつとするフランス人権宣言が発表された。

(2) 人の支配と、法の支配を比較して説明した次の文中の _____ にあてはまる内容を、「国民」という語句を用いて、簡単に書きなさい。 [2020 北海道]

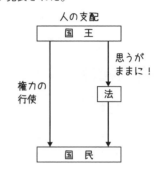

人の支配では、右の図のように、国王が直接国民に権力を行使したり、国王が思うままに制定した法によって権力を行使したりするため、人権は保障されない。一方、法の支配では、 _____ によって国王や政府の権力が制限されるため、人権は保障される。

4 次の問いに答えなさい。

(1) 民主主義の思想の現れとされる「国民主権」について、「国民」「政治」という語句を用いて、簡単に書きなさい。 [2021 和歌山県]

(2) 平和主義について書かれた右の文は、日本国憲法第9条の条文の一部である。**A**、**B**の｛ ｝の中から適当なものをそれぞれ選び、記号で答えなさい。 [2021 富山県]

> 陸海空軍その他の**A**｛**ア** 武力 **イ** 戦力｝は、これを保持しない。
> 国の**B**｛**ウ** 交戦権 **エ** 自衛権｝は、これを認めない。

(3) 天皇について、各問いに答えなさい。 [2020 和歌山県]

① 次の日本国憲法の第1条中の _____ に共通してあてはまる語句を書きなさい。

第1条 天皇は、日本国の _____ であり日本国民統合の _____ であって、この地位は、主権の存する日本国民の総意に基く。

② 天皇の国事行為として適切なものを、次の**ア〜オ**からすべて選び、記号で答えなさい。

ア 条約を公布する。 **イ** 国務大臣を任命する。 **ウ** 弾劾裁判所を設置する。

エ 内閣総理大臣を任命する。 **オ** 最高裁判所長官を指名する。

(4) 次の資料は、憲法改正の手続きについて模式的に示したものである。資料中の**X〜Z**にあてはまる語句の組合せとして正しいものを、あとの**ア〜エ**から選び、記号で答えなさい。 [2020 三重県]

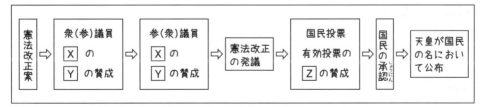

ア X−出席議員　　Y−過半数　　　　Z−3分の2以上

イ X−出席議員　　Y−3分の2以上　　Z−過半数

ウ X−総議員　　　Y−過半数　　　　Z−3分の2以上

エ X−総議員　　　Y−3分の2以上　　Z−過半数

Chapter 22 公民 基本的人権と新しい人権

1 基本的人権と個人の尊重

❶ 個人の尊重…一人一人の個性を尊重し、かけがえのない個人としてあつかうこと。人権保障の出発点。

❷ 基本的人権…日本国憲法では、平等権、自由権、社会権、参政権などを保障。

基本的人権の構成

自由権 社会権 参政権など
平等権
個人の尊重

2 平等権

💡 絶対おさえる！ 差別をなくすために

☑ 男女平等実現のため、**男女雇用機会均等法**や**男女共同参画社会基本法**が制定される。

☑ 公共の交通機関や建物では、**バリアフリー化**が進んでいる。

❶ 平等権…平等なあつかいを受ける権利。日本国憲法では、法の下の平等、両性の本質的平等などが保障されている。

❷ 男女平等…家庭や職場での平等を実現するための法律を整備。

①男女雇用機会均等法…雇用における男女差別禁止。**セクシュアル・ハラスメント**防止を企業に義務づける。
　└性的ないやがらせ

②男女共同参画社会基本法…男女が対等な立場で活躍できる社会の実現を目指す。

❸ 障がいのある人への理解…バリアフリー化が進められる。
　　　　　　　　　　　　　└段差をなくすなど

①障害者基本法…障がいのある人の自立と社会参画を支援。

②障害者差別解消法…障がいのある人への差別を禁止。

❹ 同和問題…被差別部落出身者への差別に関する問題。
　　　　　　└江戸時代に差別されていた身分

①全国水平社…差別を打ち破るため、大正時代に結成。

②同和対策審議会の答申…差別をなくすことが国民にとっての課題であり、国の責務であると宣言。

③部落差別解消推進法…国や地方公共団体に、差別解消のための積極的な対策を義務づける。

❺ アイヌ民族への差別の撤廃
　└古くから北海道を中心に生活

①アイヌ文化振興法…誇りが尊重される社会の実現を目指す。

②アイヌ民族支援法（アイヌ施策推進法）…先住民族として法的に位置づけ。

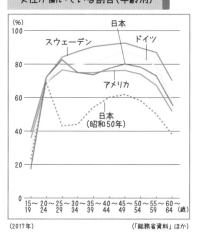

女性が働いている割合（年齢別）

(2017年) 「総務省資料」ほか

😀 暗記

バリアフリー→障がい者や高齢者などが安全・快適に暮らせるよう、物理的な障害などを取りのぞくこと。

3 自由権

❶ 自由権…自由に物事を考え行動することを保障する権利。

精神の自由	・思想・良心の自由 ・集会・結社・表現の自由	・信教の自由 ・学問の自由
経済活動の自由	・居住・移転・職業選択の自由	・財産権の保障
身体の自由	・奴隷的拘束・苦役からの自由 ・法定手続きの保障、罪刑法定主義	・拷問の禁止 など

✏ 発展

検閲→国が本の内容などを事前に確認すること。日本国憲法では禁止されている。

> **合格への
> ヒント**
> ●「公共の福祉」という言葉の意味を口頭で説明できるようにしておこう。
> ●「新しい人権」は時事問題と絡めて出題されることが多いよ。

4 社会権

💡 絶対おさえる！ 社会権の種類

☑ **社会権**には、**生存権**、**教育を受ける権利**、**勤労の権利**、**労働基本権**がある。
☑ **労働基本権**は**団結権**、**団体交渉権**、**団体行動権**に分かれる。

❶ **社会権**…人間らしい豊かな生活を送るための権利。

　①**生存権**…健康で文化的な最低限度の生活を営む権利。

　②**教育を受ける権利**…義務教育は無償とされている。
　　　　　　　　　　　　　 └小学校・中学校の課程

　③**勤労の権利**…働いて賃金を得る権利。
　　　　　　　　　└賃金

　④**労働基本権（労働三権）**…団結権、団体交渉権、団体行動権。
　　　　　　　　　　　　　　　　　　　　　　　　　　ストライキなど！

> 🖋 **発展**
>
> 生活保護→自分の収入や財産では十分な生活ができない人に、生活費や住居費などを援助する制度。生存権を具体化したもの。

> 📖 **暗記**
>
> 団結権→労働組合をつくる権利。
> 団体交渉権→使用者と交渉する権利。
> 団体行動権→ストライキなどを行う権利。

5 人権を保障するための権利

❶ **参政権**…国民が政治に参加する権利。選挙権・被選挙権など。
　　　　　　　　　　　　　　　　└選挙に立候補する権利
❷ **請求権**…裁判を受ける権利、国家賠償請求権、刑事補償請求権。
　　　　　　　└法に基づいて公正に判断
❸ **請願権**…国や地方の機関に要望を伝える権利。
❹ **公共の福祉**…社会全体の利益。他人の人権を侵害してはならず、人権は社会

　　　　　　　　　での共同生活のために制約を受ける場合がある。
❺ **国民の義務**…普通教育を受けさせる義務、勤労の義務、納税の義務。
　　　　　　　　└教育を受ける権利を保障するための義務

公共の福祉による制限の例	
表現の自由	・他人の名誉を傷つける行為の禁止 ・選挙運動の制限
集会・結社の自由	・デモの規制
居住・移転の自由	・感染症による入院措置
職業選択の自由	・無資格者の営業禁止 ・企業の価格協定（カルテル）などの禁止
労働基本権	・公務員のストライキ禁止
財産権の保障	・不備な建築の禁止

6 新しい人権

❶ **新しい人権**…社会の変化にともない、近年主張されるようになった権利。
　　　　　└憲法に直接規定されていない
❷ **環境権**…住みやすい環境を求める権利。**環境基本法**が制定され、**環境アセス
　　　　　　メント（環境影響評価）**も義務づけられる。
　　　　　　└大規模な開発を行う前に環境への影響を調査

❸ **自己決定権**…自分の生き方を決定する権利。患者が治療について説明を受け
　　　　　└尊厳死や安楽死など　　　　　　　　　　　　└患者　　└治療
　　　　　　　　同意する**インフォームド・コンセント**も重要。

❹ **知る権利**…国や地方公共団体の情報を手に入れることができる権利。国や地
　　　　　　　方公共団体には**情報公開制度**が設けられている。

❺ **プライバシーの権利**…私生活に関する情報を公開されない権利。**個人情報保
　　護制度**が設けられている。

個人情報を厳重に管理するための制度

7 国際的な人権保障

❶ **世界人権宣言（1948年）**…すべての人に人権があることを明記した画期的
　　└各国の人権保障の基準
　　な宣言。法的拘束力なし。

❷ **国際人権規約（1966年）**…世界人権宣言を具体化。条約を結んだすべての
　　国に法的拘束力をもたせ、その実現を義務づけている。

❸ **子ども（児童）の権利条約（1989年）**…すべての子どもが人間らしく生
　　きるため、生きる権利や育つ権利、守られる権利などを保障。

> 📖 **参考**
>
> 条約→国と国との文書での約束。締約国には、その内容を実行する義務がある。

確 認 問 題

日付	／	／	／
○△×			

1 次の問いに答えなさい。

(1) 次の文中の ☐ にあてはまる語句を書きなさい。ただし、☐ には同じ語句が入る。[2022　島根県]

> 平等権について、日本国憲法第14条では「すべて国民は、法の下に平等であつて、人種、信条、性別、社会的身分又は門地により、政治的、経済的又は社会的関係において、☐ されない」と明記されている。また近年、誰もが人格と個性を尊重し合い、共生する社会を目指した、障害者 ☐ 解消法なども施行された。

(2) 職場での募集や採用、定年などに関する男女差別をなくすために、1985年に日本で制定された法律を、次の**ア〜エ**から選び、記号で答えなさい。　[2021　宮城県]

　ア　労働組合法　　　　　**イ**　男女共同参画社会基本法
　ウ　育児・介護休業法　　**エ**　男女雇用機会均等法

(3) 言語、性別、年齢、障がいの有無にかかわらず、あらかじめ利用しやすい施設や製品などをデザインすること、またはそのようなデザインを何というか。　[2022　鹿児島県]

2 次の問いに答えなさい。

(1) 私たちが個人として尊重され、国家から不当に強制や命令をされない権利が自由権である。日本国憲法が定める自由権にあてはまるものを、次の**ア〜エ**から選び、記号で答えなさい。　[2022　香川県]

　ア　国や地方公共団体が保有している情報の公開を求める権利
　イ　労働者が団結して行動できるように、労働組合を結成する権利
　ウ　自分の権利や利益を守るために、裁判所に公正に判断してもらう権利
　エ　宗教を信仰するかどうかや、どの宗教を信仰するかを自分で決める権利

(2) 自由権のうち、身体の自由の内容として適切なものを、次の**ア〜エ**から選び、記号で答えなさい。
　　　　　　　　　　　　　　　　　　　　　　　　　　　　　　　　　　　　　[2022　鹿児島県]

　ア　財産権が不当に侵されることはない。　　**イ**　裁判を受ける権利を奪われることはない。
　ウ　通信の秘密を不当に侵されることはない。　**エ**　自己に不利益な供述を強要されることはない。

(3) 右の資料に示された、社会権の一つである権利の名を、漢字で書きなさい。　[2022　岐阜県]

日本国憲法第25条の条文の一部

> すべて国民は、健康で文化的な最低限度の生活を営む権利を有する。

(4) 次の文中の ☐ にあてはまる語句を書きなさい。
　　　　　　　　　　　　　　　　　　　　[2020　愛媛県]

> 日本国憲法は、労働者に対して、労働組合をつくることができる団結権と、労働条件について使用者と ☐ することができる団体 ☐ 権、ストライキなどを行うことができる団体行動権を保障しており、これらの権利は、合わせて労働三権と呼ばれる。

3 次の問いに答えなさい。

(1) 右の表は、公共の福祉によって人権等が制限さ
れた事例をまとめたものの一部である。表中の
X、Yにあてはまる語句を、次の**ア～エ**から選び、
それぞれ記号で答えなさい。　　[2022　山梨県]

事例	制限された人権等
公務員のストライキの禁止	労働基本権
他者の名誉を傷つける行為の禁止	X
不備な建築の禁止	Y

ア 財産権　　**イ** 参政権　　**ウ** 身体の自由　　**エ** 表現の自由

(2) 社会の変化にともない、憲法に直接規定されていない「新しい人権」が主張されるようになった。「新しい人
権」として適切なものを、次の**ア～エ**から選び、記号で答えなさい。　　[2022　富山県]

ア 学問を研究したり、発表したりする権利

イ 権利が侵害されたときに裁判を受ける権利

ウ 労働者が労働条件の改善について交渉する権利

エ 国や地方公共団体に情報公開を求める権利

(3) 次の文は、プライバシーの権利に関わる、ある裁判の内容について述べたものである。文中の下線で示され
た権利について述べたものとして適切なものを、あとの**ア～エ**から選び、記号で答えなさい。[2022　和歌山県]

> ある作家が月刊誌に小説を発表した後に、登場人物のモデルとなった人物から、記述内容がプライバシー
> の権利を侵害しているとして、裁判を起こされた。この裁判では、モデルとなった人物がもつプライバシー
> の権利と、作家がもつ<u>自分の作品を発表する権利</u>のどちらの権利が優先されるかが争点となった。

ア この権利は、憲法に定められている幸福追求権を根拠としている。

イ この権利は、自由権の1つである精神の自由(精神活動の自由)に分類される権利である。

ウ この権利を初めて規定した憲法は、ワイマール憲法である。

エ この権利に基づいて情報公開の制度が整えられた。

(4) 医療のあり方の変化を背景に、医療現場でインフォームド・コンセントが求められるようになった。イン
フォームド・コンセントについて説明したものとして適切なものを、次の**ア～エ**から選び、記号で答えなさ
い。　　[2022　宮城県]

ア 医師が、医療に関する十分な専門的知識を身につけたうえで、患者の治療にあたること。

イ 医師が、治療の内容について記録を残し、患者からの要望があれば情報を開示すること。

ウ 患者の個人情報を、患者の許可なく他者に知られないよう、医師が厳重に管理すること。

エ 治療方法などを患者が最終決定できるよう、医師が十分に説明して患者の同意を得ること。

(5) 次の文は、日本国憲法第27条の条文の一部である。□□にあてはまる語句を漢字2字で書きなさい。
　　[2022　福島県]

　　第27条　①すべて国民は、□□の権利を有し、義務を負う。

(6) 人権の国際的な広がりについて述べた次の文中の**A**、**B**の{ }の中から適当なものを、それぞれ選び、記
号で答えなさい。　　[2022　愛媛県]

> 1948年に、**A**{ **ア** 世界人権宣言　　**イ** 国際連合憲章 }が採択され、人権保障の国際的な基準が
> 示された。その後、1966年には、**B**{ **ウ** 権利章典　　**エ** 国際人権規約 }が採択され、この条約を
> 結んだ国に人権の保障が義務づけられた。

23 公民 民主政治

1 政治と民主主義

❶ **政治**…人々の間に起こる対立を、共通の課題として考えて調整し、社会を成り立たせていくこと。

> 🔎 発展
> 政治→一般には、国や地方公共団体の運営のことをいう。

❷ **民主主義（民主政治）**…国民の意思に基づいて行われる政治をみんなで話し
　└ 一人一人が政治に参加することが求められる
　合い、決定するという考え方。①**直接民主制**…国民や住民が直接話し合って決める方法。②**間接民主制（議会制民主主義）**…選挙で選ばれた代表者が議会で話し合って決める方法。世界の多くの国で採用。

2 政党の役割

💡 絶対おさえる！　与党と野党

☑ 選挙や議会では、政治について同じ考えを持つ人がつくる政党が重要な役割を果たす。
☑ 内閣を組織し政権を担当する政党を与党、それ以外の政党を野党という。

❶ **政党**…政治によって実現しようとする内容（政策）について、同じ考えを持つ人たちがつくる団体のこと。選挙や議会で重要な役割を果たす。

❷ **政党政治**…政党を中心に運営される政治。国により**二大政党制**
　や**多党制**などがみられる。①与党…内閣を組織し政権を担当する
　└ 3つ以上の主要な政党あり　　　　　 2つの政党が議席のほとんどをしめる ┘
　政党。②野党…与党以外の政党。

❸ **連立政権（連立内閣）**…複数の政党によって組織される内閣。1つの政党で議席が過半数に達しないときに誕生。

❹ **日本の政党政治**…1955年から長い間、**自由民主党（自民党）**が単独で政権を担当。1990年代以降は連立政権がつくられる。

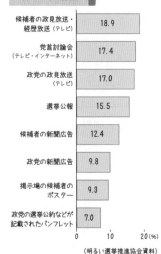

衆議院の政党別議席数

無所属 11
国民民主党・無所属クラブ 10
日本維新の会・無所属の会 11
欠員 1
日本共産党 12
立憲民主党・無所属 113
465議席
自由民主党・無所属の会 278
公明党 29

野党 / 与党

(2021年3月現在) （衆議院HP）

3 世論とマスメディア

❶ **世論**…社会のさまざまな問題に関して、多くの国民に共有されている意見。世論を知るために行われる調査を世論調査という。

❷ **公約**…選挙のとき、政治家が有権者に行う約束のこと。政権をとったときの政策や実施方法を明記したものを政権公約（マニフェスト）と呼ぶ。

❸ **マスメディア**…新聞、テレビ、ラジオなど。世論と政治を結ぶ役割を果たし、世論に大きな影響をあたえる。

4 政治参加

❶ **利益団体（圧力団体）**…自分たちの利益や目的を実現させるために、議員などに意見を述べる団体。日本経済団体連合会など。

❷ **情報公開制度**…国や地方公共団体の仕事の仕方を調べたり、監視したりするための手段。

選挙のときに役立った情報

情報	%
候補者の政見放送・経歴放送（テレビ）	18.9
党首討論会（テレビ・インターネット）	17.4
政党の政見放送（テレビ）	17.0
選挙公報	15.5
候補者の新聞広告	12.4
政党の新聞広告	9.8
掲示場の候補者のポスター	9.3
政党の選挙公約などが記載されたパンフレット	7.0

0　　　10　　　20(%)
（明るい選挙推進協会資料）

合格への
ヒント
● 多くの民主主義国は、間接民主制を採用している。
● ドント式による議席配分の計算方法を理解しておこう。

5 選挙のしくみ

💡 絶対おさえる！ 選挙制度

- ☑ 衆議院議員総選挙では、**小選挙区比例代表並立制**が採られている。
- ☑ 選挙の主な課題の1つに、**一票の格差**がある。

❶ **選挙の方法**…日本では**公職選挙法**で定められている。

❷ **選挙の基本原則**

①**普通選挙**…一定の年齢に達したすべての国民が選挙権を持つ。
└日本では満18歳以上

②**平等選挙**…1人が一票を投票。

③**直接選挙**…候補者に直接投票する。

④**秘密選挙**…誰に投票したか他人に知られないようにする。
└無記名で投票する

❸ **日本の選挙制度**

①**小選挙区制**…1つの選挙区から1人の代表者を選出。

→いずれかの政党が単独で議会の過半数の議席を獲得しやすいため、政権が安定しやすい。

→死票（落選者に投票された票）が多い。

②**大選挙区制**…1つの選挙区から2人以上の代表者を得票の多い順に選出。

③**比例代表制**…得票数に応じて各政党の議席数を決定。

→得票の少ない政党も議席が得やすい。死票が少なく、国民の意思が選挙に反映されやすい。

→小さい政党が多くなり、政権が不安定になるおそれがある。

＊**ドント式**…比例代表の議席の配分方法。各政党の得票数を1、2、3…という整数で割っていき、その値が大きい順に各党に議席を分配する。

❹ **衆議院議員と参議院議員の選挙**

①**衆議院**…小選挙区比例代表並立制。小選挙区制と、全国を11ブロックに分けて行う比例代表制を組み合わせたもの。

②**参議院**…1つまたは2つの都道府県単位の選挙区制と、全国を1つの単位とする比例代表制。
└1区に1〜6人の代表を選ぶ

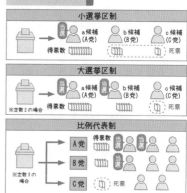

主な選挙制度

小選挙区制

得票数　　　　　　　　　死票

大選挙区制
※定数2の場合
得票数　　　　　　　　　死票

比例代表制
※定数3の場合
A党
B党
C党　　死票

ドント式による比例代表制の議席配分
（定数3の場合）

政党名	A党	B党	C党
得票数	500	200	100
÷1	①500	③200	100
÷2	②250	100	50

6 選挙の課題

❶ **投票率の低下**…投票に行かず棄権する人の増加による。特に若い世代の投票率が低い⇒一部の人たちによって政治の重要なことが決められることになる。幅広い世代の意見が反映されない。

❷ **一票の格差**…選挙区ごとの有権者数のちがいにより、一票の価値に差があること。最高裁判所は、一票の格差を日本国憲法に反すると判決を下す場合があり、是正が求められている。 「違憲状態」との判決も！
└「法の下の平等」などに反する

🖊 発展
期日前投票制度→有権者が投票しやすいように、投票日前に投票できる制度。

📖 参考
合区→一票の格差の解消のため、2015年の公職選挙法改正により、導入された。鳥取県と島根県、徳島県と高知県を、それぞれ一つの選挙区とし、定数が削減された。

Chapter 23 民主政治

確認問題

解答解説 別冊 P.022

日付	／	／	／
○△×			

1 次の問いに答えなさい。

(1) 次の文は、間接民主制について述べたものである。文中の ☐ に共通してあてはまる語句を漢字3字で書きなさい。　　　　　　　　　　　　　　　　　　　　　　　[2021　千葉県]

> 間接民主制とは、☐ を選挙で選出し、その ☐ で構成される議会での話し合いを通じて物事が決定されるしくみである。日本国憲法の前文においても、「そもそも国政は、国民の厳粛な信託によるものであって、その権威は国民に由来し、その権力は国民の ☐ がこれを行使し、その福利は国民がこれを享受する。」と定められている。

(2) 間接民主制における考え方としてあてはまらないものを、次の**ア～エ**から選び、記号で答えなさい。　　　　　　　　　　　　　　　　　　　　　　　　　　　　　　　　[2021　栃木県]

　　ア 法の下の平等　　　**イ** 多数決の原則　　　**ウ** 少数意見の尊重　　　**エ** 人の支配

(3) 次の文中の ☐ にあてはまる語句を書きなさい。　　　　　　　　　　　[2021　栃木県]

> 国民のまとまった意見や考え方を ☐ と呼び、その形成にはテレビや新聞などのマスメディアの影響が大きいといわれている。

(4) 政党のうち、政権を担当せず、政権を監視したり、自分たちの政策が実現するように次の選挙で多数の議席を獲得するため、国会で活動を続けたりする政党を何というか。　　　[2022　徳島県]

2 次の問いに答えなさい。

(1) 日本の選挙の原則のうち、財産や性別などに関係なく、満18歳以上のすべての国民に選挙権を保障する原則を、次の**ア～エ**から選び、記号で答えなさい。　　　　　　　　　　　[2022　山口県]

　　ア 直接選挙　　　**イ** 平等選挙　　　**ウ** 秘密選挙　　　**エ** 普通選挙

(2) 衆議院議員総選挙について述べた次の文中の**X**の{ }の中から適当なものを選び、その記号を答えなさい。また、**Y**にあてはまる語句を書きなさい。　　　　　　　　　　　　[2022　愛媛県]

> 現在の衆議院議員総選挙は、一つの選挙区から**X**{ **ア** 1人　　**イ** 2～5人 }の議員が選出される小選挙区制と、得票数に応じて議席が政党に配分される ☐**Y**☐ 制とを組み合わせた、小選挙区 ☐**Y**☐ 並立制で行われている。

(3) わが国において、選挙の方法や選挙権年齢などの選挙制度は、☐ によって定められている。☐ にあてはまる法律の名称を書きなさい。　　　　　　　　　　　　　　　　　　　[2021　愛媛県]

(4)　右の説明文は、日本の選挙制度の1つである小選挙区制の特徴について述べたものである。説明文中の下線で示された語句を、簡単に説明しなさい。
[2022　和歌山県]

> 小選挙区制は比例代表制に比べて、選挙区ごとに1名しか当選しないため死票が多くなる。その反面、いずれかの政党が単独で議会の過半数を獲得(かくとく)しやすく、政権が安定するといわれている。

3 次の問いに答えなさい。

(1)　次の文中のX、Yにあてはまる語句を、あとのア〜オからそれぞれ選び、記号で答えなさい。
[2021　山梨県]

> 現在、選挙権年齢は満18歳以上である。また、被選挙権の資格年齢は、衆議院議員では満 X 以上であり、都道府県知事では満 Y 以上である。

ア　20歳　　イ　25歳　　ウ　30歳　　エ　35歳　　オ　45歳

(2)　衆議院議員総選挙の比例代表制では、得票数に応じてドント式で各政党に議席が配分される。比例代表制の選挙が行われ、定数が6人の選挙区で、結果が右の表のようになった場合、a〜dのそれぞれの政党に配分される議席数を書きなさい。
[2022　新潟県]

政党名	得票数(万票)
a	78
b	72
c	30
d	18

4 日本の選挙についてまとめた右のメモを見て、次の問いに答えなさい。
[2021　石川県]

(1)　資料1は、下線部aについて説明した文である。X にあてはまる語句を、資料1をもとに書きなさい。

(2)　下線部bについて、選挙の主な課題となる「一票の格差(かく)」とは、どのようなことか、日本国憲法が保障する基本的人権の内容にふれて、簡単に書きなさい。

(3)　次の文は、下線部cが行う資料2のような取り組みによって、政治にどのような変化が起きると期待できるかをまとめたものである。X、Yにあてはまる適切な内容を、資料2と資料3を関連づけて書きなさい。

> ●選挙の原則
> ・直接選挙、a(X)選挙などの原則にもとづいて実施されている。
> ●選挙の主な課題
> ・b一票の格差⇒(略)
> ●選挙に関する事務を担当する機関
> ・国には中央選挙管理会、地方にはc選挙管理委員会がおかれている。

資料1

> この投票は、だれをえらんだかをいう義務もなく、ある人をえらんだ理由を問われても答える必要はありません。

（「あたらしい憲法のはなし」より作成）

> 資料2の取り組みは、選挙管理委員会が、 X ことを目標として行っているものであり、目標が達成されれば、議会制民主主義のしくみを通じて、 Y ことが期待できる。

資料2　選挙管理委員会の取り組みの例

> ・高等学校や大学で模擬(もぎ)選挙を行う。
> ・期日前投票所を高等学校や大学に設置する。
> ・SNSで選挙の情報を発信する。

（資料2は全国の選挙管理委員会のホームページ、資料3は総務省のホームページ）

資料3　2017年の衆議院議員総選挙における年代別投票率

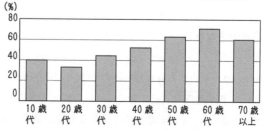

Chapter 24 （公民） 国会と内閣

1 国会の地位としくみ

❶ **国会**…主権を持つ国民が直接選んだ**国会議員**による機関。
　　　└不逮捕特権や免責特権を持つ
　①**国権の最高機関**…国の政治で重要な地位にある。
　②**唯一の立法機関**…国会のみ法律をつくることができる。

❷ **二院制（両院制）**…衆議院と参議院の2つの議院で構成。
　両議院の意見が一致すると国会の議決になる。

衆議院と参議院の比較（2023年7月現在）		
	衆議院	参議院
議員定数	465人	248人
任期	4年（解散あり）	6年（3年ごとに半数を改選）
選挙権	18歳以上	18歳以上
被選挙権	25歳以上	30歳以上
選挙区	小選挙区　289人 比例代表　176人	選挙区　148人 比例代表　100人

2 国会の運営

💡 絶対おさえる！ 国会の種類と衆議院の優越

☑ 国会には、**常会（通常国会）**や**臨時会（臨時国会）**、**特別会（特別国会）**がある。
☑ 衆議院は参議院よりも任期が短く解散があるため、**衆議院の優越**が認められている。

❶ **国会の種類**
　①**常会（通常国会）**…毎年1回、1月中に召集される。
　②**臨時会（臨時国会）**…内閣が必要と認めたときなどに召集。
　③**特別会（特別国会）**…衆議院解散後、総選挙の日から30日以内に召
　　集。新たに内閣総理大臣が指名される。
　④**参議院の緊急集会**…衆議院の解散中の緊急時に召集。

❷ **国会での審議**
　①**委員会**…分野別に数十人の国会議員で組織。
　　　└本会議に先立ち審議
　②**本会議**…議員全員からなり出席議員の過半数の賛成で可決。

❸ **衆議院の優越**…衆議院の議決が参議院の議決よりも優先されること。衆議院
　　　　　　　　　が参議院よりも任期が短く解散があるため。

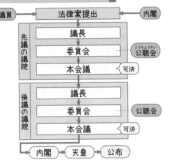

法律ができるまで

3 国会の仕事

❶ **法律の制定（立法）**…参議院が、衆議院と異なる議決をしたときや、参議院
　　　└国会が定める決まり
　が60日以内に議決しないとき、衆議院で出席議員の3分の2以上の多数で再
　び可決されたときは法律になる。

❷ **予算の審議・議決**…先に衆議院が審議。参議院が衆議院と異なった議決をし、
　両院協議会でも意見が一致しなかったときは衆議院の議決が優先。

❸ **内閣総理大臣の指名**…参議院が衆議院と異なった議決をし、両院協議会でも
　意見が一致しなかったときは衆議院が指名した人が内閣総理大臣となる。

❹ **その他の主な仕事**
　①内閣が外国と結ぶ**条約の承認**。②ふさわしくない行いをした裁判官を辞めさ
　せるかどうか判断する**弾劾裁判所**の設置。③国の政治について調査する（**国政
　　　　　　　　　　└両議院の7人ずつの国会議員で組織
　調査権**）。**証人喚問**や政府に対して記録の提出を求めることができる。④衆議
　　　└証人を呼んで質問
　院・参議院それぞれの総議員の3分の2以上の賛成による**憲法改正の発議**。

> 🔖 発展
> 両院協議会→衆議院と参議院の議決が異なったときに開かれる協議会。予算、条約、内閣総理大臣の指名については必ず開かれる。

> 🔖 発展
> 公聴会→衆議院・参議院に設けられている委員会が必要と認めたとき、専門家や利害関係者を招いて意見を聞く会。

月　　　日

合格への
ヒント

● 国会の仕事を覚えておこう！「弾劾裁判所」「憲法改正の発議」は頻出！
●「衆議院の優越」が認められる理由を確認しよう！

4 行政のしくみと内閣

💡 絶対おさえる！　内閣

☑ 内閣は、国会で指名される内閣総理大臣（首相）とその他の国務大臣で構成される。
☑ 内閣不信任の決議の可決➡内閣は10日以内に衆議院の解散を行うか、総辞職しなければならない。

❶ 行政…国会が定めた法律や予算に基づき国の政治を行うこと。
　└ 国の行政と地方行政
❷ 内閣…行政機関の仕事を指揮監督する機関。
　①内閣総理大臣（首相）…国会議員のなかから、国会の議決によって
　└ 与党の党首がなるのが一般的
　　指名され、天皇が任命する。
　②国務大臣…内閣総理大臣によって任命され、過半数は国会議員から
　　選出しなければならない。
❸ 閣議…内閣の方針や意思を決定する会議。

　　全会一致によって決定！
❹ 内閣の主な仕事
　①法律案や予算案を作成し、国会に提出する。
　②法律を実施するための政令を定める。
　③外国と交渉（外交）し、条約を締結する。
　④天皇の国事行為に対し、助言と承認をあたえる。
　⑤最高裁判所長官を指名し、その他の裁判官を任命する。

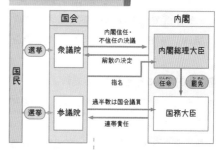

国の主な行政機関

内閣

内閣府
　復興庁
　内閣官房
　デジタル庁

国家公安委員会 ── 警察庁
宮内庁
個人情報保護委員会
公正取引委員会
金融庁
こども家庭庁
消費者庁
総務省 ── 消防庁
　　　　　 公害等調整委員会
法務省 ── 検察庁
　　　　　 公安調査庁
外務省 ── 公安審査委員会
財務省 ── 国税庁
文部科学省 ── 文化庁
　　　　　　　 スポーツ庁
厚生労働省 ── 中央労働委員会
農林水産省 ── 林野庁
　　　　　　　 水産庁
経済産業省 ── 資源エネルギー庁
　　　　　　　 中小企業庁
　　　　　　　 特許庁
国土交通省 ── 気象庁
　　　　　　　 海上保安庁
　　　　　　　 観光庁
　　　　　　　 運輸安全委員会
環境省 ── 原子力規制委員会
防衛省 ── 防衛装備庁

内閣法制局
国家安全保障会議
人事院

会計検査院

□ は国務大臣を長とする。復興庁設置期間は特例として、国務大臣が1名増員されている。
（2023年度）

5 議院内閣制

❶ 議院内閣制…内閣が国会の信任に基づいて成立し、国会に対して連帯して責任を負うしくみ。
❷ 内閣不信任の決議…内閣の仕事を信頼できない場合、衆議院が決議。可決されると、内閣は10日以内に総辞職するか、衆
　　内閣総理大臣と国務大臣全員が辞職すること。
　議院を解散しなければならない。

国会と内閣の関係

国民 ── 選挙 ── 国会（衆議院・参議院）
内閣信任・不信任の決議
解散の決定
指名
過半数は国会議員
連帯責任

内閣（内閣総理大臣・国務大臣）
任命
罷免

6 行政の役割と課題

❶ 公務員…「全体の奉仕者」として行政を担当する職員。
　└ 国家公務員と地方公務員
❷ 行政権の拡大…現代の国家において、行政の役割が大きくなっている状況。公
　務員の数や財政の規模が拡大した。
　└ 政府の経済活動
❸「小さな政府」と「大きな政府」…かつては政府の役割を最小限にとどめる
　「小さな政府」が一般的だったが、現代は行政がさまざまな役割を担う「大き
　な政府」であるべきと考えられている。
❹ 行政改革…組織や業務のむだを省いて効率的な行政を目指す改革。1980年代
　ごろから実施。その一環として、国の仕事の民営化や許認可をゆるめて民間の
　自由な経済活動をうながす規制緩和など。　国鉄（現JR）や郵政など

確認問題

解答解説 別冊 P.023

日付	／	／	／
○△×			

1 次の文章を読んで、あとの問いに答えなさい。

> 主権をもつ国民が直接選んだ議員によって組織される国会は、国権の最高機関として重要な地位にあり、唯一の □ X □ 機関である。衆議院は、参議院に比べ □ Y □ ために、優越が認められている。

(1) Xにあてはまる語句を書きなさい。　　　　　　　　　　[2022　岐阜県]

(2) Yにあてはまる内容を、右の資料を参考にして「国民の意見」という語句を用いて、簡単に書きなさい。　　　　　　[2022　岐阜県]

(3) 下線部について、次の**ア〜エ**のうち、衆議院の優越が認められているものはどれか。すべて選び、記号で答えなさい。　　　[2021　大阪府]

　ア　内閣総理大臣の指名　　**イ**　国政調査権の行使

　ウ　憲法改正の発議　　　　**エ**　法律案の議決

資料　衆議院と参議院の任期と解散の有無

	任期	解散
衆議院	4年	あり
参議院	6年	なし

(4) 国会の種類のうち、衆議院解散後の総選挙の日から30日以内に召集されるものを、次の**ア〜エ**から選び、記号で答えなさい。　　　　　　　　　　　　　　　　　　　　　　[2022　奈良県]

　ア　通常国会　　　**イ**　臨時国会　　　**ウ**　特別国会　　　**エ**　参議院の緊急集会

(5) 次の文は、法律案の議決について記されている日本国憲法の条文の一部である。文中の**A**、**B**の｛｝の中から適当なものを、それぞれ選び、記号で答えなさい。　　　　　[2022　大阪府]

> 衆議院で可決し、参議院でこれと異なった議決をした法律案は、衆議院で**A**｛　**ア**　総議員　　**イ**　出席議員　｝の**B**｛　**ウ**　過半数　　**エ**　3分の2以上の多数　｝で再び可決したときは、法律となる。

2 次の問いに答えなさい。

(1) 衆議院と参議院に共通することがらについて述べた文として適当なものを、次の**ア〜エ**から選び、記号で答えなさい。　　　　　　　　　　　　　　　　　　　　　　　　　　　　　[2022　愛媛県]

　ア　任期6年の議員によって組織される。　　**イ**　解散されることがある。

　ウ　内閣不信任を決議する権限を持つ。　　　**エ**　国政調査権を持つ。

(2) 右の資料は、ある法律案の採決の結果について示したものである。この法律案は、法律として成立したか、成立しなかったか。その理由を明らかにしながら、「出席議員」という語句を用いて、簡単に書きなさい。　　[2022　奈良県]

法律案提出 → 衆議院　賛成　334票／反対　137票 → 参議院　賛成　108票／反対　132票 → 衆議院　賛成　334票／反対　133票

(注)この時の議員定数は、衆議院480人、参議院242人

（衆議院Webサイトほか）

(3) 日本の国会では、衆議院で議席を多く獲得した政党が与党となる可能性が高い。その理由を、25字以内で答えなさい。ただし、「指名」という語句を用いること。　　　　　　　　　　　　　[2022　島根県]

3 次の問いに答えなさい。

(1) 内閣の仕事として正しいものを、次の**ア～エ**から2つ選び、記号で答えなさい。　　　　［2022　栃木県］

ア 条約の締結　　**イ** 法律の制定　　**ウ** 予算の審議　　**エ** 天皇の国事行為への助言と承認

(2) 太郎さんは、国会について右の資料を用いて、次のように説明した。**A**、**B**にあてはまる語句をそれぞれ書きなさい。　　　　［2020　群馬県］

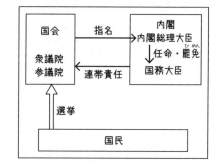

資料のように、　**A**　は内閣総理大臣を国会議員の中から指名する。また、　**B**　の過半数は国会議員でなければならないとされている。

(3) 次の文は、議院内閣制にかかわることがらについて述べたものである。これについて、各問いに答えなさい。　　　　［2021　大阪府］

今日のわが国が採用している議院内閣制とは、内閣は国会の信任にもとづいて成立し、行政権の行使について　**X**　というしくみである。議院内閣制は、わが国の他にイギリスなどが採用している。議院内閣制と異なる政治のしくみとして、アメリカ合衆国が採用している　**Y**　制などがある。

① 文中の**X**にあてはまる内容を、「連帯」という語句を用いて、簡単に書きなさい。

② 文中の**Y**にあてはまる語句を漢字3字で書きなさい。

(4) 右の資料は、政府の方針を決定する会議についてまとめたものの一部である。この会議を何というか、漢字で書きなさい。　　　　［2020　三重県］

・首相が主催
・国務大臣が全員出席
・全会一致を原則

4 次の問いに答えなさい。

(1) 法律や予算に基づいて国の仕事を行うのが内閣である。内閣が、日本国憲法及び法律の規定を実施するために制定する命令は何と呼ばれているか、書きなさい。　　　　［2022　大阪府］

(2) 内閣不信任決議案が可決された場合について、次の文中の**X**、**Y**にあてはまる語句の組合せとして正しいものを、あとの**ア～エ**から選び、記号で答えなさい。　　　　［2022　栃木県］

内閣は、10日以内に　**X**　を解散するか、総辞職しなければならない。　**X**　を解散した場合は、解散後の総選挙の日から30日以内に、　**Y**　が召集される。

ア **X**－衆議院　　**Y**－臨時会　　　　**イ** **X**－衆議院　　**Y**－特別会

ウ **X**－参議院　　**Y**－臨時会　　　　**エ** **X**－参議院　　**Y**－特別会

(3) 行政改革の1つとして、経済活動に対する規制緩和がある。経済活動に対する規制緩和の具体例にあてはまるものはどれか。次の**ア～エ**から選び、記号で答えなさい。　　　　［2021　三重県］

ア かぜ薬がコンビニエンスストアで販売されること。

イ タクシー運賃の変更が政府に認可されること。

ウ 産業が寡占や独占に近づき、独占価格が設定されること。

エ 同じ旅行先でも出発日によって異なる旅行代金が設定されること。

Chapter 25 （公民）

裁判所と三権分立

1 裁判所のしくみと働き

💡 **絶対おさえる！ 裁判所の種類としくみ**

☑ 裁判所は、司法権の最高機関である**最高裁判所**と**下級裁判所**に分けられる。
☑ **三審制**により、判決に不服な場合には**控訴**し、さらに**上告**することができる。

❶ **司法**…争いや事件を法に基づいて解決する働き。

❷ **裁判所**…最高裁判所と下級裁判所（高等裁判所、**地方裁判所**、家
　　　　└司法権の最高機関　　　　　└全国に8か所
　　　庭裁判所、簡易裁判所）に分けられる。

❸ **三審制**…1つの事件について3回まで裁判を求めることができる
　　しくみ。第一審の判決に不服な場合には上級の裁判所に控訴し、第
　　二審の判決にも不服がある場合には、さらに上級の裁判所に上告す
　　ることができる。→より慎重に審議して誤りをなくし、人権を守る
　　ため。

❹ **司法権の独立**…裁判官は国会や内閣などから干渉されず、これら
　　の機関から独立して、みずからの良心に従い、憲法と法律にのみ拘
　　束されるという原則。

❺ **再審**…判決が確定した後、新たな証拠によって判決に疑いが生じ
　　たとき、裁判のやり直しをするしくみ。被告人にとって有利な場合のみ
　　認められる。　〔えん罪（無実の罪）が認められ無罪となった例も！〕

三審制のしくみ

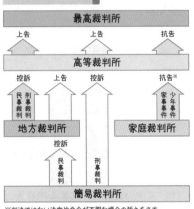

※判決ではない決定や命令が不服の場合の訴えをさす。

2 裁判の種類と人権

❶ **民事裁判**…貸したお金を返してもらえないなど、私人の間の争いに対
　　して行われる裁判。このうち、国や地方公共団体を相手にした裁判を**行**
　　　　　　　　　　　　　　　　　　└個人や企業など
　　政裁判という。訴えた側を原告、訴えられた側を被告という。

❷ **刑事裁判**…殺人や強盗、詐欺などの犯罪について、有罪か無罪かを決
　　める裁判。はじめに警察官と検察官が捜査して被疑者を捜し、証拠を集
　　める⇒検察官が被疑者を被告人として起訴することによって裁判が始
　　　　　　　　　　　　　　　　└裁判所にうったえること
　　まる⇒裁判官や裁判員は、被告人が有罪か無罪かを決め、有罪の場合に
　　は刑罰を言いわたす。

❸ **裁判での主な人権保障**　〔裁判官が発行！〕
　　①**令状主義**…原則として令状がなければ、捜索や逮捕はできない。
　　②**黙秘権**…取り調べでは、自分に不利なことは言わなくてよい。
　　③**拷問**は禁止、強制による自白は証拠にならない。
　　④**弁護人**（弁護士）をたのむ権利が保障されている。
　　⑤**推定無罪の原則**…有罪判決を受けるまでは、無罪として扱われること。

民事裁判の手続き

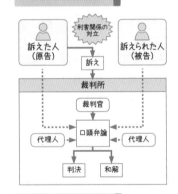

刑事裁判の手続き

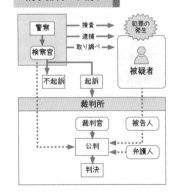

●「民事裁判」と「刑事裁判」の違いを確認しよう！
● 司法制度改革のなかでも、我々国民が直接関係する「裁判員制度」は頻出！

3 司法制度改革

❶ **法科大学院**…法曹（裁判官・検察官・弁護士）の数を増やすために、2004年に創設。

❷ **日本司法支援センター（法テラス）**…全国どこでも法律に関する情報を手に入れ、法律の相談や弁護士費用の立て替えなどを受けることができる。

❸ **裁判員制度**…殺人など重大な刑事事件の第一審に、満18歳以上の国民が裁判員として参加する制度。2009年に開始された。裁判員は、裁判官とともに被告人が有罪・無罪かどうか、有罪の場合、どのような刑にするかを決める。

❹ **被害者参加制度**…被害者や遺族の声を裁判に反映させるための制度。被害者やその代理人などが、法廷に出席し、被告人に直接質問したり、刑罰に関して意見を述べたりすることができる。

❺ **取り調べの可視化**…警察や検察において、取り調べのようすの一部を録画・録音→暴力などによる無理な取り調べが行われないようにするため。

❻ **司法取引**…捜査に協力した者などの罪を軽くするしくみ。

> 📖 参考
>
> 裁判員裁判→裁判員はくじと面接で選ばれる。通常、裁判官3人と裁判員6人で、審理を行う。

4 三権分立

💡 絶対おさえる！ 三権分立のしくみ

☑ 三権分立は、国の政治権力を立法権、行政権、司法権の3つに分け、均衡を保つしくみ。
☑ 最高裁判所は、違憲審査の最終決定権をもつことから、「憲法の番人」と呼ばれる。

❶ **三権分立**…国の権力を立法権、行政権、司法権の3つに分散・独立させるしくみ→3つの権力が互いに抑制し合い均衡を保つことにより、権力の集中を防ぎ、国民の基本的人権を守ることが目的。

❷ **国民審査**…国民が最高裁判所の裁判官が適任であるかどうかを審査すること。任命後最初の衆議院議員総選挙のとき（その後は10年経過後の総選挙ごと）に国民の投票で行い、投票者の過半数が罷免を可（やめさせたほうがよい）とする裁判官は罷免されることになっている。

❸ **違憲審査権**…裁判所がもつ、すべての法律、命令、規則などが憲法に適合するかしないかを決定する権限。下級裁判所でも判断できるが、最終の判断を下すのは最高裁判所であることから、最高裁判所は「憲法の番人」と呼ばれる。
　└違憲立法審査権、違憲法令審査権とも

三権分立のしくみ

立法権
国会

選挙

国民

世論

国民審査

行政権
内閣

弾劾裁判所の設置

内閣不信任の決議
内閣総理大臣の指名
衆議院の解散の決定
国会召集の決定
国会議員の選定

法律の違憲審査

司法権
裁判所

最高裁判所長官の指名
その他の裁判官の任命

命令、規則、処分の違憲・違法審査
行政裁判の実施

確 認 問 題

日付	/	/	/
○△×			

1 次の問いに答えなさい。

(1) 次は、司法権の独立に関する日本国憲法第76条の一部を示している。条文中の **X**、**Y** にあてはまる語句をそれぞれ書きなさい。[2020　広島県]

> すべて裁判官は、その　**X**　に従ひ独立してその職権を行ひ、この憲法及び　**Y**　にのみ拘束（こうそく）される。

(2) 右の図は、1つの事件について、3回まで裁判を受けることができるしくみを示している。各問いに答えなさい。　　　　　　　[2020　北海道]

① このしくみを何というか、漢字3字で書きなさい。

② 図中の **A**、**B** にあてはまる語句をそれぞれ書きなさい。

(3) 刑事裁判に関して、次の**ア～エ**のうち、日本国憲法に基づき保障されている被疑者（ひぎしゃ）・被告人（ひこくにん）の権利として適切なものをすべて選び、記号で答えなさい。
　　　　　　　　　　　　　　　　　　　　　　　　　　[2020　広島県]

ア どのような場合でも、裁判官の出す令状がなければ逮捕（たいほ）されない。

イ どのような場合でも、自己に不利益な供述を強要（きょうじつ）されない。

ウ どのような場合でも、拷問（ごうもん）による自白は証拠（しょうこ）とならない。

エ どのような場合でも、弁護人を依頼（いらい）することができる。

（最高裁判所
↑（ B ）
高等裁判所
↑（ A ）
地方裁判所）

(4) 最高裁判所が「憲法の番人」と呼ばれるのは、法律や政令などが [　　　　　　　　] を最終的に決定する権限を持つ機関だからである。[　　　　　　　] に適当な語句を書き入れて文を完成させなさい。ただし、「憲法」という語句を含めること。　　　　　[2022　愛媛県]

2 次の問いに答えなさい。
　　　　　　　　　　　　　　　　　　　　　　　　　　　　　[2022　奈良県]

(1) 右の資料は、刑事裁判の公判の様子を示したものである。この刑事裁判は、国民の中から選ばれた人たちが参加し、裁判官とともに、被告人が有罪か無罪か、有罪の場合はどのような刑罰（けいばつ）にするかを決める制度の対象となっている。このような制度を何といいますか。

(2) 次の [　　　] 内は、資料中の**ア～ウ**のいずれかの役割について説明したものである。どの役割について説明したものか。資料中の**ア～ウ**から選び、記号で答えなさい。

> 警察と協力して犯罪の捜査（そうさ）をし、犯罪の疑いのある者を刑事裁判にかける。また、裁判では様々な証拠を出して、被告人が犯罪を行ったことなどを証明しようとする。

3 次の問いに答えなさい。

(1) 次の文中の**X**、**Y**にあてはまる語句の組合せとして正しいものを、あとの**ア**～**エ**から選び、記号で答えなさい。なお、同じ記号には同じ語句があてはまる。　　　　　　　　[2021　栃木県]

> 警察が逮捕などをする場合、原則として裁判官が出す ☐**X**☐ がなければならない。また、被告人が経済的な理由で ☐**X**☐ を依頼できない場合は、国が費用を負担して ☐**Y**☐ を選ぶことになっている。

ア **X**－令状　　**Y**－検察官　　　**イ** **X**－令状　　**Y**－弁護人
ウ **X**－証拠　　**Y**－検察官　　　**エ** **X**－証拠　　**Y**－弁護人

(2) 右の資料は、ある地方裁判所の法廷のようすを模式的に示したものである。この法廷で行われる裁判について述べた文として最も適当なものを、次の**ア**～**エ**から選び、記号で答えなさい。

[2022　鹿児島県]

ア お金の貸し借りなどの個人と個人の間の争いを解決する。
イ 国民の中から選ばれた裁判員が参加する場合がある。
ウ 和解の成立によって裁判が途中で終わることがある。
エ 被害者が法廷に入り被告人に直接質問することはない。

(3) 衆議院議員総選挙が実施される際に、あわせて実施される国民審査では、右のような投票用紙を用いている。国民審査とはどのような制度か、簡単に書きなさい。　　　　[2022　山梨県]

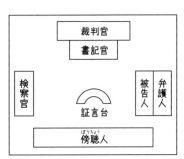

4 右の図は、国会、内閣、裁判所の関係を表したものである。これを見て、次の問いに答えなさい。

(1) 図のように、権力を立法権、行政権、司法権の3つに分け、それぞれを独立した機関が担当することで、権力のゆきすぎを抑制し合う考え方を何というか、書きなさい。

[2022　和歌山県]

(2) 図中の**X**、**Y**にあてはまる語句の組合せとして正しいものを、次の**ア**～**エ**から選び、記号で答えなさい。

[2022　和歌山県]

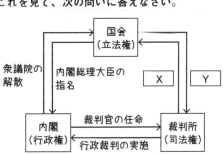

ア **X**－違憲審査の実施　　**Y**－最高裁判所長官の指名
イ **X**－国民審査の実施　　**Y**－最高裁判所長官の指名
ウ **X**－違憲審査の実施　　**Y**－弾劾裁判所の設置
エ **X**－国民審査の実施　　**Y**－弾劾裁判所の設置

(3) 次の文中の ☐☐☐☐☐☐ にあてはまる内容を、簡単に書きなさい。　　　　[2022　長崎県]

> 図のような関係を採用している理由は、三権がお互いを抑制し、均衡を保ち ☐☐☐☐☐☐ を防ぐことで国民の自由と権利を守っているからである。

Chapter 26 （公民）地方自治

1 地方自治と地方公共団体

❶ **地方自治**…住民がその意思と責任で地方の政治に取り組むしくみ。このことを通して住民は民主政治のあり方を学ぶことができることから、「民主主義の学校」と呼ばれる。

　①**住民自治**…地方の政治が、住民の意思と責任によって運営されるという原則。

　②**団体自治**…地方公共団体が独自に政策を決定し、実行することができるという原則。

❷ **地方公共団体（地方自治体）**…私たちの身の回りの諸問題について取り組む単位。都道府県や市町村、特別区など。

❸ **地方自治法**…地方自治の組織や運営について定めたきまり。

▶ **地方公共団体の主な仕事**

〔市町村〕
・小・中学校の設置　・消防や水防
・上下水道の整備　　・ごみの収集

〔都道府県〕
・比較的大きな河川や道路の整備
・高等学校の設置　　・警察

2 地方公共団体のしくみ

💡 **絶対おさえる！ 地方公共団体のしくみ**

☑ 条例は、その地方公共団体のみに適用されるきまりで、地方議会によって制定される。
☑ 住民は、一定の署名を集めることで、議会の解散などを求めることができる直接請求権をもつ。

❶ **首長**…地方公共団体の長。都道府県の長は知事、市区町村の長は市区町村長。**住民の直接選挙で選ばれる。**予算の作成と議会への提出、予算の実施、行政機関の指揮監督など。

❷ **地方議会**…地方公共団体の議会。地方公共団体独自のきまりである条例の制定・改廃、予算の議決などを行う。議員は**住民の直接選挙で選ばれる。**

❸ **首長と議会の関係**…首長は議決の拒否権や議会の解散権をもつ。議会は首長の不信任の決議を行うことができる。

❹ **直接請求権**…住民が地方公共団体の政治に関する要求を、一定数の署名に基づいて請求できる権利。

住民の選挙権、被選挙権

	選挙権	被選挙権
市（区）町村長	18歳以上	25歳以上
都道府県の知事	18歳以上	30歳以上
都道府県・市（区）町村議会の議員	18歳以上	25歳以上

地方自治のしくみ

〈地方議会〉　　　　　　　　　　〈首長〉

議会の解散
議決の拒否

都道府県議会　◀- - - -　都道府県知事

市(区)町村議会　- - - -▶　市(区)町村長

不信任決議
予算・条例
の議決

選挙 ↑　　　　　　　　　　　↑ 選挙

住　民

	必要な署名数	請求先
条例の制定・改廃の請求	有権者の50分の1以上	首長
監査請求		監査委員
議会の解散請求	有権者の3分の1以上*	選挙管理委員会
議員・首長の解職請求		
副知事などの解職請求		首長

＊有権者が40万人以内の場合

合格への
ヒント

● 直接請求権の「必要な署名数」「請求先」の組み合わせ問題は差がつきやすい！
● 地方交付税交付金と国庫支出金の違いを整理しておこう！

3 地方財政

💡 絶対おさえる！ 地方財政

☑ **地方交付税交付金**は、地方公共団体間の格差を調整するために国から配分され、使い道は自由。
☑ **国庫支出金**は、特定の事業を行うために国から支出され、使い道が指定される。

❶ **地方財政**…地方公共団体が税金などの収入を得て、さまざまな事業を行う経済活動。国と地方公共団体が１年間に使うお金である**歳出**のうち、地方公共団体がおよそ６割を占める。

❷ **自主財源**…地方公共団体が独自に集める財源。住民税や固定資産税など、住民などが地方公共団体に納める**地方税**がこれにあたる。**歳入**（地方公共団体が１年間に得るお金）の50％以下である。

❸ **依存財源**…自主財源でまかなえない分を補うための財源。
　①**地方交付税交付金**…各地方公共団体間の収入の格差を調整するために国から配分される資金。**使い道は自由**。
　②**国庫支出金**…国が地方公共団体に委任した特定の事業を行うために、国から支出される資金。義務教育や道路整備など、**使い道が指定**される。
　③**地方債**…地方公共団体が国や公的機関、民間から資金を借り入れるために発行する債券。地方公共団体の借金であり、毎年利子を支払い、満期がきたら借りた分の全額を返済しなければならない。

地方公共団体の収入の内訳

地方税 46.5%	地方交付税 20.0	国庫支出金 16.4	地方債 7.4	その他 9.7

（2023年度）

（「日本国勢図会」2023/24年版）

📌 発展

三位一体の改革…国庫支出金を削減し、地方に財源を移譲させる改革。2000年代に進められた。

4 地方自治の課題

❶ **地方分権**…地方公共団体が地域の実情に合った取り組みをより自主的に行えるようにすること。地方分権一括法（1999年成立）により、国から地方公共団体に多くの権限が移行。
　└地方の自主性、自律性を高める

❷ **市町村合併**…ある市町村が、その周辺の市町村といっしょになり、１つの市町村となること。業務の効率化、財政の安定化をはかるため1999年より推進された。

❸ **住民投票**…地域の重要な問題について、投票で住民が意見を表明。住民の意見を地方の政治に反映させる手段で、条例に基づいて行われる。
　└市町村合併や公共施設の建設など

❹ **オンブズマン**…第三者が公正な立場から、行政が適正に行われているかを監視したり、住民からの苦情を処理したりする制度。

❺ **住民参加**…住民が自発的に地域の活動に無償で参加するボランティア活動が広がり、公共の利益を目的とするNPO（非営利組織）も活動。

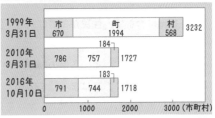

市町村数の推移

	市	町	村	計
1999年3月31日	670	1994	568	3232
2010年3月31日	786	757	184	1727
2016年10月10日	791	744	183	1718

0　　1000　　2000　　3000（市町村）

（総務省）

📌 発展

平成の大合併…1999年から2010年にかけて、国の後押しもあり、多くの市町村が合併。

確認問題

日付	／	／	／
○△×			

1 次の問いに答えなさい。

(1) 地方自治について述べた次の文中の ＿＿＿ にあてはまる語句を、漢字4字で書きなさい。 [2021 島根県]

> 地方自治は、住民が直接政治に参加できる機会が多いことから、「＿＿＿の学校」と呼ばれている。

(2) 地方公共団体が主に担っている仕事として適切なものを、次の**ア〜オ**からすべて選び、記号で答えなさい。 [2021 和歌山県]

ア 外国からの攻撃に対する防衛活動　　**イ** ゴミの収集　　**ウ** 上下水道の整備
エ 警察による地域の安全確保　　**オ** 年金の管理運営

(3) 地方公共団体が議会の議決によって法律の範囲内で独自に制定する法（きまり）で、その地方公共団体にだけ適用されるものを何といいますか。 [2022 長崎県]

(4) 次の資料は、地方公共団体の政治のしくみを模式的に示したものの一部である。資料中の**X**にあてはまるものとして、誤っているものを、あとの**ア〜エ**から選び、記号で答えなさい。 [2022 三重県]

ア 予算案を提出する。　　**イ** 議決の再検討を求める。
ウ 議会を解散する。　　**エ** 議会に対して連帯して責任を負う。

2 次の文を読んで、あとの問いに答えなさい。 [2021 宮城県]

> 地方自治には、政治に住民の意思を反映するためのしくみが組み込まれている。地方公共団体の首長は **X** で選ばれ、地方議会は首長に対して **Y** を行うことができる。

(1) 下線部について、住民が首長に対して直接請求権を行使できるものを、次の**ア〜エ**から選び、記号で答えなさい。
ア 刑事補償　　**イ** 条例の制定　　**ウ** 事務の監査　　**エ** 憲法の改正

(2) 文中の**X**、**Y**にあてはまる語句の組合せとして正しいものを、次の**ア〜エ**から選び、記号で答えなさい。
ア **X**－地方議会による指名　　**Y**－不信任決議
イ **X**－地方議会による指名　　**Y**－議決の拒否
ウ **X**－住民による直接選挙　　**Y**－不信任決議
エ **X**－住民による直接選挙　　**Y**－議決の拒否

3 次の問いに答えなさい。

(1) 右の表は、住民の直接請求権についてまとめたもので
ある。**X**～**Z**にあてはまる語句を、次の**ア**～**ウ**からそれ
ぞれ選び、記号で答えなさい。　　　　　[2021　富山県]

　ア　監査請求
　イ　条例の制定・改廃の請求
　ウ　議会の解散請求

請求の種類	必要署名数	請求先
X	有権者の3分の1以上 ※有権者数40万人以下の地方公共団体の場合	選挙管理委員会
議員・首長の解職請求		
Y	有権者の50分の1以上	監査委員
Z		首長

(2) 次の文は、直接請求権について述べたものである。文中の**X**にあてはまる数を整数で書きなさい。また、文中の**Y**にあてはまる語句を漢字で書きなさい。　　　　　[2021　千葉県]

　　直接請求権を行使するには、一定の署名を集めて請求する必要がある。例えば、有権者数が151,820人のＷ市において、条例の制定を求める直接請求を行う場合、有権者　**X**　人以上の署名を集めて、　**Y**　に請求することになる。

(3) 次の文中の ▢ に共通してあてはまる語句を、漢字4字で書きなさい。　　　　　[2020　兵庫県]

　　1999年に成立し、翌年に施行された ▢ 一括法により、仕事や財源を国から地方公共団体に移す ▢ が進められている。

4 次の問いに答えなさい。

(1) 右の図は、平成30年度の和歌山県と東京都に
おける歳入の内訳を示したものです。図中の**X**
～**Z**にあてはまる語句を、次の**ア**～**ウ**からそれ
ぞれ選び、記号で答えなさい。[2021　和歌山県]

　ア　地方交付税(地方交付税交付金)
　イ　地方税
　ウ　国庫支出金

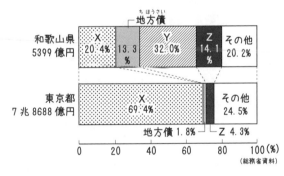

(2) 地方交付税交付金について述べた次の文中の
▢ にあてはまる内容を、簡単に書きなさい。
　　　　　[2022　青森県]

　　自主財源だけでまかなえない分を補う依存財源のうち、 ▢ ために国から配分されるのが地方交付税交付金である。

(3) 地方公共団体の首長について述べた文として適切でないものを、次の**ア**～**エ**から選び、記号で答えなさい。
　　　　　[2022　青森県]

　ア　首長は、議会が議決した条例や予算を拒否して審議のやり直しを求めることができる。
　イ　議会は、首長の不信任の議決をすることができる。
　ウ　住民がリコールを求めて集めた署名に基づく住民投票で過半数の賛成があれば、首長は解職される。
　エ　議会は、住民が直接選挙で選んだ議員の中から首長を指名することができる。

1 消費生活

❶ **商品**…形のある財と、形のないサービスとに分かれる。
　　　　　└食品や衣類など　　　　└映画や旅行など

❷ **経済**…商品を生産し消費するなかで、暮らしを豊かにするしくみ。

❸ **家計**…消費生活の単位。収入と支出によって成り立つ。

　①収入…給与収入、事業収入、財産収入など。
　　　　 └会社員など　　 └個人商店など
　②支出…生活に必要な財・サービスに使う消費支出と、非消費支出に分けられ、
　　　　　　　　　　　　　　　　　　　　　　　　　　└税金や社会保険料など
　　　　収入からこれらを引いた残りが貯蓄。

❹ **消費者主権**…消費者がみずからの意思と判断で商品を購入。

❺ **契約**…売買が成立すること。契約自由の原則がある。

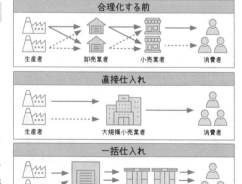 *(暗記)* 希少性→求める量に対して、財・サービスが不足した状態のこと。求める量と実際の量との関係で決まる。

2 消費者の権利の保護

> 誰とどのような内容の契約を結ぶかは自由！

💡 絶対おさえる！ 消費者保護・支援

☑ **クーリング・オフ制度**は、一定の条件や期間内であれば無条件で契約を解除できる制度。
☑ 消費者支援の法律には、**製造物責任法（PL法）、消費者契約法**などがある。

❶ **消費者問題**…商品の購入などをめぐって起こるトラブル。

❷ **消費者の4つの権利**…アメリカのケネディ大統領が宣言。

❸ **日本の消費者問題への対応**

　①**クーリング・オフ制度**…訪問販売などで商品を購入した場合、一定期間内で
　　　　　　　　　　　　　　　　　　　　　　　　└訪問販売では
　　　　　　　　　　　　　　　　　　　　　　　　契約後8日以内
　　あれば無条件で契約を解除できる制度。

　②**消費者基本法**…2004年に消費者の自立支援を基本理念として**消費者保護基
　　本法**から改正された。

　③**製造物責任法（PL法）**…欠陥商品で消費者が被害を受けたときの企業の責
　　任について定める。

　④**消費者契約法**…契約上のトラブルから消費者を保護する。

　⑤**消費者庁**…各省庁が行っていた消費者政策をまとめて行う。
　　└2009年にできる

⚠ *注意* 製造物責任法（PL法）→製品の欠陥によって損害を受けたことを証明すれば、損害賠償を求めることができる。

3 流通のしくみ

❶ **流通**…生産された商品が消費者に届くまでの流れ。

❷ **商業**…商品の流通を専門的に行う業種。
　①**卸売業者**…商品を大量に仕入れて小売業者に売る。
　　└卸売市場、商社、輸入代理店など
　②**小売業者**…消費者に直接製品を売る。
　　└商店、スーパーマーケット、コンビニエンスストア、百貨店など

❸ **流通の合理化**…流通にかかる労力や費用の削減。

　①**大規模小売業者**…商品を生産者から直接仕入れる。②**フラ
　　└百貨店やスーパーマーケット、家電量販店など
　ンチャイズ店やチェーン店**…大量の商品をまとめて仕入れ
　る。③**インターネット・ショッピング**➡流通経路の短縮、商
　品を保管する費用の大幅な削減。

流通の合理化

合理化する前

生産者　卸売業者　小売業者　消費者

直接仕入れ

生産者　大規模小売業者　消費者

一括仕入れ

生産者　物流センター　フランチャイズ店・チェーン店　消費者

**合格への
ヒント**
● 消費者保護のための法律を覚えておこう！
●「CSR」「ワーク・ライフ・バランス」「非正規労働者」は時事問題で問われる可能性あり！

4 企業の種類と株式会社のしくみ

💡 絶対おさえる！ 企業

☑ 企業は利潤を追求する私企業と、国や地方公共団体が運営する公企業に分けられる。

☑ 株式会社の株主は、株主総会に出席し配当を受け取る権利が保障されている。

❶ 私企業と公企業

①私企業…民間が経営する利潤（利益）を目的とする企業。

②公企業…国や地方公共団体の資金で運営される企業。利潤の追求を目
└公共の目的のために活動
　　　　的としない。

❷ 大企業と中小企業…資本金や従業員数による分類。中小企業の数は日

本の全企業の約99％、全売上高の約48％をしめる。大企業の下請けと
して、経済の基礎を支える中小企業も多い。

❸ ベンチャー企業…起業してからの年数が短く、独自の先進技術を活

用して急成長する企業。　会社をおこすこと！

❹ 企業の社会的責任（CSR）…利潤の追求だけでなく、消費者の安

全や従業員の生活の安定など、企業が果たすべき責任。

❺ 株式会社…株式の発行で得た資金をもとに設立された企業。資本金

└法人企業の中で最も数が多い
を小さな金額の株式に分けることで、多くの出資者から資本を集める。

①株式…資金を投資した人の、権利や義務を定めた証書。

②株主…企業の株式を持っている人。株主総会に出席する権利や配当
を受け取る権利がある。倒産しても投資額以上は責任を負わない
（有限責任）。

❻ 証券取引所…株式が売買される市場。利潤の見通しなどによって株

価が変動する。

中小企業の
日本経済にしめる割合

(2017年)　（「日本国勢図会」2020/21版）

株式会社のしくみ

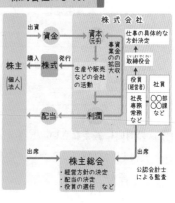

5 労働者の権利

❶ 労働者…使用者に対して弱い立場にあるため、労働組合を結成し、労働条件

の向上を使用者に要求できる。

❷ 労働三法

労働基準法	労働時間や休日などの労働条件の最低基準を規定。
労働組合法	労働者が労働組合を結成する権利などを保障。
労働関係調整法	労働者と使用者の対立を予防・解決。

❸ ワーク・ライフ・バランス…仕事と個人の生活との両立。その実現が求めら

れている。フレックスタイムやテレワークも増加。

❹ 雇用…かつては終身雇用制や年功序列賃金が一般的➡非正規労働者が増加。

└1つの企業で定年まで　└年齢とともに賃金が上昇　　　└パートやアルバイト、派遣労働者など
使用者にとって労働者の数を調整しやすい。

🌱 発展

成果主義→仕事の成果に応じて賃金を支払うしくみ。近年増加傾向にある。

確 認 問 題

日付	／	／	／
○△×			

1 次の問いに答えなさい。

(1) 右の図は、政府と家計、企業の関係を示したものである。図中のX〜Zにあてはまる語句の組合せとして正しいものを、次のア〜カから選び、記号で答えなさい。

[2022 茨城県]

ア　X－賃金を払う　　　　Y－税金を納める　　　　Z－公共サービスを提供する

イ　X－税金を納める　　　Y－賃金を払う　　　　　Z－公共サービスを提供する

ウ　X－税金を納める　　　Y－公共サービスを提供する　　Z－賃金を払う

エ　X－税金を納める　　　Y－公共サービスを提供する　　Z－賃金を払う

オ　X－公共サービスを提供する　　Y－税金を納める　　Z－賃金を払う

カ　X－公共サービスを提供する　　Y－賃金を払う　　　Z－税金を納める

(2) 次の文は、消費生活について述べたものである。文中の［　　］に共通してあてはまる語句を書きなさい。

[2020 新潟県]

　商品を売りたい人と、買いたい人の意思が一致し、売買が成立することを、［　　］という。一度成立すると、お互いに［　　］を守る責任が生じるため、事前に、内容を慎重に検討することが大切である。

2 次の問いに答えなさい。

(1) 資料1は、クレジットカードのしくみを示したものである。各問いに答えなさい。
[2021 福岡県]

① 「商品」、「立替払い」を示すものを、資料1中のア〜カからそれぞれ選び、記号で答えなさい。

② クレジットカードを利用する際に、消費者として注意しなければならないことを、資料1を見て、「代金」、「支払い能力」という語句を用いて、簡単に書きなさい。

(2) 消費者を保護する制度として、日本で1994年に制定された、欠陥商品により消費者が被害を受けた際に、その損害賠償を企業に義務づけた法律を何といいますか。
[2022 山口県]

(3) 政府が消費者を保護するために整備した、クーリング・オフとはどのような制度か、「契約」という語句を用いて、簡単に説明しなさい。
[2022 和歌山県]

(4) 資料2は、ある大規模な小売業者が、製造業者から商品を直接仕入れることで、流通の合理化を図ったときの流通のしくみの変化について、模式的に示したものである。小売業者が、流通の合理化を図ったのは、どのような目的があったからか、その1つとして考えられることを、「費用」という語句を用いて、簡単に書きなさい。
[2022 三重県]

資料1

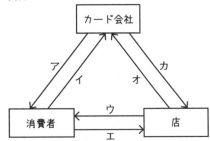

資料2

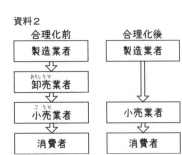

③ **次の問いに答えなさい。**

(1) 右の図は、企業の中で代表的な株式会社のしくみを模式的に表したものである。図中の**X**、**Y**にあてはまる語句をそれぞれ書きなさい。　[2021　和歌山県]

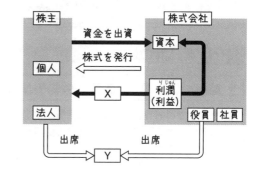

(2) 株式会社に関して述べた文として正しいものを、次の**ア～エ**から選び、記号で答えなさい。　[2020　徳島県]

　ア　株式会社は、倒産しても、株式の価値はなくならない。

　イ　株式会社は、資本金を小さな金額の株式に分けて、出資者を集める。

　ウ　株式会社の経営は、一般的に株主総会で選ばれた専門の経営者ではなく、株主が行う。

　エ　株式会社の利益は、持っている株式の数に応じて、株主にすべて分配される。

(3) 東京、名古屋、福岡などに設けられ、株式や債券の売買が行われる特定の施設を何といいますか。

[2021　青森県]

(4) 次の文は、企業の一形態について説明したものである。　☐　にあてはまる語句をカタカナ5字で書きなさい。

[2022　福島県]

> 新たに起業し、新しい技術をもとに革新的な事業を展開する中小企業のことを　☐　企業という。

(5) 次の文中の　☐　にあてはまる語句を、漢字5字で書きなさい。　[2022　京都府]

> 企業は法令を守り、より良い商品やサービスを生産し、利潤を追求するだけでなく、環境保全や地域文化への貢献などの「企業の　☐　（ＣＳＲ）」を果たすことが期待されている。

④ **次の問いに答えなさい。**

(1) 労働者の保護を目的とした法律の一つに、労働基準法がある。労働基準法に定められている内容について述べた文として適しているものを、次の**ア～カ**からすべて選び、記号で答えなさい。　[2022　大阪府]

　ア　労働組合を組織することができる。

　イ　労働時間を原則として1日8時間以内とする。

　ウ　育児や家族の介護のために休業することができる。

　エ　労働協約の締結に関して使用者と交渉する権限をもつ。

　オ　労働者に対して、毎週少なくとも1回の休日を与える。

　カ　労働者が女性であることを理由に、賃金について、男性と差別的取り扱いをしてはならない。

(2) 労働者の権利を守るために日本で定められた次の**ア～ウ**の法律を、制定された年代の古い順に並べかえ、記号で答えなさい。　[2020　宮城県]

　ア　育児・介護休業法　　イ　労働基準法　　ウ　男女雇用機会均等法

(3) 労働者には労働条件について団体で交渉する権利（団体交渉権）が認められている。このような権利が労働者に認められているのはなぜか、「使用者」という語句を用いて、簡単に書きなさい。　[2021　石川県]

115

Chapter
28

公民
市場経済と金融政策

1 市場経済のしくみ

💡 絶対おさえる！ 需要と供給の関係

☑ 消費者が買おうとする量を需要量、生産者が売ろうとする量を供給量という。
☑ 需要量と供給量が一致したときの価格を均衡価格という。

❶ **市場**…さまざまな商品が自由に売買される場。

❷ **市場経済**…市場がすみずみまで行きわたっている経済。

❸ **需要量と供給量**…需要量は消費者が商品を買おうとする量、供給量は生産者が売ろうとする量。

①需要量が供給量を上回った場合…価格は上がる。
  └ 商品の量に対して「買いたい」人が多くいる状態。希少性が高い
②需要量が供給量を下回った場合…価格は下がる。
  └ 商品の量に対して「買いたい」人が少ない状態

❹ **均衡価格**…需要量と供給量が一致する価格。

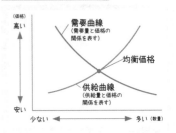

需要と供給の関係

2 価格の働き

❶ **市場価格**…市場で決められる価格。商品の需要と供給の関係を示す指標の働きをする。

❷ **独占（寡占）価格**……1つの企業が単独で、あるいは少数の企業が決めた価格。

①独占…市場で商品を供給する企業が1社のみの状態。
②寡占…市場で商品を供給する企業が少数の状態。

❸ **独占禁止法**…企業の競争をうながすことを目的とする法律。公正取引委員会が監視や指導を行っている。

❹ **公共料金**…電気や水道など、国や地方公共団体が決定・認可して定める料金
➡国民の生活に大きな影響をあたえるため。

⚠ 注意
かつては電気やガス、水道は安定的に提供されるために、特定の地域を1社が独占する「独占価格」であった。しかし最近では、電気やガスの小売りが自由化されたので、価格が安くなる場合もある。

3 金融の働き

❶ **金融**…資金が余っている家計・企業から、資金が足りない家計・企業に、資金を融通するしくみ。

①直接金融…株式や社債の発行などにより直接借り入れて資金を集めるしくみ。
②間接金融…金融機関からの借り入れで資金を集めるしくみ。

❷ **金融機関**…間接金融を担う機関。銀行が代表例。

①利子（利息）…お金を借りた場合に支払う必要があるもの。
②金利（利子率、利率）…借り入れた金額（元金）に対する利子の比率。
③為替…はなれた場所への送金に利用される振りこみなど。

❸ **現金通貨と預金通貨**

①現金通貨…紙幣や硬貨。
②預金通貨…企業どうしの取引で主に使われる。日本に流通している貨幣全体の約9割をしめる。

🐌 発展
利子→一般的に、金融機関が借りる側から受け取る利子は、預金している人々に支払う利子より高いため、その差が金融機関の収入となる。

合格への
ヒント

● 「欲しい人が多く数が少ないもの」は高くなり、「欲しい人が少なく数が多いもの」は安くなる！

4 景気変動と金融政策

💡 **絶対おさえる！　日本銀行の役割**

☑ 日本銀行は、発券銀行、政府の銀行、銀行の銀行といった役割を担う。

☑ 日本銀行は景気を安定させるために公開市場操作という金融政策を行っている。

❶ **日本銀行**…日本の中央銀行であり、特別な働きを持つ。

　①**発券銀行**…日本銀行券と呼ばれる紙幣を発行する。
　　└千円札、二千円札、五千円札、一万円札の4種類

　②**政府の銀行**…政府が管理する資金の出し入れを行う。

　③**銀行の銀行**…一般の銀行に資金の貸し出しや預金の受け入れなどを行う。

❷ **景気変動**…社会全体の需要と供給の動きに応じて、景気が好景気と不景気をくり返すこと。　〔経済全体の状態！〕

　①**好景気（好況）**…商品が多く売れ企業の生産が増え、家計収入が増加する

　　➡**インフレーション**が起こる。
　　　└物価が上がり続ける

　②**不景気（不況）**…商品は売れず企業の生産が減り、家計収入が減少する

　　➡**デフレーション**が起こる。
　　　└物価が下がり続ける

❸ **戦後の日本経済**

　①**高度経済成長**…国内総生産が年平均10%程度成長。
　　└1955〜1970年代前半　└GDP

　②**バブル経済**…地価や株価が異常に高くなる好景気。
　　└1980年代後半〜1991年

　③**平成不況**…バブル経済崩壊後の不景気。
　　└1990年代〜

❹ **金融政策**…物価の変動をおさえ景気を安定させる政策。**公開市場**
　　└日本銀行が行う
　　操作（オペレーション）が中心的手段。
　　一般の金融機関との間で国債の売買を行う

景気変動

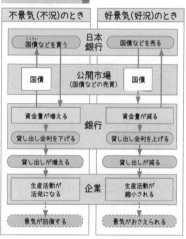

公開市場操作

5 経済活動のグローバル化と金融

❶ **貿易**…国と国との間で行われる商品の取引のこと。

❷ **為替相場（為替レート）**…異なる通貨を交換する際の比率。
　　かわせ

　①**円高**…外国通貨に対する円の価値が高まる。
　　えんだか└1ドル＝100円→1ドル＝90円

　②**円安**…外国通貨に対する円の価値が低くなる。
　　えんやす└1ドル＝100円→1ドル＝110円

❸ **産業の空洞化**…工場の海外移転などにより、国内の雇用が減り、産業が衰退
　　くうどう
　　すること。

確 認 問 題

日付	／	／	／
○△×			

1 次の問いに答えなさい。

(1) 右の資料は、需要量・供給量・価格の関係を表している。次
の文中のA〜Cにあてはまる語句の組合せとして正しいものを、
あとのア〜エから選び、記号で答えなさい。　　[2022　青森県]

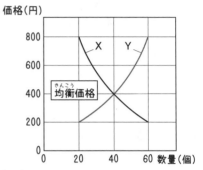

　　曲線Xは、　**A**　曲線である。価格が800円のとき、商品
は　**B**　。やがて、価格は　**C**　し、需要量と供給量が一
致するような価格に落ち着いていく。

ア　A−需要　B−売れ残る　C−下落　　　イ　A−需要　B−売り切れる　C−上昇

ウ　A−供給　B−売れ残る　C−上昇　　　エ　A−供給　B−売り切れる　C−下落

(2) 日本において、市場の独占を規制して自由競争をうながすために、独占禁止法にもとづいて監視や指導を
行う国の機関を何というか、書きなさい。　　　　　　　　　　　　　　　　　　　　　　　[2022　宮城県]

(3) 電気・ガス・水道の料金のように、政府などが決定・認可する価格は何と呼ばれるか。また、この価格の
決定・認可に政府などが関わり、価格の上昇などを規制する理由を、簡単に書きなさい。　[2022　静岡県]

2 次の問いに答えなさい。

(1) 図は、企業が資金を調達するしくみの1つを表したも
のである。図のように、企業が株式や社債を発行し、資
金を調達するしくみを何といいますか。[2022　和歌山県]

(2) 日本銀行の役割として誤っているものを、次のア〜オ
から選び、記号で答えなさい。　　　　[2020　山梨県]

ア　政府の資金を取り扱う。　　イ　個人からの預金を受け付ける。

ウ　紙幣を発行する。　　　　　エ　一般の銀行に資金を貸し出す。

オ　一般の銀行から預金を受け付ける。

(3) 日本銀行には、「発券銀行」、「政府の銀行」、「銀行の銀行」という主な役割がある。このうち、「銀行の銀行」と
呼ばれる役割について、簡単に説明しなさい。　　　　　　　　　　　　　　　　　　　　　[2020　埼玉県]

(4) 次の文中のA、Bについて、ア、イのうち適切なものをそれぞれ選び、記号で答えなさい。

[2022　熊本県]

　　銀行などの金融機関から必要な資金を調達する金融方法をA{ア　直接　　イ　間接}金融という。一般
的に企業などが借り入れたお金を返済するときに金融機関に支払う利子（利息）は、金融機関が預金者に支
払う利子（利息）よりもB{ア　高い　　イ　低い}。

3 次の問いに答えなさい。

(1) 右の図は、景気の変動を示したものである。図中のRの時期に一
般にみられることとして適切なものを、次の**ア～エ**からすべて選び、
記号で答えなさい。　　　　　　　　　　　　　　　[2022　富山県]

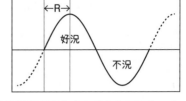

　　ア　失業者が増加する。　　　**イ**　企業の生産が拡大する。
　　ウ　家計の所得が増える。　　**エ**　デフレーションが起こる。

(2) 次の文は、物価について述べたものである。文中の**X**、**Y**にあてはまる語句の組み合わせとして正しいも
のを、あとの**ア～エ**から選び、記号で答えなさい。　　　　　　　　　　　　　　　[2022　岩手県]

> 　　**X**　になると、商品やサービスの需要が増え、需要が供給を上回ると、物価が上がり続ける　**Y**　が
> 起こる。

　　ア　X－好況（こうきょう）　　Y－デフレーション　　　　**イ**　X－好況　　Y－インフレーション
　　ウ　X－不況　　Y－デフレーション　　　　　　　　　　**エ**　X－不況　　Y－インフレーション

(3) 次の文は、日本銀行が行う公開市場操作（こうかいしじょうそうさ）について述べたものである。文中の**A～C**にあてはまる語句の組
合せとして正しいものを、あとの**ア～ク**から選び、記号で答えなさい。　　　　　　　[2022　静岡県]

> 　　好景気（好況）のとき、日本銀行は国債を　**A**　。それによって一般の銀行は手持ちの資金が　**B**　た
> めに、企業などへの貸し出しに慎重になる。その結果、景気が　**C**　。

　　ア　A－買う　B－増える　C－回復する　　　　**イ**　A－買う　B－増える　C－おさえられる
　　ウ　A－買う　B－減る　　C－回復する　　　　**エ**　A－買う　B－減る　　C－おさえられる
　　オ　A－売る　B－増える　C－回復する　　　　**カ**　A－売る　B－増える　C－おさえられる
　　キ　A－売る　B－減る　　C－回復する　　　　**ク**　A－売る　B－減る　　C－おさえられる

(4) 経済成長に関する用語で、経済活動を図る指標として、1年間に、国内で新たに生産された財やサービス
の付加価値の合計を何というか、書きなさい。　　　　　　　　　　　　　　　　　　[2022　沖縄県]

4 次の問いに答えなさい。

(1) 貿易などの国際取引を行うときには、自国の通貨を他国の通貨と交換する必要がある。通貨と通貨を交換
する比率を何というか、書きなさい。　　　[2022　群馬県]

(2) 右の図は、(1)の変動による、アメリカ合衆国から日本へ
の旅行者が宿泊するために必要となるドルの金額について
示したものである。図中の**W**、**X**には円高（えんだか）、円安（えんやす）のいずれ
かの語句が、**Y**、**Z**には、宿泊に必要となる金額が入る。こ
れらの組合せとして適切なものを、次の**ア～エ**から選び、記
号で答えなさい。　　　　　　　　　[2022　富山県]

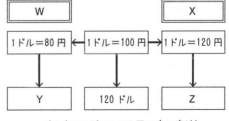

（日本で1泊12,000円の宿に宿泊）

　　ア　W－円安　　X－円高　　Y－100ドル　　Z－150ドル
　　イ　W－円安　　X－円高　　Y－150ドル　　Z－100ドル
　　ウ　W－円高　　X－円安　　Y－100ドル　　Z－150ドル
　　エ　W－円高　　X－円安　　Y－150ドル　　Z－100ドル

Chapter 29 （公民）財政と国民の福祉、これからの経済

1 財政のしくみと税金

💡 絶対おさえる！ 税金の種類

- ☑ 税金は納める人によって直接税と間接税に分けられる。
- ☑ 所得税では、所得が多いほど税率が高くなる累進課税がとられている。

❶ **財政**…国や地方公共団体（政府）の経済的な活動。

❷ **予算**…1 年間の政府の収入（歳入）と支出（歳出）の計画。
　①歳入…税金（租税）など。
　②歳出…医療や年金などの社会保障、公共事業など。

❸ **さまざまな税金**
　①国税…国に納める。
　②地方税…地方公共団体に納める。
　③直接税…税金を納める人と税金を負担する人が同じ。
　　└ 所得税や法人税など
　④間接税…税金を納める人と税金を負担する人が異なる。
　　└ 消費税や酒税など

❹ **累進課税**…所得が高い人ほど、所得や財産などに対する税率
　　　　　　　（税金の割合）を高くするしくみ。所得税などの直
　　　　　　　接税でとられる➡所得の格差を小さくする効果。

❺ **逆進性**…所得が低い人ほど、所得にしめる税率が高くなる傾
　　　　　└ 向。消費税などの間接税にみられる。

国の一般会計予算

歳入　106 兆 6097 億円

租税・印紙収入	
所得税 17.5%	
消費税 19.0	
法人税 8.4	
その他の租税 8.9	
公債金 40.9	
その他 5.3	

歳出　106 兆 6097 億円

社会保障関係費 33.6%
国債費 22.3
地方交付税交付金など 15.0
公共事業関係費 5.7
文教および科学振興 5.1
防衛関係費 5.0
その他 13.3

（2021 年度当初予算）　（財務省）

2 財政の役割と課題

❶ **政府の主な役割**　　　　　「インフラ」ともいう！
　①資源配分の調整…道路や公園、水道などの社会資本の整備、学校教育などの
　　　　　　　　　　公共サービスの提供。
　②経済格差の是正…税金や社会保障のしくみを整備し不当な経済格差をなくす。
　③景気の安定化…増税・減税、公共投資の増減などによる。中央銀行の金融政
　　　　　　　　　策と協力し合う。

❷ **財政政策**…歳入や歳出を通じて景気の安定をはかろうと
　する政府の政策。
　　└ 社会資本の整備などへの支出
　①不景気…公共投資の増加や減税➡景気を回復させる。
　②好景気…公共投資の削減や増税➡景気をおさえる。

❸ **公債**…税金だけでは収入が足りない場合に政府が発行す
　る債券。期限が来れば返済し、利子も支払う必要がある。
　①国債…国が発行する公債。
　②地方債…地方公共団体が発行する公債。

❹ **公債発行の課題**…借金であるため、発行しすぎると将来
　の世代に借金の返済を負わせることになる。

📝 暗記
公共サービス→一般に多く
の人たちが利用できるサー
ビスで、そのサービスを利用
するための料金をとること
が難しいもの。消防や警察、
ごみ処理などもふくまれる。

金融政策と財政政策

	不景気（不況）のとき	好景気（好況）のとき
日本銀行の金融政策（公開市場操作）	国債などを銀行から買い、銀行から企業への資金の貸し出しを増やそうとする（買いオペレーション）。	国債などを銀行へ売り、銀行から企業への資金の貸し出しを減らそうとする（売りオペレーション）。
政府の財政政策	●公共投資を増やして企業の仕事を増やす。 ●減税をして企業や家計の消費を増やそうとする。	●公共投資を減らして企業の仕事を減らす。 ●増税をして企業や家計の消費を減らそうとする。
	景気が回復する	景気がおさえられる

● 「累進課税」の内容と、制度が導入されている意味を確認しよう。
● 景気状況による財政政策の違いを覚えておこう！

3 社会保障

💡 絶対おさえる！　日本の社会保障制度

☑ 日本の社会保障制度は、社会保険、公的扶助、社会福祉、公衆衛生の4つが基本的柱。
☑ 介護保険制度は40歳以上の人が加入し、必要になったときに給付を受ける制度。

❶ 社会保障…病気などで生活が困難なとき、国が生活を保障。日本国憲法第25条の生存権に基づき、整備されてきた。

❷ 日本の社会保障の4つの柱…生存権の考え方に基づく。

①社会保険…加入者が保険料を負担し合い、病気や高齢の人などに給付。医療保険、年金保険、介護保険など。
└日本国憲法第25条

②公的扶助…最低限の生活が困難な人に生活費などを支給。

③社会福祉…高齢者や障がい者、子どもなどを支援。

④公衆衛生…人々の健康の保持・増進のため病気の予防など。

❸ 少子高齢化と社会保障

①介護保険制度…介護サービスが必要になったときに給付。
└社会保険の1つ
サービスを受けるには要介護認定が必要である。

②後期高齢者医療制度…75歳以上の高齢者が加入。

❹ 社会保障と財政との関係

①大きな政府…社会保障を充実させる代わりに、税金などの負担が大きい高福祉高負担。スウェーデンなど。

②小さな政府…社会保障を削減する代わりに国民の負担が軽い低福祉低負担。アメリカなど。

日本の社会保障制度

種類	仕事の内容
社会保険	医療保険　介護保険　年金保険　雇用保険　労災保険
公的扶助	生活保護 ・生活扶助・住宅扶助 ・教育扶助・医療扶助　など
社会福祉	高齢者福祉　児童福祉 障がい者福祉　母子・父子・寡婦福祉
公衆衛生	感染症対策　上下水道整備 公害対策　など

> 40歳以上の人の加入を義務づけ！

🔍 発展

社会保険は、社会全体でリスクを分担する共助にあたる。

4 公害の防止と環境保全

❶ 公害…大気汚染や騒音などで健康や生活が損なわれること。高度経済成長期の1960年代以降、大きな問題となる。

❷ 四大公害病…熊本県などの水俣病、富山県のイタイイタイ病、三重県の四日市ぜんそく、新潟水俣病。裁判はすべて患者側が全面勝訴した。

❸ 環境の保全

①公害対策基本法（1967年）➡環境基本法（1993年）。

②環境庁（現・環境省）…公害対策や自然環境保護を扱う。

③循環型社会…環境への負荷をできる限り減らす社会。
2000年に循環型社会形成推進基本法が制定された。

④3R…リデュース、リユース、リサイクル。
　　　└ごみの削減　└再使用　└再生利用

四大公害病

	被害地域	原因
新潟水俣病	新潟県阿賀野川流域	水質汚濁
四日市ぜんそく	三重県四日市市	大気汚染
イタイイタイ病	富山県神通川流域	水質汚濁
水俣病	熊本県・鹿児島県八代海沿岸	水質汚濁

🔍 発展

エシカル消費→環境や社会、人に配慮した商品を選んで消費すること。

確 認 問 題

日付	/	/	/
○△×			

1 次の問いに答えなさい。

(1) 右の資料は、政府の歳出の内訳の変化を示した
ものであり、資料中の**A～D**は、次の**ア～エ**のい
ずれかである。**B**にあてはまるものを選び、記号
で答えなさい。　　　　　　　　[2021　石川県]

　ア　公共事業　　　**イ**　国債費
　ウ　社会保障　　　**エ**　地方交付税交付金

```
          ┌A1.5%  教育など┐ ┌防衛
1960年度    │B  │ C │ D │       │その他
総額約1.7兆円 11.1 18.8 17.4 12.6 9.2  29.4
                        ┌10.0    ┌6.1
1990年度
総額約69兆円 20.2%  16.6  23.0      15.8
                        ┌7.8
2018年度
総額約99兆円 22.8%  32.9  16.2    9.8
             7.0  5.8      5.5
                    (財務省ホームページ)
```

(2) 納税者と担税者が異なる税金として適切なもの
を、次の**ア～エ**から選び、記号で答えなさい。
　　　　　　　　　　　　　　[2022　岐阜県]

　ア　相続税　　**イ**　所得税　　**ウ**　法人税　　**エ**　消費税

	直接税	間接税
国　税	A	B
地方税	C	D

(3) 右の表は、税金を国税と地方税、直接税と間接税で区分したものである。所得
税はどこに分類されるか、表中の**A～D**から選び、記号で答えなさい。また、所得税には、所得が高くなる
ほど、税率を高くする _____ 制度が適用されている。 _____ にあてはまる語句を書きなさい。[2022　熊本県]

(4) 消費税について説明した次の文中の _____ にあてはまる内容を、20字以内で説明しなさい。ただし、「所
得」という語句を用いること。　　　　　　　　　　　　　　　　　　　　　　　　　　　[2022　島根県]

> 消費税は、同じ金額の商品の購入に対して同じ金額の税金を納めなければならないが、そのため
> _____ という逆進性の問題が指摘されている。

2 次の問いに答えなさい。

(1) 次の文は、不景気(不況)における政府の財政政策について述べたものである。文中の**A**、**B**について、**ア**、
イのうち適切なものをそれぞれ選び、記号で答えなさい。　　　　　　　　　　　　　　[2022　和歌山県]

> 不景気(不況)のとき、政府は**A**{**ア**　増税　　**イ**　減税}したり、道路や上下水道などの公共事業(公共投
> 資)を**B**{**ア**　増やし　　**イ**　減らし}たりする。

(2) 右の図は、政府の役割と国民負担の関係を示したものである。
次のⅠ、Ⅱの考え方を位置付けるところとして最も適当なもの
を、図中の**ア～エ**からそれぞれ選び、記号で答えなさい。
　　　　　　　　　　　　　　　　　　　[2022　山梨県]

```
        ┌国民負担多い┐
政府の        ア │ イ      政府の
役割  ◄──────────┼──────────►  役割
小さい        ウ │ エ      大きい
        └国民負担少ない┘
```

　Ⅰ　個人が所得をより自由に使えるように税負担などを減らす
　　ことで、経済的に豊かな生活を送ることができるようになる
　　ならば、行政サービスの範囲が縮小されてもやむを得ない。

　Ⅱ　政府が社会保障や生活保護などの多様な行政サービスを提供することで、国民が安心した生活を送るこ
　　とができるようになるならば、税負担などが増加してもやむを得ない。

3 次の問いに答えなさい。

(1) 次の**A**、**B**の文は、日本における社会保障の四つの制度のうちのいずれかについて説明したものである。それぞれの文で説明された制度の組合せとして最も適当なものを、あとの**ア～エ**から選び、記号で答えなさい。

[2021　岡山県]

A 社会生活を営むうえで不利だったり立場が弱かったりして自立することが困難な人たちを支援するための施設の整備やサービスの提供などを行う。

B 人々が健康で安全な生活を送ることができるように、生活環境の改善や感染症の予防などを行う。

ア A－社会保険　B－公衆衛生　　**イ** A－社会保険　B－公的扶助
ウ A－社会福祉　B－公衆衛生　　**エ** A－社会福祉　B－公的扶助

(2) 右の資料は、ある社会保険の保険料を支払っている人が、生活に介助が必要となったときに利用できるサービスについてまとめたものの一部である。資料に示したサービスを利用できる社会保険の制度は何か、次の**ア～エ**から選び、記号で答えなさい。　　　　　[2022　三重県]

ア 介護保険　**イ** 医療保険　**ウ** 雇用保険　**エ** 年金保険

> ・施設サービス
> ・居宅サービス
> ・地域密着型サービス

(3) 涼子さんは、わが国の社会保障制度の内容について、年金制度に着目し、図と資料を集めた。今後も図に示される制度が維持されると仮定した場合、資料から予想される、わが国の年金制度の課題とその理由を、図と資料から読み取って、簡単に書きなさい。

[2022　福岡県]

図　わが国の年金制度のしくみ

※現役世代は15～64歳を、高齢者は65歳以上を示す。
（厚生労働省ホームページなど）

資料　わが国の年齢別人口割合の推移

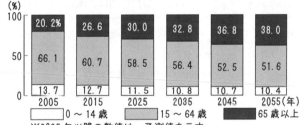

※2025年以降の数値は、予測値を示す。
（国立社会保障・人口問題研究所ホームページ）

4 次の問いに答えなさい。

(1) 日本では高度経済成長期に、工場からの煙や排水などを原因とする公害が社会問題となった。公害問題に関する説明として適当なものを、次の**ア～エ**から選び、記号で答えなさい。　　　　[2022　沖縄県]

ア 高度経済成長期に発生した四大公害とは、水俣病、四日市ぜんそく、川崎ぜんそく、イタイイタイ病のことを指す。

イ 高度経済成長期に発生した四大公害訴訟は、原告（患者側）がすべて勝訴した。

ウ 公害対策や自然環境に対する法律は、まだ制定されていない。

エ 公害対策や自然環境の保護を扱う機関として、厚生労働省が設置されている。

(2) 環境問題に関する日本の法律について、次の**ア～ウ**を、制定された年の古い順に並べ、記号で答えなさい。

[2022　山口県]

ア 環境基本法　　**イ** 公害対策基本法　　**ウ** 循環型社会形成推進基本法

(3) 環境の保全と回復をはかる循環型社会の実現に向けた取り組みのうち、ごみや不用になったものを資源として再生利用することを何というか、書きなさい。　　　　[2020　長崎県]

Chapter 30 （公民）
国際社会と日本

1 国際社会における国家

❶ **国家**…国民、領域、主権の3つの要素がそろって成り立つ。

❷ **国家の主権**…ほかの国に干渉されたりせず、国内の政治や外交について
決める権利。主権を持つ国を主権国家という。
┗ 国旗や国歌を持つ

❸ **主権国家の領域**…主権がおよぶ範囲のことで、領土、領海、領空。

①排他的経済水域…領海を除く、沿岸から200海里以内の海域。沿岸国
には漁業資源や鉱産資源を開発する権利がある。

②**公海**…排他的経済水域の外側の海域。どこの国の船も自由に航行や漁業
ができる（**公海自由の原則**）。

❹ **国際法**…国際社会で守るべきルール。**条約**と**国際慣習法**。
┗ 公海自由の原則など

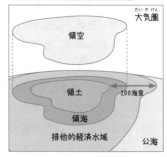

領域と排他的経済水域

*1海里は1852m ※領海は、日本では12海里。

2 国際連合のしくみ

💡 **絶対おさえる！ 国際連合の機関**

☑ 国際連合（国連）の安全保障理事会における**常任理事国**は拒否権を持つ。
☑ **UNESCO**や**WHO**といった**専門機関**は、国連と連携して活動している。

❶ **国際連合（国連）**…世界の平和と安全の実現のため1945年に設立。本部は
アメリカのニューヨークにある。

①総会…すべての加盟国が平等に一票を持つ。
┗ 主権平等の原則による

②安全保障理事会…アメリカ、イギリス、フランス、ロシア、中国の常任理事
┗ 加盟国は決定に従う義務あり
国5か国と、総会で選ばれる非常任理事国10か国で構成。常任理事国は拒
┗ 任期2年
否権を持ち、1か国でも反対すると重要な問題について決議できない。

③国際司法裁判所…国家間における争いを国際法に基づき平和的な解決をは
かる裁判所。

④専門機関…国連教育科学文化機関や世界保健機関など。
┗ UNESCO ┗ WHO

❷ **平和維持活動（PKO）**…地域紛争などで国連が行う活動。
┗ 停戦や選挙の監視など

（日本も自衛隊が参加！）

国際連合の主要機関

3 地域主義の動き

❶ **地域主義**…特定の地域で国どうしがまとまり、経済や環境、安全保障などの
┗ リージョナリズムとも
分野で協調・協力関係を強めようとする動き。

ヨーロッパ連合（EU）	経済・外交・安全保障などで協力。多くの加盟国が共通通貨ユーロを導入。
東南アジア諸国連合（ASEAN）	経済・政治・安全保障などで協力。日本や中国、韓国を加えた会議も活発。
アジア太平洋経済協力会議（APEC）	太平洋を取り囲む地域の貿易自由化などによる経済協力。21か国・地域が参加。

📖 **参考**

ヨーロッパ連合(EU)は、アメリカ合衆国などの大国に対抗するために結成された。

❷ **貿易の自由化**…特定の国と国との間で**自由貿易協定（FTA）**や**経済連携協定
（EPA）**を結んでいる。

● 安全保障理事会の常任理事国5か国（米英仏露中）を必ず覚えよう。
● 「SDGs」は時事問題として出題される可能性が高い！

4 地球環境問題

❶ **地球温暖化**…大気中に二酸化炭素などの温室効果ガスが増加することで、地球の表面温度が上昇する問題。　「地球サミット」とも！

　①**国連環境開発会議**…気候変動枠組条約や生物多様性条約などを調印。
　└1992年
　②**京都議定書**…先進国に温室効果ガス排出量の削減を義務づけたもの。地球温
　└1997年　　　暖化防止京都会議で採択。
　③**パリ協定**…途上国をふくむ各国が独自の目標を立てて温室効果ガス削減に
　└2015年　　取り組むとした協定。

❷ **再生可能エネルギー**…資源を確保する必要がなく、二酸化炭素を排出しないエネルギー。太陽光、風力、地熱など。

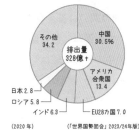

世界の二酸化炭素排出量

排出量 328億t

中国 30.5%
アメリカ合衆国 13.4
EU28カ国 7.0
インド 6.3
ロシア 5.8
日本 2.8
その他 34.2

(2020年) (「世界国勢図会」2023/24年版)

参考

京都議定書は、のちにアメリカ合衆国が離脱を表明し、先進国と発展途上国が対立するなど、課題が残った。

5 国際社会における問題

💡 絶対おさえる！ 発展途上国の課題

☑ 発展途上国と先進工業国との経済格差を、南北問題という。
☑ 発展途上国では、貧困や飢餓の問題が深刻化している。

❶ **南北問題**…植民地であった国が多い発展途上国（途上国）と先進工業国（先進国）との間でみられる経済格差の問題。

❷ **南南問題**…途上国の間の経済格差の問題。

❸ **貧困問題**…世界には飢餓状態の人々が約8億人（2012～2014年現在）。

　①**フェアトレード（公正貿易）**…途上国で生産された農作物・製品を適正な価格で取引すること。

　②**マイクロクレジット**…社会的に弱い立場にある人々が事業を始める際に、少量の資金を貸し出すしくみ。

❹ **現代の戦争や軍縮の動き**

　①**現代の戦争**…地域紛争やテロリズム（テロ）が世界に広がる民族紛争から発生➡**難民の発生。国連難民高等弁務官事務所（UNHCR）**などが支援。
　└人種や宗教などを理由に、迫害を受けることを避けるため、外国などに避難した人々
　②**軍縮**…1968年に核拡散防止条約が採択➡2017年に核兵器禁止条約が採択。

❺ **政府開発援助（ODA）**…先進工業国の政府が行う、発展途上国への経済的な支援や技術援助。日本は資金援助のほか、青年海外青年協力隊の派遣を通して、技術協力も行っている。

❻ **SDGs（持続可能な開発目標）**…2015年に国連総会で採択された、2030年までに達成すべき17の目標。「地球上の誰一人として取り残さない」をスローガンとしている。

❼ **人間の安全保障**…すべての人々が人間らしく安心して生きることができる社会を目指す考え方。日本政府が国際協調の理念としてかかげる。

暗記

新興国→発展途上国のうち、近年経済が急成長した国。

▶ **SDGsの目標（一部）**

・貧困をなくそう
・飢餓をゼロに
・すべての人に健康と福祉を
・質の高い教育をみんなに
・海の豊かさを守ろう
・陸の豊かさも守ろう

確 認 問 題

日付	／	／	／
○△×			

1 次の問いに答えなさい。

(1) 右の図は、我が国の領域及びその周辺を模式的に表したものである。図中のPの海域は　　　　と呼ばれ、この海域では、どの国の船も、自由に航行したり、漁業をしたりすることができる。　　　　にあてはまる語句を書きなさい。　　　　[2022　愛媛県]

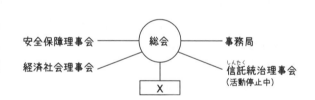

(2) 他国による支配や干渉を受けないという原則が、主権国家には認められている。この原則を何といいますか。　　　　[2022　和歌山県]

(3) 国際法に関して述べた文として誤っているものを、次のア～エから選び、記号で答えなさい。
　　　　[2020　徳島県]

ア　国際法は、国際社会での平和と秩序を守るための国家間のきまり、または合意である。

イ　国際法には、子どもの権利条約のように、個人の権利を守るものがある。

ウ　国際法には、南極条約のように二国間で合意される条約がある。

エ　国際法は、大きく国際慣習法と条約の二種類に分けられる。

2 次の問いに答えなさい。

(1) 右の図は、国連の主要機関について示したものである。図中の　X　にあてはまる、国と国との争いを法に基づいて解決するなどの役割を担う機関の名称を書きなさい。

[2020　鹿児島県]

安全保障理事会 ── 総会 ── 事務局
経済社会理事会 　　　　　　信託統治理事会（活動停止中）
　　　　　　　　　　X

(2) 国際連合と連携して活動する専門機関のうち、医療や衛生などに関する活動を行う機関として、最も適切なものを、次のア～エから選び、記号で答えなさい。　　　　[2022　宮城県]

ア　PKO　　イ　WHO　　ウ　UNESCO　　エ　UNICEF

(3) 図中の安全保障理事会は、平和の維持を担当し、常任理事国と非常任理事国から構成されるが、常任理事国にあてはまらない国を、次のア～エから選び、記号で答えなさい。　　　　[2022　徳島県]

ア　ドイツ　　イ　フランス　　ウ　中国　　エ　ロシア

(4) 次の表は、ある決議案に対して、賛成または反対した国をまとめたものである。安全保障理事会に提出されたこの決議案は、可決されたか、否決されたか、その理由とともに、簡単に説明しなさい。　[2022　鳥取県]

賛　成	反　対
アメリカ、フランス、イギリス、ベルギー、ドミニカ共和国、ドイツ、エストニア、インドネシア、ニジェール、南アフリカ、チュニジア、ベトナム、セントビンセントおよびグレナディーン諸島	ロシア、中国

3 次の問いに答えなさい。

(1) 右の資料は、地球温暖化防止への国際的な取り組みについて説明するために、先生が作成したものの一部であり、資料中の**A**には、ある都市の名があてはまる。**A**にあてはまる都市の名を書きなさい。　　　　　　　　　　　　　　　　[2022 愛媛県]

> 2015年、│　**A**　│協定が採択される
> ◇世界の平均気温の上昇を、産業革命の前と比べて、2℃未満におさえる。
> ◇先進国、発展途上国の全ての国が、温室効果ガスの削減に取り組む。

(2) 次の文中の│　**X**　│に共通してあてはまる語句を漢字2字で書きなさい。また、文中の①、②の{　　}にあてはまる語句を、**ア**、**イ**からそれぞれ選び、記号で答えなさい。　　　　　　　　　　　　　　　　　　　　　　　　　　　　　　[2022 北海道]

> 関税など、貿易をさまたげるしくみを取りのぞくことを、貿易の│　**X**　│化といい、この貿易を│　**X**　│貿易という。この貿易の考え方にあてはまるのは、下の表の①{**ア**　A国　　**イ**　B国}になる。また、この貿易を促進する協定を②{**ア**　NGO　　**イ**　FTA}という。

項目 国	関税	産業の現状
A国	輸入品の関税をできるだけ減らす。	国内産業が影響を受けることもある。
B国	輸入品の関税を高くする。	競争力の弱い国内産業が守られている。

4 次の問いに答えなさい。

(1) 次の文で説明している人々は何と呼ばれているか、漢字2字で書きなさい。また、この人々の保護や支援を行う国際連合の機関の略称を、あとの**ア〜エ**から選び、記号で答えなさい。　　　　　[2020 山梨県]

> 人種、宗教、国籍、政治的意見や特定の社会集団に属するなどの理由で、自国にいると迫害を受けるか、迫害を受けるおそれがあるために他国にのがれた人々のこと。

ア WTO　　**イ** NAFTA　　**ウ** UNHCR　　**エ** ASEAN

(2) 国際社会における課題として、南南問題がある。南南問題とは、どのような問題か。「格差」という語句を用いて、簡単に説明しなさい。　　　　　　　　　　　　　　　　　　　　　　　　　　[2022 山口県]

(3) 次の文中の◻◻◻◻◻◻◻にあてはまる内容を、「労働」、「公正」という語句を用いて、簡単に書きなさい。　　　　　　　　　　　　　　　　　　　　　　　　　　　　　　　　　　　　　　　[2020 岐阜県]

> 貧困問題を解決するための取り組みの一つとして、フェアトレードが注目されている。フェアトレードは、途上国の人々が生産した農産物や製品を、◻◻◻◻◻◻◻で取り引きし、先進国の人々が購入することを通じて、途上国の生産者の経済的な自立を目指す運動である。

(4) 国際連合について述べた文として適切なものを、次の**ア〜エ**から選び、記号で答えなさい。[2022 岡山県]

ア 各国の保護貿易の強化を主な目的として設立された国際機構である。

イ 総会で加盟国が投票できる票数は、国連予算の分担の割合によって異なる。

ウ 日本は常任理事国として安全保障理事会に参加し、重要な役割を担っている。

エ 国際法上の問題に関する紛争についての裁判を行う機関が設置されている。

監修者紹介

清水　章弘 （しみず・あきひろ）

◎──1987年、千葉県船橋市生まれ。海城中学高等学校、東京大学教育学部を経て、同大学院教育学研究科修士課程修了。新しい教育手法・学習法を考案し、東大在学中に20歳で起業。東京・京都・大阪で「勉強のやり方」を教える学習塾プラスティーを経営し、自らも授業をしている。
◎──著書は『現役東大生がこっそりやっている　頭がよくなる勉強法』（PHP研究所）など多数。青森県三戸町教育委員会の学習アドバイザーも務める。現在はTBS「ひるおび」やラジオ番組などに出演中。

佐藤　大地 （さとう・だいち）

◎──1992年、三重県津市生まれ。現在はプラスティー教育研究所の社会科の主任を務めながら、中学生から高校生まで幅広く社会の指導を行う。数多くの指導経験と入試問題分析から社会学習法の研究を深め、その手法を講演会や授業を通じ、全国の中高生に伝えている。趣味は映画鑑賞と旅行。自身の体験を随所に絡めた指導により、生徒に楽しく社会を学んでもらうことをモットーとしている。
◎──雑誌『蛍雪時代』（旺文社）に入試分析記事を寄稿。監修に『高校入試の要点が1冊でしっかりわかる本 5科』（小社刊）など。

プラスティー

東京、京都、大阪で中学受験、高校受験、大学受験の塾を運営する学習塾。代表はベストセラー『現役東大生がこっそりやっている、頭がよくなる勉強法』（PHP研究所）などの著者で、新聞連載やラジオパーソナリティ、TVコメンテーターなどメディアでも活躍の幅を広げる清水章弘。
「勉強のやり方を教える塾」を掲げ、勉強が嫌いな人のために、さまざまな学習プログラムや教材を開発。生徒からは「自分で計画を立てて勉強をできるようになった」「自分の失敗や弱いところを理解し、対策できるようになった」の声が上がり、全国から生徒が集まっている。
学習塾運営だけではなく、全国の学校・教育委員会、予備校や塾へのサービスの提供、各種コンサルティングやサポートなども行っている。

高校入試の要点が1冊でしっかりわかる本 社会

2023年12月4日　　第1刷発行

監修者──清水　章弘／佐藤　大地
発行者──齊藤　龍男
発行所──株式会社かんき出版
　　　　　東京都千代田区麹町4-1-4 西脇ビル　〒102-0083
　　　　　電話　営業部：03(3262)8011代　編集部：03(3262)8012代
　　　　　FAX　03(3234)4421　　　　　　振替　00100-2-62304
　　　　　https://kanki-pub.co.jp/
印刷所──シナノ書籍印刷株式会社

高校入試の要点が1冊で
しっかりわかる本　社会

別冊解答

解答と解説の前に、
「点数がグングン上がる！社会の勉強法」をご紹介します。
時期ごとにおすすめの勉強法があるので、
自分の状況に合わせて試してみてください。
解答と解説は4ページ以降に掲載しています。

点数がグングン上がる！

社会の勉強法

📅 **基礎力UP期（4月〜8月）**

● **まずは歴史に時間を割こう！**

　社会は地理・歴史・公民の3つの分野に分かれる。人によって相性はあるが、歴史がもっとも時間がかかると言われている。流れが難しかったり、覚えることが多かったりするからだ。一方で、一度流れをつかんだり、重要事項を覚えたりしてしまうと、どんどん覚えやすくなる。時間をきちんと確保できるうちは、できる限り歴史に時間を割くようにしよう！　もし「どうしても流れがつかめない」と悩む場合は、歴史のマンガや、インターネットの動画を活用しても構わない。ただ、それだけでマスターすることは難しいので、教科書や参考書を読むのも忘れずに！

● **クイズ形式で覚える「暗記ドア」**

　本書のオレンジの重要語句はすべて覚えてほしい。覚えるときにおすすめなのが、「暗記ドア」という暗記法。まず、覚えたいものをクイズ形式にしてみよう。そして、ふせんの表に問題を書き、めくった裏にその答えを書く。貼るのは壁じゃなくてドア。そして、「クイズに答えてからドアを開ける」のだ。ゲーム感覚で楽しみながら覚えられる。

　注意点が1つだけ。楽しくなって貼りすぎると、覚えることが多すぎて、ドアを開けられなくなってしまう。1つのドアに3枚程度にしよう！

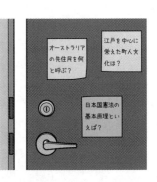

📅 **復習期（9月〜12月）**

● **「苦手な単元」を明らかにしよう**

　いったん一通りの学習を終えているみなさんは、知識の抜けがないかザッと解説を読んでみよう。知識の抜けが多い単元は、苦手な単元だ！　赤シートを使いながら用語を覚えていこう。

　苦手な単元を学習し終えたら、「確認問題」を順番に解き、抜けている知識がないか確認しよう。問題を解くときは、「○△×管理法」がおすすめ。○は「解説を見ずに正解できた問題」、△は「解説を読めば理解できた問題」、そして×は「解説を読んでも理解できなかった問題」だ。×の問題は先生や友達に質問して理解できれば△に書き換え、△の問題は後日何も見ずに解くことができれば○に書き換え、最後はすべての問題が○印になることを目指そう！

「○△×管理法」のやり方

準備するもの：ノート2冊（1冊目を「演習ノート」、2冊目を「復習ノート」と呼びます）

❶ 問題を「演習ノート」に解く。丸つけをするときに、問題集の番号に「○」「△」「×」をつけて、自分の理解状況をわかるようにする。

○ … 自力で正解できた。
△ … 間違えたけど、解答を読んで自力で理解した。
　　次は解ける！
✕ … 間違えたので解答・解説を読んだけど、
　　理解できなかった。

❷ △の問題は解答・解説を閉じて「復習ノート」に
　解き直す。「答えを写す」のではなく、自分で考え
　ながら解き直して、答案を再現する。
❸ ✕の問題は先生や友人に質問したり、自分で調べ
　たりしたうえで「復習ノート」に解き直す。

| Chapter3 | ヨーロッパ州／アフリカ州 |

✓ 確認問題

1 右の地図を見て、あとの問いに答えなさい。

○ (1) 地図中の**X**で示された地域の沿岸部に見られる、氷
　　られた谷に海水が深く入りこんだ地形を何というか。

△ (2) ヨーロッパ州には、複数の国を流れる国際河川が見
　　の河川**Y**の名称を書きなさい。

✕ (3) 次の文は、地図中の**A**の気候についてまとめたもの
　（　　）にあてはまる語句の組み合わせとして適当な

● 地理と公民の「理解」を深めよう！

　この時期は、地理と公民にも時間を割いておこう。注意してほしいのは、歴史と比べ地理と公民は「暗記」より「理解」が重視される科目であるということだ。

　地理では、地図・グラフを文章と結び付けて理解する力が求められる。日頃から教科書・図説に載っている情報に目を通し、図表を読み取る訓練を積んでおこう。おすすめは「書き込み勉強法」。ただ読んでいるだけの「受け身」の姿勢ではなく、地図・グラフに情報を書き込みながら積極的に考える習慣を身につけてほしい。この本にも、遠慮なく書き込んでもらいたい。

　公民では、難しい言葉をかみ砕いて具体的に理解する力が求められる。たとえば「社会権」という言葉を知っている・聞いたことがあるだけではなかなか得点に結びつかない。入試問題に対応するために大切なのは、「社会権とは何か」「自由権や平等権との違いは何か」といった視点からの理解である。そこで、自分でテストを作っていくのもおすすめ。たとえば、「社会権について説明せよ」「社会権は憲法の何条に規定されているか」といった問題を自分で作ってみる。すると、単に用語を知っているという状態を抜け出し、より深い理解につながる。

　ただ、「暗記」も軽視してはいけない。「暗記ドア」を活用して、暗記もコツコツ進めよう！

📅 まとめ期（1月〜受験直前）

●「寝る前と朝」は絶好の復習タイム！

　この時期は、覚えたことを忘れにくくするためにも、復習する時間を意識してほしい。おすすめの時間は「寝る前と朝」。人間は、寝る直前に覚えたことは「覚えたことが、それぞれぶつかり合いにくい」と言われていて、記憶に定着しやすい。だから、寝る前（メガネを外す前、電気を消す前……）に、その日に覚えたことを一気に総復習してみよう。朝起きたタイミングで、もう一度見直すと、完璧だ。目安の時間は「夜10分、朝5分」。この15分間が、君を合格へと導いてくれるはずだ。

　そして、「暗記ドア」もフル活用をしてほしい。直前期にこそ、力を発揮する。どんどん覚えて、どんどん新しいふせんに貼りかえよう。覚えにくいものは、目立つ色のふせんに書き直すのがおすすめ！　その作り直す経験が、「あのときにやった語句だ」と記憶を強くしてくれる。

　くり返しになるが、焦る必要はない。でも、急ぐ必要はある。社会は覚えたぶんだけ点数が伸びていく。さぁ、焦らず、急ごう！

世界の姿・日本の姿、世界の人々の生活と環境 本冊 P.010, 011

解答

1 (1) **太平洋、大西洋** (2) **イ**

(3) **北緯45度、東経105度**

(4) 記号：**⑤** 国名：**オーストラリア**

(5) （例）<u>赤道から離れる</u>

2 (1) **B** (2) **エ**

3 (1) **ア、イ** (2) **ウ** (3) **12時間**

4 (1) **タイガ** (2) **A：ア B：ウ C：イ**

(3) **⑤**

解説

1 (1) 三大洋とは、**太平洋、大西洋、インド洋**の三つの大洋をさす。⑤のアメリカ合衆国はインド洋には面していない。

(2) 地図で経線は15度ずつ引かれているので、地点A、B間の経度差は15〔度〕×8＝120〔度〕である。赤道の全周を約4万kmとするので、地点A、B間の実際の距離は、40,000〔km〕÷360〔度〕×120≒13,333…〔km〕となる。

(3) 0度の緯線（赤道）より北側を**北緯**、南側を**南緯**といい、0度の経線（**本初子午線**）より東側を**東経**、西側を**西経**という。地図より、緯線と経線はそれぞれ15度ずつ引かれていることから、Xは北緯45度、東経105度の地点にある。

(4) 地図中の⑧はインドネシア、⑪は日本、⑤はオーストラリア。⑧〜⑤の4か国のうち、人口密度が最も低いdはオーストラリアである。オーストラリアは面積は世界第6位の広さであるが、人口は日本より少ない。人口密度が最も高いaは日本で、bはインドネシア、cはアメリカ合衆国となる。

(5) 緯線と経線が直角に交わる地図では、赤道から離れ、緯度が高くなるほど、実際の面積よりも大きく表される。

2 (1) 地図は中心からの距離と方位が正しい地図であるから、東京を中心に16方位で考える。Aのイタリアの首都ローマは北北西の方角、Bのサウジアラビアの首都リヤドは西北西の方角、Cのオーストラリアの首都キャンベラは南南東の方角、Dのブラジルの首都ブラジリアは北北東の方角に位置している。

(2) **ア**：**あ**と**い**は同じ円上に位置し、東京からの距離は同じであるが、緯度は異なる。

イ：赤道ではなく、中心から離れるほど形がゆがみ、実際の面積より大きく表される。

ウ：北極から南極までの距離は、約20,000kmである。

3 (1) 東経140度の経線が通る県は、北から、青森県、秋田県、山形県、福島県、栃木県、茨城県、千葉県である。これらの県のうち、県名と県庁所在地の都市名が異なるのは、栃木県（宇都宮市）と茨城県（水戸市）である。

(2) 時差は経度差15度で1時間発生する。文中に「約2時間早い」とあるので、西端と東端は経度差が30度あることがわかる。わが国の西端の**与那国島**はおよそ東経123度に位置し、東端の**南鳥島**はおよそ東経153度に位置しているので、経度差は約30度となる。沖ノ鳥島は国土の南端に位置する。

(3) リオデジャネイロと東京の経度差は、135〔度〕＋45〔度〕＝180〔度〕。経度15度ごとに1時間の時差が生じるから、時差は180÷15＝12〔時間〕である。

4 (1) **シベリア**などに分布する針葉樹林帯をタイガという。

(2) 地図中のAは**熱帯**に属するので、一年中気温が高い**ア**、Bは**冷帯（亜寒帯）**に属するので、冬の気温が低い**ウ**で、残った**イ**はCの**温帯**である。

(3) 資料2中のaはキリスト教、bはイスラム教、cはヒンドゥー教、dは仏教である。また、資料3はイスラム教徒がモスクで礼拝をしているようすである。地図中の⑧のラオスでは仏教、⑪のインドではヒンドゥー教、⑤のサウジアラビアではイスラム教、⑥のドイツではキリスト教の信者が多い。

2 アジア州 本冊 P.014, 015

解答

1 (1) **イ** (2) **ウ** (3) **ア**

2 (1) **経済特区**

(2) （例）**国民の所得が増えて需要が高まり、国内販売向けの生産が増えたため。**

3 (1) **ウ** (2) **ア** (3) **プランテーション**

④ (1)　**イ**　　(2)　A：**イ**　B：**ア**　C：**ウ**

⑤　（例）原油がとれなくなることを考え、原油にたよる経済から脱却するため。

解説

① (1)　南アジアでは、夏は海から、冬は大陸から**季節風（モンスーン）**がふく。**ハリケーン**は、主にカリブ海で発生し、メキシコ湾岸など北アメリカ大陸沿岸をおそう熱帯低気圧である。

(2)　地図中のAはサウジアラビア、Bはインド、Cはタイ。資料中のXはヒンドゥー教の割合が高いのでインド、Yはイスラム教の割合が高いのでサウジアラビア、Zは仏教の割合が高いのでタイである。

(3)　インドの急速な経済成長の1つの要因として、英語や数学の教育水準の高さがあげられる。また、20世紀末ごろからICT産業や自動車産業に力を入れる政策が行われており、工業が盛んである。

② (1)　**経済特区**に進出した外国企業は、製品の輸出入にかかる関税が免除されたり、企業にかかる税金が安くなったりするなど優遇される。

(2)　資料1より、中国の平均賃金が年々増加していること、資料2より、中国では自動車の生産台数が増加しているが、生産台数に比べて輸出台数は少なく増加もわずかなことから、そのほとんどが国内需要向けであることが読み取れる。

③ (1)　**ASEAN**は**東南アジア諸国連合**の略称で、インドネシア、カンボジア、シンガポール、タイ、フィリピン、ブルネイ、ベトナム、マレーシア、ミャンマー、ラオスの10か国が加盟している。**ア**の**EU**はヨーロッパ連合、**イ**の**APEC**はアジア太平洋経済協力会議、**エ**の**MERCOSUR**は南米南部共同市場の略称である。

(2)　地図中のⅠはタイ、Ⅱはインドネシアである。Ⅰのタイは、1980年代は農作物が輸出の中心であったが、2000年代以降は工業化が進み機械類や自動車の輸出が増加したので、Ⅲとなる。

(3)　インドネシアやマレーシアでは、植民地時代に、天然ゴムやコーヒーなどの商品作物を大規模に栽培する**プランテーション**がつくられた。1960年代からは、パーム油を生産するために、油やしを栽培するプランテーションや製油工場がつ

くられた。

④ (1)　地図中のXの国はインドである。ヒンドゥー教徒が人口の約80％を占め、カーストとよばれるきびしい身分制度の名残りが現在も根強く残っている。

(2)　Aは中国南部～中部の地域であることから**イ**の温帯気候、Bはモンゴル周辺なので**ア**の乾燥帯気候、Cはロシアのシベリアあたりなので**ウ**の冷帯気候があてはまる。

⑤　資料1から、原油の埋蔵量には限りがあり、近い将来とれなくなってしまうこと、資料2から、アラブ首長国連邦では原油以外の輸出品が増えていることが読み取れる。

3 ヨーロッパ州／アフリカ州　本冊 P.018, 019

解答

① (1)　**フィヨルド**　　(2)　**ライン川**

(3)　**エ**　　(4)　**ラテン**

② (1)　**混合農業**

(2)　（例）**パスポート**なしに国境を自由に通過することができるようになった。

(3)　**ア、ウ**

③ (1)　**熱帯**　　(2)　**ウ**　　(3)　**レアメタル（希少金属）**

(4)　（これらの国々は）（例）ヨーロッパの国々の植民地支配を受けていたから。

④ (1)　**エ**

(2)　（例）輸出割合の多くをしめるカカオ豆の**価格が不安定である**

解説

① (1)　氷河によってけずられたところは、氷河がとけたあと深いU字谷となり、そこへ海の水が入ると、奥行きが深く、水深も大きい入り江となる。

(2)　ライン川は、スイスのアルプス山脈に源を発し、フランス、ドイツ、オランダなどを流れて北海に注いでいる。

(3)　ヨーロッパ西部は、暖流である**北大西洋海流**の上空を吹く**偏西風**の影響で、緯度のわりに温暖な気候となっている。

(4)　ヨーロッパの南西に位置するフランス、イタリア、スペインなどはラテン系言語である。

2 (1) 混合農業は、食用作物と飼料用作物を栽培し、牛や豚などの家畜を飼育する農業である。

(2) パスポートなしに国境を自由に通過することができるようになったことで、EUに加盟している国の人々は、自由に好きなところに住み、働けるようになった。

(3) **イ**：EU加盟国でも、スウェーデンなど**ユーロ**を導入していない国もある。

　　エ：EU域内では、西ヨーロッパと東ヨーロッパの国々の間で**経済格差**が拡大している。

3 (1) アフリカ大陸のほぼ中央を通る赤道付近には、**熱帯**が分布している。

(2) **カカオ豆**は、チョコレートやココアの原料として、輸出されている。

(3) **レアメタル**（希少金属）は、近年は、スマートフォンの液晶や自動車の部品などにも使われている。

(4) アフリカでは、一部の国を除いてほとんどの地域が19世紀末までにヨーロッパ諸国の植民地となり、独立した後の現在も旧宗主国の言語が公用語として利用されている。

4 (1) 輸出の9割以上をダイヤモンドが占めている**エ**がボツワナである。**ア**は鉄鉱石やコーヒー豆があることからブラジル、**イ**は原油が大半を占めていることから、ペルシャ湾岸に位置するアラブ首長国連邦、**ウ**は原油や液化天然ガスなどの鉱産資源が多いことからロシア。

(2) 資料1より、輸出品目のうち割合が最も多いのはカカオ豆であり、資料2より、そのカカオ豆の国際価格が大きく変動していることが読み取れる。このように、一国において、特定の農作物や鉱産資源の生産・輸出にたよる経済のことを**モノカルチャー経済**という。このような国では、その輸出品の価格の変動が国の収入に大きく影響するため、経済が不安定になりやすい。

<table>
<tr><td>**4**</td><td>北アメリカ州／南アメリカ州／オセアニア州</td><td>本冊 P.022, 023</td></tr>
</table>

解答

1 (1) **ア**　(2) **スペイン**　(3) **シリコンバレー**
　　(4) **メキシコ**

2 (1) **適地適作**
　　(2) （例）**大型機械**を使って、広大な**農地**を経営する

3 (1) **A：アンデス山脈**　　**B：アマゾン川**

(2) （例）キトの標高がマナオスに比べて高いから。

(3) **バイオエタノール**（バイオ燃料）

(4) **焼畑**

4 (1) **イ**　(2) **ア**　(3) **Ⅰ：鉄鉱石**　**Ⅱ：石炭**

(4) **イギリス：ア**　　**中国：エ**

解説

1 (1) **グレートプレーンズ**は、ロッキー山脈の東側に位置し、**プレーリー**はグレートプレーンズより東側、中央平原はそのさらに東側に位置する平原である。

(2) **ヒスパニック**は、仕事を求めてアメリカ合衆国に移住する場合が多いが、母国より高収入ではあるものの、低賃金で働く人が少なくない。

(3) 電子部品であるICや半導体はシリコンを材料とすることから、**シリコンバレー**とよばれるようになった。

(4) アメリカ、カナダ、メキシコの間では、1992年に**ＮＡＦＴＡ**（北米自由貿易協定）が結ばれたが、それに代わる新たな協定として、2018年に**ＵＳＭＣＡ**（米国・メキシコ・カナダ協定）が結ばれた。

2 (1) アメリカ合衆国では、**適地適作**の方法で農作物が栽培されているため、農業地域区分がはっきりしている。

(2) 資料1より、日本とアメリカの農業において「農民一人あたりの機械の保有台数」に大きな差はないが、「農民一人あたりの農地面積」で大きな差があることが読み取れる。また資料2から、アメリカ合衆国は、大型の装置（スプリンクラー）を使用していることがわかる。アメリカ合衆国では、利益を上げることを目的としてこのような企業的な農業経営が行われている。

3 (1) **アンデス山脈**は、南アメリカ大陸を太平洋岸にそってほぼ南北に走る険しい山脈で、環太平洋造山帯に属している。**アマゾン川**は、ナイル川に次ぐ世界で2番目に長い河川である。アンデス山脈に源を発し、ブラジル北部を横断して大西洋に注いでいる。

(2) キトはアンデス山脈に位置し、マナオスよりも標高が高い。高地では標高が100m上昇するごとに、気温は約0.6度ずつ下がるため、同じ緯

度でも高地では気温が低くなる。アンデス山脈
の地域は、赤道に近いが標高が高いため気温が
低くなる。こうした高山地域に特有な気候を**高
山気候**という。

(3) **バイオエタノール(バイオ燃料)**は、大気中の二
酸化炭素を吸収して光合成する植物を原料とす
るため、燃やしても計算上は大気中の二酸化炭
素を増やさないとみなされ、環境にやさしいエ
ネルギーとして注目されている。

(4) **焼畑農業**は、熱帯地方で古くから行われてきた
移動式の農業である。山林を焼き払い、できた
灰を肥料としてイモ類を栽培し、土地の養分が
なくなると他の地域へと移動する。

4 (1) オーストラリアでは、人口が最も多いシドニー
が有名であるが、首都は**キャンベラ**である。

(2) **アボリジニ**は、古くから採集・狩猟生活を営ん
でいたが、ヨーロッパからの移民により土地を
奪われたり、病気にかかったりして、人口が大
きく減少した。**イ**の**イヌイット**はカナダ北部の
先住民族、**ウ**の**マオリ**はニュージーランドの先
住民族である。**エ**の**ヒスパニック**は、スペイン
語を話すメキシコやカリブ海諸国から移住して
きた人々である。

(3) オーストラリアでは、鉄鉱石は主に北西部、石
炭は主に北東部・南東部で採掘される。

(4) オーストラリアの貿易相手国は、かつては植民
地支配を受けていたイギリスが中心であった。
近年はアジア各国との関係が深まり、中国が第
1位の貿易相手国となっている。資料2中の
1980年と2000年で輸出割合が大きい**イ**は日
本、残った**ウ**はアメリカ合衆国である。

5 地域調査／日本の特色① 本冊 P.026, 027

解答

1 (1) **イ**　　(2) **エ**
2 (1) **扇状地**　　(2) **ウ**
3 (1) **環太平洋**　　(2) **ウ**
　 (3) **(例)多くの水蒸気を含んで**
4 (1) **(例)長さが短く、流れが急であるという特徴。**
　 (2) **(例)自然災害によって起こる被害を予測する
ため。災害が発生したときに避難場所や防災関連施
設などの情報を示すため。　　などから1つ**

解説

1 (1) **イ**のように、調べたい分野について、くわしい
人に話を聞くことを**聞き取り調査**という。

(2) 地形図では上が北になる。「高等学校」の地図記
号は⊗、「市役所」の地図記号は◎である。**ア**：
2万5千分の1の地形図では、等高線は10mご
とに引かれ(主曲線)、50mごとに太い線(計曲
線)で表される。「美術館血」のある地点は、80
mの標高点よりも低い場所にある。**イ**：実際の
距離は、(地図上の長さ)×(縮尺の分母)で計算
される。5×25,000＝125,000〔cm〕＝1,250
〔m〕＝1.25〔km〕となる。**ウ**：「河井町」付近には
建物が密集している。

2 (1) **扇状地**の中央部は、粒の大きい砂や石でできて
いて水が地下にしみこみやすいため、主に、も
もやぶどうなどの果樹園に利用されている。

(2) **ア**：標高が200m以上あるのは Y の付近のみで
ある。**イ**： X の付近の標高はおよそ150mであ
る。**エ**： X と Y の中間地点の標高は100m以下
である。

3 (1) **環太平洋造山帯**は、太平洋をとりまく、高くけ
わしい山脈が連なる造山帯。南アメリカ大陸の
アンデス山脈から北アメリカ大陸のロッキー山
脈、千島列島、日本列島、フィリピン諸島、ニュー
ジーランドまで続いている。一方、ユーラシア
大陸南部の高くけわしい山脈が東西に連なる造
山帯をアルプス・ヒマラヤ造山帯という。

(2) 地図中の①は釧路、②は金沢、③は高松、④は
那覇である。③は、年間を通じて降水量が少な
く温暖な**瀬戸内の気候**に属するので、**ウ**があて
はまる。グラフの**ア**は、冬の寒さがきびしく、年
間を通じて降水量が少ない北海道の気候(①)、
イは冬の降水量が多い日本海側の気候(②)、**エ**
は冬でも温暖な南西諸島の気候(④)である。

(3) 日本海側の気候は、北西の方角からふく季節風
の影響で、冬の降水量が多い。これは、冬に北
西からふく季節風が、日本海を渡るときに大量
の水蒸気(湿気)を含むためである。

4 (1) 資料1より、日本の川は、世界の主な川と比べ
て河口からの距離が短く、川の長さが短いこと
がわかる。また、川の長さが短い上、標高が高
いことから、流れが急になる。

(2) **ハザードマップ**は、火山の噴火や津波、洪水な

どの自然災害について、災害が起きたときに被害が発生しやすい地域や、避難経路、避難場所などが示された地図である。**防災マップ**とも呼ばれる。

6 日本の特色②
本冊 P.030, 031

解答

1 (1) イ　(2) イ、ウ、エ
(3) A：イ　B：ウ　C：ア

2 (1) Ⅰ：京浜工業地帯　Ⅱ：中京工業地帯
Ⅲ：阪神工業地帯
(2) ウ

3 (1) A：大阪府　B：山梨県　C：静岡県
(2) （例1）農業就業人口が減少し、高齢化が進んでいる。
（例2）農業就業人口が減少しており、15〜64歳の農業就業人口の割合も減少している。

4 (1) ① ア　② ウ
(2) 記号：Y
理由：(例)航空機で輸送するのに適した、比較的軽量の品目が上位にみられるから。
(3) （例）原油はほとんど輸入しており、海外から船で原油を運び入れるのに便利であるから。

解説

1 (1) 人口ピラミッドは、社会の発展にともなって、一般に**富士山型→つりがね型→つぼ型**へと変化する。**ア**はつりがね型、**イとエ**はつぼ型、**ウ**は富士山型なので、**ア**は1970年の日本、**ウ**は1970年の中国である。残った**イとエ**を比較すると、**イ**は30歳代の人口がその前後の年代と比べて少ないことが読み取れることから、1979年から**一人っ子政策**を実施してきた中国と判断できる。
(2) **再生可能エネルギー**とは、自然界に再生し、くり返し利用できるエネルギーのことで、地熱、風力、太陽光のほか、水力、バイオマスなどがある。**ア**と**オ**は資源に限りのある化石燃料である。
(3) 最も割合が大きい**A**は火力発電。2000年に比べて2019年の割合が大きく低下している**B**は原子力発電である。原子力発電は、2011年に発生した東日本大震災による福島第一原子力発電所の事故が起きるまでは、火力発電に次いで

割合が大きかった。

2 (1) 地図中の**A**は**京浜工業地帯**、**B**は**中京工業地帯**、**C**は**阪神工業地帯**である。資料1の**Ⅰ〜Ⅲ**のうち、出荷額が最も多く機械工業の割合が高い**Ⅱ**は中京工業地帯、金属工業の割合が高い**Ⅲ**は阪神工業地帯である。
(2) **P**には木材や石油製品、液化天然ガスなどの品目がみられるため、輸入額の品目別の割合であり、**r**には原油があてはまる。日本は資源に乏しいため、原料や燃料を輸入し、工業製品をつくって輸出する**加工貿易**で発展してきたことから判断できる。

3 (1) 果実の産出額が最も多く、漁業産出額がない**B**は山梨県、漁業産出額が最も多い**C**は静岡県である。静岡県には、日本有数の水揚量の焼津港がある。
(2) 資料2から、農業就業人口が減少していること、資料3からは、65歳以上の高齢者の割合が増加し、15歳〜64歳の割合が減少していることが読み取れる。

4 (1) 日本では、第1次産業(農林水産業)の割合が低下する一方、第3次産業(商業・サービス業など)の割合が増加している。よって、資料1中の**X**は第3次産業、**Y**は第2次産業である。**エ**の運輸業は第3次産業に含まれる。
(2) **成田国際空港**は、航空機による輸送であることから、通信機や医薬品、コンピュータなど軽量で高価な品目が上位を占める**Y**であるとわかる。千葉港は、京葉工業地域に位置していることから、工業原料である石油や液化ガスなどを船で輸入している。
(3) 資料3より、原油は、国内生産量よりも、海外からの輸入量が圧倒的に多いことが読み取れる。日本は原油を海外からの輸入にたよっており、原油は大型の石油タンカーで主に中東地域から運ばれてくる。

7 九州地方／中国・四国地方
本冊 P.034, 035

解答

1 (1) ア　(2) カルデラ
(3) 名称：シラス台地
理由：(例)水はけがよいから(水もちが悪いから)。

(4)　**大分県**　　(5)　**エ**

2 (1)　**イ**

(2)　(例)台風が通ることが多いので、台風に伴う暴風雨の被害を受けないようにするため。

3 (1)　**ウ**　　(2)　**X：きゅうり　Y：みかん**

4 (1)　(例)**日本海や太平洋**から吹く湿った風が山地によってさえぎられ、**乾いた風**が吹くから。

(2)　理由：(例)フェリーを使わず移動できるようになり、短時間で往来できるようになったから。

記号：**ア**

解説

1 (1) 低緯度から高緯度に向かって流れる海流は暖流である。**リマン海流**は、日本海を南下する海流。

(2) 地図中のXは**阿蘇山**である。

(3) **シラス台地**は、火山の噴火によって生じた火山灰土や軽石で厚くおおわれており、水もちが悪い。大量の水が必要な稲作には適さないため、畑作や畜産が盛んである。

(4) 大分県は、温泉の源泉の数やわき出る湯の量が日本一であり、別府温泉や湯布院温泉が特に有名である。

(5) **地熱発電**は、地下にある高温の熱水や蒸気を利用して発電する。

2 (1) 人口が最も多い①は福岡県、豚の産出額が最も多い②は鹿児島県、第3次産業の就業者割合が最も高い③は観光業が盛んな沖縄県、地熱発電電力量が最も多い④は大分県である。

(2) 沖縄県は、台風の影響を多く受けることから、暴風雨に備えるための工夫をこらしている。

3 (1) Ⅰ・Ⅱとも、工業別の割合が最も高いAは機械工業で、Bには化学工業があてはまる。また、瀬戸内工業地域には、製鉄所や石油化学コンビナートが集中しているため、金属工業や化学工業の割合が高い。よって、**Ⅰが瀬戸内工業地域**である。

(2) Xは高知県の収穫量が最も多いことから、きゅうりである。南四国に位置する高知平野では、冬でも温暖な気候を生かし、ビニールハウスを利用した野菜の**促成栽培**が盛んである。夏が旬であるきゅうりやなす、ピーマンなどを冬から春にかけて出荷している。Yは愛媛県の収穫量が最も多いことから、みかんである。愛媛県は、和

歌山県や静岡県と並ぶ、みかんの代表的な産地である。

4 (1) 資料2から読み取れるように、冬の季節風は日本海側に雪や雨を降らせ、夏の季節風は太平洋側に雨を降らせる。瀬戸内海に面した高松市は、夏・冬とも季節風が中国山地と四国山地にさえぎられるため、降水量が少なくなる。

(2) 資料4より、移動時間が約1時間短くなったことが読み取れる。フェリーでの行き来は、出航時間や天候に制限されやすく、本州四国連絡橋の開通により、鉄道や自家用車によって、いつでも都合のよいときに移動できるようになった。岡山県と香川県を結んでいるのは**児島・坂出ルート**である。**イ**の**神戸・鳴門ルート**は兵庫県と徳島県、**ウ**の**尾道・今治ルート**は広島県と愛媛県を結ぶ。

8 近畿地方／中部地方　本冊 P.038, 039

解答

1 (1)　記号：**B**　都市名：**神戸市**

(2)　山地名：**紀伊山地**　記号：**ア**

(3)　**ウ**　　(4)　**ア**

2 (1)　記号：**Y**

大都市圏名：**京阪神大都市圏**
(大阪大都市圏、関西大都市圏)

(2)　**ア**

(3)　(例)歴史的な価値のある景観や町並みを守るため。

3 (1)　**赤石**

(2)　記号：**ア**
理由：(例)冬の**季節風**の影響によって、冬の降水量が多いため。

(3)　**エ**

4 (1)　**エ**

(2)　(例)雪が多く降り、農作業ができなかった

(3)　新潟県：**ウ**　長野県：**イ**

解説

1 (1) Aは京都府、Bは兵庫県、Cは和歌山県である。

(2) **紀伊山地**では降水量が多いため、樹木の生長が早く、すぎやひのきを生産する林業が盛んである。**イ**の九条ねぎと**ウ**の賀茂なすは京都府、**エ**

の木曽ひのきは岐阜県・長野県の特産物。

(3) 舞鶴は日本海側に位置しているため、冬は北西からの季節風の影響で、雨や雪が多く降る。

(4) イの輪島塗は石川県、ウの小千谷ちぢみは新潟県、エの南部鉄器は岩手県の伝統的工芸品である。

2 (1) 資料1中のXは東京大都市圏（東京都、埼玉県、神奈川県、千葉県）、Yは京阪神大都市圏（大阪府、京都府、兵庫県など）、Zは名古屋大都市圏（愛知県、岐阜県、三重県）である。この三つの大都市圏をあわせて**三大都市圏**といい、日本の総人口の約半分を占めている。

(2) 工業生産額が多い**ア**と**エ**のうち、米や畜産の生産額が最も多い**ア**は兵庫県で、**エ**は大阪府となる。**イ**と**ウ**のうち、国宝・重要文化財の指定件数が最も多い**イ**が京都府である。

(3) 京都には、寺や神社など多くの文化財があり、その歴史的価値が評価され、世界文化遺産にも登録されている。それらの歴史的な景観や町並みを守り、後世に受けついでいくために、条例が制定された。

3 (1) **日本アルプス**は、飛騨山脈、木曽山脈、赤石山脈の総称で、3,000m級の山々が連なっている。そのけわしい峰々や美しい景観から、ヨーロッパのアルプス山脈にならって、このように呼ばれる。

(2) Aの地点は、日本海側の気候に属することから、冬の降水量の多い**ア**があてはまる。中部地方の北陸は、冬の北西からの湿った季節風の影響を強く受けて雪が多く降り、特に山あいの地域は世界でも有数の豪雪地帯となっている。夏の降水量の多い**ウ**は太平洋側の気候に属するC、年間を通じて降水量の少ない**イ**は中央高地（内陸）の気候に属するBのグラフである。

(3) 愛知県と三重県北部に広がる**中京工業地帯**では、愛知県豊田市を中心に自動車産業が盛んである。そのため、機械工業の占める割合が高くなっている。また、愛知県東海市には製鉄所があり、金属工業の占める割合が2番目に高くなっている。

4 (1) **ア**の会津塗は福島県、**イ**の西陣織は京都府、**ウ**の南部鉄器は岩手県、**エ**の輪島塗は石川県の伝統的工芸品である。

(2) 北陸地方では雪におおわれる期間が長い冬には、

屋内で作業できる織物や漆器、金物などの工芸品を作る副業が行われ、地場産業として発達してきた。

(3) 資料1で、輸送用機械器具の出荷額が多い**ア**は豊田市を中心に自動車の生産が盛んな愛知県である。資料2で、米の産出額の割合が高い**ウ**は稲作が盛んな新潟県、果実の産出額の割合が高い**イ**は長野県である。新潟県に広がる越後平野は全国有数の稲作地帯であり、中央高地にある長野盆地では、扇状地の水はけのよさや昼と夜の気温差が大きい気候を生かし、ぶどう、もも、りんごなど果実の栽培が盛んである。

9 関東地方／東北地方 　本冊 P.042, 043

解答

1 (1) **関東ローム**　　(2) **ア**
(3) **抑制栽培**
(4) **記号：C**
理由：(例)C県は、東京へ通勤・通学する人口が多く、昼間人口が少なくなるから。
(5) **ヒートアイランド**

2 (1) **京浜工業地帯**
(2) （群馬県の主な産地は、千葉県に比べて）(例)**標高が高いため、夏でも涼しい気候を生かして生産しているから。**

3 (1) **奥羽**　　(2) **やませ**　　(3) **エ**　　(4) **ア**

4 (1) (例)リアス海岸は、波が少なく海がおだやかであるため。
(2) **エ**

解説

1 (1) **関東ローム**は、かつて富士山、箱根山などの噴火により放出された火山灰が堆積してできた。

(2) **利根川**は日本最大の流域面積をもつ川で、日本最大の平野である関東平野の中央部を東西に流れている。

(3) 地図中のA県は群馬県である。**群馬県嬬恋村**では、夏でも涼しい高原の気候を生かした**キャベツ**の生産が盛んである。

(4) 地図中のB県は山梨県、C県は神奈川県である。これらの2つの県を比べると、神奈川県の方が東京に近いことから、通勤や通学のために県外

に行く人が多いので、夜間人口100に対する昼間人口の割合は小さくなる。

(5) **ヒートアイランド現象**は、自動車やエアコンから人工熱が放出されるとともに、ビルの増加やアスファルト舗装により熱が蓄積されやすくなったことで起こる。

2(1) **京浜工業地帯**は、東京都・神奈川県・埼玉県にまたがる工業地帯。かつては日本最大の工業出荷額であったが、1990年代以降、工場の閉鎖や移転が進み、出荷額は減少した。

(2) 資料1から、千葉県からの入荷量が少なくなる夏に、群馬県から多く入荷していることが読み取れる。また、資料2からは、嬬恋村は銚子市よりも夏の気温が低いことが読み取れ、資料3の「高温に弱い」キャベツの生産に適していることがわかる。

3(1) **奥羽山脈**は、青森県から栃木県まで連なる日本最長の山脈で、東北地方を太平洋側と日本海側に二分している

(2) 寒流の親潮(千島海流)の上を**やませ**が吹くと、太平洋側では気温が十分に上がらず、日照時間も少なくなるため、農作物の生長がさまたげられる冷害が発生しやすい。

(3) 1993年に収穫量が大きく減少した理由としては、やませにより冷害が起こったことがあげられる。米は、高温多湿の環境に適した農作物のため、やませが吹くと、収穫量が大きく減少することもある。1993年には多くの地域で冷害が起こり、東北地方が大きな被害を受けただけでなく、日本中が米不足に悩まされた。

(4) **イ**の西陣織は京都府、**ウ**の会津塗は福島県、**エ**の天童将棋駒は山形県の伝統的工芸品である。

4(1) 岩手県と宮城県に共通する地形は、リアス海岸である。リアス海岸は、起伏の多い山地が海に沈んでできた、入り江の多い複雑な海岸地形で、こんぶ、わかめ、かきなどの養殖に適している。

(2) 人口と漁業生産量が最も多いXは宮城県である。aは青森県の産出額が最も多いので、果実である。冷涼な青森県では、津軽平野を中心にりんごの栽培が盛んで、国内の生産量の半分以上を占めている。bは米となり、米の産出額が最も多いZは秋田県、残ったYは岩手県である。

---

10 北海道地方／地域の在り方 本冊 P.046, 047

解答

1(1) **イ** (2) **栽培漁業** (3) **ウ**

2(1) 地域:**C** 記号:**イ**

(2) (例)農家一戸あたりの耕地面積が大きく、大型の機械を使って農業を行っている。

3(1) (例)道路が開通したことで観光客が増加し、自然環境が損なわれたので、自然環境の保全と観光の両立を目指す取り組みを行ってきた。

(2) (例)この町は、スキー客の減少によって観光客の人数が減っており、また冬以外の観光客が少ないという課題がある。そこで、外国人観光客を誘致したり、冬以外のイベントを増やしたりするなど、年間を通した観光客数の増加をめざすという方針がとられた。

解説

1(1) 北海道は**冷帯(亜寒帯)**に属しており、夏は短く寒さがきびしい冬が長いのが特徴である。**ア**:北海道では、山地はほぼ南北に走っており、釧路市には山で囲まれた盆地はみられない。**イ**:北海道の太平洋側の気候についての説明である。太平洋側では、夏に南東からふく季節風には水分が多くふくまれ、これが寒流の影響によって冷やされるため、沿岸部には濃霧が発生する。**ウ**:北海道の日本海側の気候についての説明である。**エ**:冬に流氷が押し寄せるのは、北東部のオホーツク海沿岸である。

(2) 育てる漁業のうち、**養殖業**は、魚や貝類などを人工の池などで管理し、大きくなるまで育てたあとにとる漁業である。

(3) 新幹線が通っていない**ア**と**イ**は、奈良県、沖縄県のいずれかである。世界遺産登録数が多く、空港のない**ア**が奈良県、**イ**が沖縄県となる。残った**ウ**と**エ**のうち、空港の数が多い**ウ**が北海道である。

2(1) 地図中のBには石狩平野、Dには根釧台地が含まれる。**十勝平野**は日本有数の畑作地域であり、気温が低い地域での栽培に適した小麦やてんさい、じゃがいも、小豆などの生産が盛んである。**ア**は**石狩平野**、**ウ**は**根釧台地**における農業の説明である。

(2) 資料1から、北海道の畑作の農家一戸あたりの
耕地面積は、全国平均の10倍以上あること、ま
た、資料2から、大型の機械を使用しているこ
とが読み取れる。耕地面積が広い北海道では、大
型トラクターや機械を利用した大規模な農業が
行われている。

3 (1) 資料2を見ると、1980年に「知床横断道路開通」
した約20年後の1999年に「自動車の乗り入れ
規制」が開始されたことから、環境の悪化が進ん
だと考えられる。その後も、「知床エコツーリ
ズムガイドライン策定」といった施策をとり、自然
環境の保全に取り組んでいることが読み取れる。
また、資料1からは、「自動車の乗り入れ規制」が
開始された1999年以降も観光客数がそれほど
減少していないことが読み取れる。このことか
ら、自然環境の保全と観光の両立を目指してい
ることがわかる。

(2) 資料3から、観光客の多くがスキー客であり、ス
キー客の減少にともなって観光客の総数も減っ
てきていることが読み取れる。資料4からは、冬
の観光客は多いものの、それ以外の季節は極端
に観光客が少ないことが読み取れる。これらが
課題としてあげられる。また、メモの「観光振興
を基本政策の1つとした」から、方針は「観光客
数の増加」で、そのためにさまざまなイベントが
実施されていることが読み取れる。

11 文明のおこりと日本の誕生 本冊 P.050, 051

解答

1 (1) **ア** (2) **ア** (3) **ア** (4) **イ**
2 (1) **旧石器時代** (2) **ア** (3) **イ**
3 (1)① **イ** ② **前方後円墳**
(2)① **渡来人** ② **ア**
4 (1) （例)**大和政権（ヤマト王権）の勢力は、九州地方
から関東地方まで広がっていた。**
(2) （例)**朝鮮半島の南部における軍事的な指揮権
を認めてほしかったから。**
（例)**鉄を確保するために、朝鮮半島の国々に対して
優位な立場でいようとしたから。**

解説

1 (1) 資料1は、ピラミッドの写真で、ナイル川流域

におこったエジプト文明を代表する遺跡である。
略地図中の**イ**はメソポタミア文明、**ウ**はインダ
ス文明、**エ**は中国文明。

(2) 王が政治や祭りを進めた殷では、戦争など大事
なことを決めるときに占いが行われ、その記録
が亀の甲や牛の骨に刻まれた。この文字が**甲骨
文字**とよばれる。

(3) メソポタミア文明はチグリス川・ユーフラテス
川流域、エジプト文明はナイル川流域、インダ
ス文明はインダス川流域、中国文明は黄河・長
江流域などと、いずれも大河の流域で成立した。

(4) **イ**：紀元前5世紀頃のギリシャでは、アテネな
どの都市国家（ポリス）で、市民全員が参加する
民会を中心に民主的な政治（直接民主政）が行わ
れていた。

2 (1) **打製石器**を使って狩りや採集などを行い、食料
を求めて移動する暮らしをしていた時代を**旧石
器時代**という。約1万年前まで続いた。

(2) 青銅器は銅とすずの合金でつくられ、祭りの道
具として使われた。銅鐸は、銅鏡などとともに
主に祭りのための宝物として使われた。

(3) たて穴住居は、縄文時代から奈良時代ごろまで
の、一般の人々の住居である。岩宿遺跡は、旧
石器時代の代表的な遺跡である。

3 (1)① 大仙古墳（仁徳陵古墳）は大阪府堺市にある。
② 前側が方形（四角形）、後ろ側が円形になっ
ていることから、**前方後円墳**とよばれる。規模
が大きいのが特徴である。

(2)① 渡来人は、仏教や儒教、漢字などのほか、須
恵器とよばれる硬質の土器のつくり方や土木技
術なども日本に伝えたとされている。
② 仏教が伝来したのは古墳時代。**イ**の土偶は
縄文時代につくられた。**ウ**の青銅器と**エ**の稲作
は弥生時代に伝えられた。

4 (1) 埼玉県の稲荷山古墳と熊本県の江田船山古墳か
ら、同じ大王の名が刻まれた鉄剣と鉄刀が出土
したことから考える。5世紀後半までに、九州
地方から関東地方までの豪族たちは、大和政権
（ヤマト王権）に従ったとされる。

(2) 当時の中国の皇帝の権力は、東アジア全体に及
んでいた。その権威を借りることで、倭（日本）
の王としての地位を高め、朝鮮半島の国々との
関係を有利なものにしようとして使者をたびた

び送った。

12 律令国家の成立と貴族の政治 _{本冊} P.054, 055

解答

1 (1)　ウ

(2)　(例)家柄に関係なく、才能ある人を役人に登用
しようとした。

(3)　小野妹子　　(4)　ア

2 (1)　イ　　(2)　ウ　　(3)　イ

3 (1)　エ　　(2)　X：国司　　Y：口分田

4 (1)　ア　　(2)　天平文化　　(3)　万葉集

5 (1)　ウ

(2)　(例)後一条天皇の祖父として、摂政に就こうと
した。

(例)孫の後一条天皇の摂政の職に就こうとした。

(3)　イ　　(4)　ウ

解説

1 (1)　**十七条の憲法**は、天皇の地位を明らかにし、朝
廷の役人の心得を示したものである。

(2)　**冠位十二階**は、有力な豪族などといった家柄に
とらわれず、才能や功績のある人物を役人に取
り立てるために制定された。位が12に分けられ
ている。

(3)　**小野妹子**は遣隋使として隋に派遣された。阿倍
仲麻呂は遣唐使として唐に派遣された。菅原道
真は遣唐使の停止を提言した。

(4)　**法隆寺**は、世界文化遺産に登録されている。**イ**
の正倉院は奈良時代、**ウ**の平等院鳳凰堂と**エ**の
延暦寺は平安時代に建てられた。

2 (1)　**天智天皇**は、日本初の戸籍をつくるなどして、**律
令政治**の基礎を固めた。

(2)　**大化の改新**では、唐の律令のしくみにならい、そ
れまで豪族が支配していた土地と人々を、国家
が直接支配するようにした。

(3)　朝鮮半島で、唐と新羅により百済がほろぼされ
ると、中大兄皇子は百済を助けるために大軍を
送ったが、唐と新羅の連合軍に大敗した。この
できごとを白村江の戦いという。

3 (1)　**藤原京**は、現在の奈良県に置かれた。**ウ**は平城
京の置かれた場所である。

(2)　X　全国は国・郡に区分され、国には都の貴族

を国司として派遣し、その下の郡には地元の豪
族を郡司に任命して、人々を治めさせた。

Y　**口分田**は、満6歳以上の男女に与えられた
土地で、その人が亡くなると国に返すことに
なっていた。

4 (1)　**平城京**は、広い道路によって碁盤の目のように
区画されていた。奈良時代は、平城京に都がお
かれた710年から、平安京に都がおかれる794
年までである。

(2)　**天平文化**は、聖武天皇のころの年号が天平で
あったことから、このようによばれた。

(3)　「**万葉集**」には、天皇や貴族、農民、防人などが
よんだ和歌が約4500首収められている。

5 (1)　朝廷は、当初多賀城(宮城県)に役所を置き、岩
手県や秋田県に城・柵とよばれるとりでを築い
て、東北地方に進出した。アテルイとの戦いの
際は、胆沢城(岩手県)が拠点となった。

(2)　資料から、藤原道長の2人の娘たちは天皇と結
婚し、その子も天皇となっていることが読み取
れる。**摂政**とは、幼少の天皇を補佐する役職の
こと。藤原道長は、3人の娘を次々に天皇に嫁
がせ、その生んだ子を天皇の位につけて、約30
年にわたって政治の実権を握り、**摂関政治**の全
盛期を築いた。

(3)　**ア**の「**万葉集**」は奈良時代につくられた和歌集，
ウの「**日本書紀**」と**エ**の「**古事記**」は奈良時代につ
くられた歴史書である。

(4)　**最澄**は遣唐使とともに唐にわたった日本の僧侶
で、帰国後、比叡山に延暦寺を建てて天台宗を
広めた。**ア**の鑑真は奈良時代に唐から来日し、日
本に仏教の正式な戒律を伝えた。**イ**の行基は、奈
良時代に東大寺の大仏づくりに協力した。**エ**の
法然は平安時代末に浄土宗を開いた。

13 武士の政治の始まりと発展 _{本冊} P.058, 059

解答

1 (1)　X：イ　　Y：ウ

(2)　(例)自分の娘を天皇のきさきとしたこと。

2 (1)　ウ

(2)　①　X：地頭　　Y：承久

②　(例)朝廷を監視するため。

(3)　①　北条泰時

② （例）武士の慣習に基づいて裁判の基準を
定め、さまざまな争いを公正に解決するため。

(4) ウ

3 (1) 北条時宗

(2) （例）元軍が、火薬を武器に使ったから。

(3) イ

4 (1) 管領　(2) ア　(3) ウ

(4) 分国法　(5) ア、エ　(6) 狂言

解説

1 (1) 保元の乱は、平安時代末期に、院政の実権をめ
ぐる天皇と上皇の対立に藤原氏一族の争いが結
びついて起こった乱である。アとエは、室町時
代に起こった応仁の乱についての記述である。

(2) 資料2から、平清盛は娘の徳子を高倉天皇のき
さきにしていることが読み取れる。平清盛は藤
原氏と同じように、生まれた子を天皇に立てて
天皇との関係を強め、武士として初めて政権を
手に入れた。

2 (1) 御恩は、将軍が、御家人の以前からの領地を保
護し、手がらに応じて新しい領地を与えること
をいう。これに対して奉公は、御家人が将軍に
忠誠をちかい、合戦に出て戦ったり、京都や鎌
倉の警備にあたったりすることをいう。

(2) ①X　荘園・公領に設置された地頭は、土地の
管理や年貢の取り立てを担当した。これに対し
て守護は、軍事・警察と御家人の統率を担当し、
国ごとにおかれた。Y　承久の乱で、後鳥羽上
皇は幕府打倒をめざして挙兵したが、北条政子
のよびかけのもと一致団結した幕府側に敗れた。
②　京都に六波羅探題を設置したことにより、
西国にも幕府の支配が広くおよぶようになった。

(3) 御成敗式目（貞永式目）は、御家人の権利・義務
や、領地の裁判などについての武家社会のしき
たりをまとめたもの。

(4) アの法然は浄土宗、イの日蓮は日蓮宗（法華宗）、
エの栄西は禅宗の1つである臨済宗を広めた。

3 (1) 北条時宗は鎌倉幕府8代執権で、元からの服属
の要求を断り、1274年の文永の役、1281年の
弘安の役という2度にわたる元軍の襲来を退け
た。

(2) 元軍の襲来（元寇）のとき、元軍は陶器に火薬や
鉄片などをつめた「てつはう」という火器を使用

して日本軍を苦しめた。

(3) 元軍を退けたものの、領地の獲得がなかったた
め、幕府は御家人に十分な恩賞を与えることが
できず、御家人たちからの信頼を失うことに
なった。アの「武士の社会の慣習に基づいた法」
とは御成敗式目のことで、元寇よりも前につく
られた。エの「民衆が団結して一揆を起こす」よ
うになったのは室町時代。

4 (1) 管領は将軍を補佐する役職で、侍所、政所、問
注所を統括した。

(2) 勘合が用いられたのは、海賊行為をはたらいて
いた倭寇の船と正式な貿易船とを区別するため
である。勘合貿易（日明貿易）では、日本は銅銭
や絹織物などを輸入し、日本からは刀や銅、硫
黄などを輸出した。

(3) 応仁の乱は、室町時代に、将軍家のあとつぎ争
いに、有力な守護大名である細川氏と山名氏の
勢力争いがからんで起こった。

(4) 分国法は、戦国大名が領国を支配するために独
自に定めた法令である。これにより、領国内の
家臣や領民を取りしまった。朝倉氏の「朝倉孝景
条々」のほか、武田氏の「甲州法度之次第」、今川
氏の「今川仮名目録」などが有名である。

(5) アの土倉は質屋・金融業者で、質に入れた品物
を保管する土蔵をもつことから、このようによ
ばれた。エの酒屋は酒造業者で、多額の資本を
もとに高利貸し業もかねていた。イの飛脚は江
戸時代に活躍した、手紙や金銀などを送り届け
た人、ウの惣は南北朝時代に成長した農民によ
る自治的な組織。

(6) 能（能楽）は、猿楽や田楽が基になって舞台芸術
へと発展したもの。室町時代、足利義満に保護
され、観阿弥・世阿弥父子が大成した。

14 中世ヨーロッパのようすと安土桃山時代 本冊 P.062, 063

解答

1 (1) カ　(2) ア

2 (1) 南蛮貿易　(2) ア

3 (1) ア　(2) 座

(3) （例）足利義昭を京都から追放し、室町幕府を滅
亡させ

4 (1) 刀狩（刀狩令）　(2) ウ　(3) エ

(4) **千利休** (5) **ウ**

解説

1 (1) バスコ・ダ・ガマは、ヨーロッパからアフリカ大陸の南端を経由するインド航路を開拓した。**A**はアメリカ大陸を発見したコロンブス、**B**は世界一周を成し遂げたマゼランの船隊の航路である。**a**はスペインの植民地、**b**はポルトガルの植民地である。

(2) ヨーロッパでは16世紀前半、カトリック教会に反対する宗教改革が起こった。これに対して、カトリック教会の側でも立て直しを目指し、イエズス会を中心にして、主にアジアやアメリカ大陸への海外布教に力を入れた。プロテスタントとは、カトリック教会に反対する人々のことである。

2 (1) 16世紀に来航するようになったポルトガル人やスペイン人のことを南蛮人といったため、**南蛮貿易**とよばれるようになった。

(2) 南蛮貿易では、日本は銀や刀剣、漆器などを輸出し、中国の生糸や絹織物、ヨーロッパの毛織物やガラス製品などを輸入した。

3 (1) 長篠の戦いは、三河(愛知県)の長篠で起こった。織田信長・徳川家康連合軍が大量の鉄砲を有効に使い、騎馬隊を中心とする武田軍を破ったことで知られる。**イ**の桶狭間の戦いは、1560年に織田信長が駿河の今川義元を破った戦い、**ウ**の関ヶ原の戦いは、1600年に徳川家康が石田三成を破った戦いである。**エ**の鳥羽・伏見の戦いは、江戸時代末期の1868年に起こった旧幕府軍と新政府軍との戦いである。

(2) 資料は、楽市令である。市の税を免除し、商工業者の同業者組合である座による仕入れや販売の独占を廃止した。

(3) 織田信長は、足利義昭を立てて京都に上ったが、のちに対立した義昭を京都から追放して室町幕府をほろぼした。

4 (1) **刀狩令**は、農民から武器を取り上げて一揆を防ぎ、農業に専念させることを目的とした。

(2) X 石高は、田畑の生産量を米の収穫量で表したもの。**太閤検地**は、土地と農民を直接支配し、年貢を確実に取り立てることを目的に行われた。
Y **豊臣秀吉**は明を従えようとして朝鮮に服属

をせまったが、朝鮮がこれを拒否したため、2度にわたり大軍を送った。

(3) 豊臣秀吉は、はじめはキリスト教を保護したが、長崎がイエズス会の領地にされると全国統一のさまたげになると考え、宣教師を海外へ追放する命令(バテレン追放令)を出した。**ア**の天正遣欧少年使節(天正遣欧使節)は九州のキリシタン大名が派遣した。**イ・ウ**は江戸幕府の政策である。

(4) **千利休**は堺の豪商出身で、織田信長・豊臣秀吉に仕え、秀吉の政治にも参加した。

(5) **ア**は室町時代の文化、**イ**と**エ**は江戸時代の文化について述べた文である。

15 江戸時代 本冊 P.066, 067

解答

1 (1) **武家諸法度** (2) **ア**

2 (1) **イ**

(2) ① **ア** ② **カ**

3 (1) **(例)キリスト教の布教を行うことがなかったから。** (2) **ウ**

4 (1) **エ** (2) **イ、ウ**

解説

1 (1) **武家諸法度**は1615年に最初に出された。その後、江戸幕府3代将軍徳川家光によって、参勤交代の制度が加えられた。

(2) 1792年にラクスマン、1804年にレザノフがそれぞれロシアの使節として通商を求めてきたが、江戸幕府はこれを拒否した。その後、イギリスやアメリカ合衆国の船も日本に接近したため、幕府は1825年に**異国船打払令**を出した。この法令は、外国船の撃退を命じたものであった。

2 (1) 江戸幕府の幕府領は、全国の石高の約4分の1であった。よって、**イ**が適当である。**ア**は最も多いので大名領、**ウ**は寺社領、**エ**は天皇・公家領である。

(2) ① 文章中に、「新たに江戸や大阪の周辺にある大名や旗本の領地を直接支配しようとした」とあることから、老中の水野忠邦が行った、**天保の改革**の内容である。水野忠邦は、大名や旗本の領地を直接支配しようとしたが、大名や旗本

の強い反対にあい、取り消した。

イは18世紀後半に**寛政**の改革を行った老中、**ウ**は1858年に**日米修好通商条約**を結んだ大老である。

② **カ**は1837年に起こったできごと。**エ**は幕末の1868年、**オ**は大正時代の1918年、**キ**は江戸時代の1637年のできごとである。

3 (1) オランダは、幕府が禁止していたキリスト教の布教を行わなかったので、**鎖国**の体制のなかでも貿易を許された。オランダとの貿易は長崎の人工の島である**出島**で行われ、オランダの商人は**出島**から出ることを禁止されていた。

(2) 幕府は年貢を増やすために農業の発展に力を入れ、新田開発や用水路の整備を行った。また、備中ぐわや脱穀を効率的に行うことができる千歯こきなど、新しい農具が開発された。これらによって、18世紀はじめには、16世紀末にくらべて、農地面積が約2倍に増えた。**ア**は飛鳥時代末から奈良時代、**イ**は鎌倉時代や室町時代について、**エ**は室町時代のころについて述べたものである。

4 (1) **朱子学**は、儒学のなかでも主従関係や上下関係を重視する内容であったので、幕府から奨励された。**ア**は、オランダ語で西洋の学問・文化を研究する学問。**イ**は、仏教や儒教が伝わる前の日本人の考え方を学ぶ学問。**ウ**は地球外の天体や物質を研究する学問。

(2) **化政文化**は、19世紀前半に江戸の庶民を中心に栄えた文化である。文学では、幕府を批判したり、世の中を皮肉に表現したりする川柳や狂歌が流行した。また、十返舎一九の「東海道中膝栗毛」や曲亭(滝沢)馬琴の「南総里見八犬伝」などが人気であった。また、絵画では**錦絵**と呼ばれる多色刷りの版画が広まり、東洲斎写楽が歌舞伎役者をえがいた。また、葛飾北斎や歌川(安藤)広重が風景画、喜多川歌麿が美人画をえがいた。

---

16 ヨーロッパの近代化と幕末 本冊 P.070, 071

解答

1 (1) エ　(2) エ

(3) A：カ　B：ウ　C：イ

(4) (例)アヘンを栽培して、清に輸出した

2 (1) 記号：イ　位置：D

(2)① X　イ　Y　長州

② ・領事裁判権(治外法権)を認めた。

・関税自主権がない。

(3) 大政奉還　(4) 王政復古の大号令

(5) 戊辰戦争

3 (1) ウ　(2) カ

解説

1 (1) フランスの「**人権宣言**」は、人民主権、自由・平等、私有財産の不可侵などを明らかにした宣言。近代の人権確立の基礎となった。**モンテスキュー**は「法の精神」で三権分立を説き、**ルソー**は社会契約説と人民主権を主張した。

(2) 北部では商工業が発達していたため、奴隷を必要とせず、保護貿易を主張した。一方、南部では大地主が奴隷を使い、綿花を栽培し、海外へ輸出していたため、自由貿易を主張した。北部を指導した**リンカン大統領**は、南北戦争では奴隷解放宣言を発表して勝利に導いた。ゲティスバーグ演説での演説、「人民の、人民による、人民のための政治」という言葉が有名である。

(3) 蒸気機関は、石炭などの燃料を燃やして蒸気を発生させ、そのエネルギーを利用して動力を得る機関。紡績機などにも取り付けられて実用化され、生産力は飛躍的に高まった。

(4) イギリスは、18世紀には中国(清)と貿易を行っていたが、大きな赤字であった。そこでイギリスは、綿織物をインドへ輸出し、インドで麻薬のアヘンを大量に栽培して清に売り、中国製品を買うようにする**三角貿易**を行った。これに対して清はアヘンの取りしまりを行った。資料には、イギリスの軍艦の砲撃を受けて炎上する清の帆船が描かれている。アヘンの輸入をめぐってイギリスと清との間に起こった**アヘン戦争**のようすを表したものである。この戦争では、近代的装備をもったイギリスが清を圧倒した。1842年、清は降伏し、南京条約を結んだ。

2 (1) ペリーは、日本の開国を求めるアメリカ合衆国大統領の国書を持って浦賀(神奈川県)に来航した。**ア**の新潟と**ウ**の兵庫(神戸)は1858年の**日米修好通商条約**によって開かれた港、**エ**の下田

（静岡県）は1854年の**日米和親条約**によって開かれた港である。

(2) ①X　**ア**の水野忠邦は**天保の改革**を行った老中、**ウ**の勝海舟は幕臣で、**西郷隆盛**と話し合い、江戸城無血開城を実現した。

Y　長州藩では、木戸孝允や高杉晋作らが活躍した。**尊王攘夷運動**の中心となり、その後、**薩長同盟**を結んで薩摩藩とともに**倒幕運動**を進めた。

②　日米修好通商条約では、外国人が罪を犯しても本国の法律で裁く**領事裁判権（治外法権）**を認めていたため、日本で裁判ができなかった。また、輸入品に対して自主的に関税を決める**関税自主権**が日本にはなかった。

(3)・(4)　大政奉還と王政復古の大号令が出されたことにより、260年余り続いた江戸幕府がほろんだ。

(5)　戊辰戦争は、1869年の五稜郭の戦いで、旧幕府軍が降伏したことで終結した。

3 (1) 日米修好通商条約締結後、自由貿易が開始されると、安価な綿糸・綿織物などが大量に輸入され、国内の生産地は大きな打撃を受けた。そのうえ、日本では銀の価格が欧米諸国に比べて高かったことから、外国人によって金貨が銀で大量に買われ、海外に流出した。

(2) C（1825年）→ B（1854年）→ A（1860年）の順。

17 明治維新と日本の近代化 　本冊 P.074, 075

解答

1 (1) **五箇条の御誓文**　(2) 版：**土地**　籍：**人民**

(3) （例）あらかじめ定めた地価を**基準**にして税をかけ、**土地の所有者**が現金で税を納める

(4) **廃藩置県**　(5) **富国強兵**

2 (1) X：**ウ**　Y：**屯田兵**　(2) **福沢諭吉**

(3) **ア**

3 (1) ①　**ア**

②（例）幕末に結んだ**不平等条約**を改正すること。

(2) **征韓論**

4 (1) **自由民権運動**　(2) **西南戦争**

(3) **ア**　(4) **伊藤博文**　(5) **ウ**

(6) A：**15**　B：**25**　C：**男子（男性）**

解説

1 (1) **五箇条の御誓文**は、公家や大名に対して新しい政府の基本方針を示したもので、広く意見を聞いて政治を行うこと、外国の文化や制度、技術などを取り入れること、外国との交際を深め国を発展させること、など5箇条からなる。

(2) **版籍奉還**は、明治政府が藩主の所有する土地と人民を朝廷に返させた政策である。

(3) 江戸時代は、年貢米を徴収していたことから、豊作・凶作によって幕府の収入に大きな差が生じていた。**地租改正**で、毎年決まった金額を納めさせることで、政府の財政が安定するようになった。

(4) **廃藩置県**は、藩を廃止して府県を置いた政策である。知藩事に代わって、政府から任命・派遣された府知事・県令（のちの県知事）が地方の政治を行った。この結果、中央集権国家の基礎が完成した。

(5) **富国強兵**は、欧米の強国に対抗できる近代国家をつくるため、明治政府が掲げたスローガンである。

2 (1) 北海道の開発・行政を行う官庁として、1869年に開拓使が設置された。開拓の中心になったのは、北海道以外の地域から移住してきた、農業を行う兵士である**屯田兵**である。

(2) 「学問のすゝめ」は、人間の平等と尊さ、学問の大切さなどを説いたもので、多くの人に読まれた。

(3) **ア**は第二次世界大戦後のようすについて述べた文。

3 (1) ①　津田梅子は、7歳のとき岩倉使節団に随行し、日本最初の女子留学生としてアメリカ合衆国に渡った。帰国後、女子教育に力を注ぎ、女子英学塾（現在の津田塾大学）を設立した。

②　岩倉使節団は、幕末に結んだ不平等条約の改正のために欧米に派遣されたが、日本はまだ法律や制度が整っていないとされ、交渉は失敗に終わった。その一方で、欧米の進んだ政治のしくみや産業、文化などを視察し、この経験をもとに帰国後、近代化が推し進められた。

(2) 岩倉使節団に参加した岩倉具視や大久保利通、伊藤博文らは、欧米の進んだ文明を見て帰国したため、海外への武力行使よりも、日本の近代

化を進めることが最優先であると考えていた。

4 (1) 自由民権運動は、**板垣退助**らが**民撰議院設立の建白書**を政府に提出し、国会の開設を求めたことから始まった。

(2) **西南戦争**では、明治政府が行う改革に不満をもった私学校生を中心とした士族が、西郷隆盛をおし立てて挙兵した。しかし、徴兵令によってつくられた政府軍に鎮圧された。

(3) **イ**の大隈重信は、国会の開設に備えて立憲改進党を結成し、党首となった。

(4) **伊藤博文**は、ヨーロッパでドイツ（プロイセン）の憲法を研究し、大日本帝国憲法の草案づくりにも大きな役割を果たした。

(5) X　大日本帝国憲法下の議会（帝国議会）は、皇族・華族などからなる貴族院と、国民の選挙で選ばれた議員からなる衆議院の二院で構成されていた。現在の日本国憲法のもとでは、衆議院と参議院の二院制がとられている。

Y　枢密院は、憲法草案を審議するために、1888年に創設された。憲法制定後は、天皇の相談に応じる最高機関となり、内閣と対立することもあった。

(6) 第1回衆議院議員総選挙時の有権者は、当時の日本の人口のわずか約1.1%（約45万人）にすぎなかった。

18　日清・日露戦争と産業の発展　本冊 P.078, 079

解答

1 (1) （例）**イギリス**に**領事裁判権**を認めていたため。
（例）**治外法権**を認めていたため。

(2) **ア**

2 (1) **ア**　(2) **イ**　(3) **ア**

(4) 記号：**エ**　国名：**ロシア**

3 (1) 語句：**南満州**　記号：**ウ**

(2) （例）**日清**戦争よりも死者や戦費が増えたのに、**賠償金**が得られなかったから。

4 (1) **エ**　(2) **カ**　(3) **ウ**

解説

1 (1) 日本はイギリスに**領事裁判権（治外法権）**を認めており、日本の法律で裁けなかったため、日本人乗客を助けなかったイギリス人船長は軽い刑

罰で済んだ。このため、国民の間に不平等条約の改正を求める声が高まった。

(2) 小村寿太郎外務大臣は、1911年にアメリカ合衆国との間で条約を結び、関税自主権の完全な回復に成功した。

2 (1) 風刺画には、朝鮮（魚）をねらって日本と清が対立し、そのようすをロシアがうかがっているところが描かれている。

(2) 甲午農民戦争は、朝鮮半島で東学という民間宗教を信仰する農民が、重税や役人の不正に反対して起こした大反乱である。朝鮮政府がこれをおさえるために清に出兵を求めると、日本も朝鮮に出兵し、**日清戦争**のきっかけとなった。

(3) **イ**のポーツマス条約は日露戦争の講和条約。

(4) **三国干渉**は、ロシア、フランス、ドイツの三国が、日清戦争後に結ばれた下関条約によって日本が獲得した遼東半島を、清に返還するよう要求したできごとをいう。日本には対抗できる力がなかったので、やむなくこの要求を受け入れた。

3 (1) 南満州鉄道株式会社は1906年に設立された半官半民の会社で、ポーツマス条約で得た南満州における鉄道の経営や鉱山の採掘などを行った。また、ポーツマス条約により、樺太（サハリン）の南半分を日本の領土とすることが決定された。

(2) 資料から、日清戦争よりも**日露戦争**のほうが、死者・戦費とも圧倒的に多いことが読み取れる。日清戦争の講和条約（**下関条約**）では賠償金が得られたのに対し、日露戦争の講和条約（**ポーツマス条約**）では賠償金は得られなかったことから、人々は政府を非難し、日比谷焼き打ち事件が起こるなどした。

4 (1) **八幡製鉄所**は福岡県北九州市につくられた日本初の本格的な製鉄所。日本の重工業発達のきっかけとなり、北九州工業地帯の基礎を築いた。

(2) 幕末に貿易が始まった後、外国から安価な綿糸が大量に輸入されたため、**A**には綿糸があてはまる。また、日本では日清戦争のころ、産業革命が軽工業で始まり、綿花を輸入して綿糸を生産する紡績業が発達した。よって**B**には綿花があてはまる。また、貿易開始後から日露戦争後にいたるまで、生糸は日本の主要な輸出品であった。よって、**C**には生糸があてはまる。

(3) 明治時代の綿糸の生産と貿易については、1890
年に綿糸の生産量が輸入量を上回り、日清戦争
後の1897年に輸出量が輸入量を上回った。

19 二度の世界大戦　　本冊 P.082, 083

解答

1 (1)　a：フランス　　　d：イタリア

(2)　(例) 戦争に必要な船や鉄鋼などを生産し、重工
業が急成長したから。

(例) 戦場ではない日本に、軍需品の注文があいつい
だから。

(例) 連合国などへの工業製品の輸出が増えたから。

(3)　ウ

2 (1)　①　ウィルソン大統領　　②　ア

(2)　ア

3 (1)　(例) 米の買いしめによって、米の価格が上がっ
た

(2)　ウ

(3)　(例) 直接国税による制限がなくなり、満25歳
以上のすべての男子に選挙権が与えられたから。

(4)　民本主義　　(5)　エ

4 (1)　X：イ　　Y：イ

(2)　(例) 政党内閣が終わった。

(3)　(例) 満州国は独立した国であること。

(4)　ア→ウ→イ

(5)　ポツダム

解説

1 (1)　**三国協商**は、三国同盟に対抗して1907年まで
に成立した、イギリス、フランス、ロシア3か
国の外交・軍事同盟。また、**三国同盟**は、1882
年に結ばれたドイツ、オーストリア、イタリア
3か国の軍事同盟。ロシアでは、1917年ソビエ
ト政権が成立し、1918年3月単独でドイツと講
和した。したがって、bはロシア、cはドイツ
である。

(2)　日本では、八幡製鉄所の操業開始以降、鉄鋼・
造船業を中心に重工業中心の産業革命がおこっ
た。第一次世界大戦中は連合国などから軍需品
の注文が大量に入り、輸出量が輸入量を大幅に
上回る状態になった(大戦景気)。

(3)　資料3中の**X**にあてはまるのはドイツ。**ア**はフ

ランス、**イ**はロシア、**エ**はインドについて述べ
た文である。

2 (1)　①　アメリカ合衆国のウィルソン大統領は、
1918年に発表した「十四か条の平和原則」のな
かで、国際平和機関の設立、公海航行の自由、軍
備縮小などを示した。

②　**ア**のワシントン会議は1921～22年に開
かれた。**イ**のベルサイユ条約は第一次世界大戦
終結後の1919年に結ばれた。**ウ**はロシア革命
の説明で、第一次世界大戦中の1917年に起
こった。**エ**は第一次世界大戦のきっかけとなっ
たできごとである。

(2)　**世界恐慌**は、1929年にアメリカ合衆国の、
ニューヨークで株価が大暴落したことをきっか
けに始まり、世界各国に広がった深刻な不況の
ことをいう。本格的な社会主義経済を目指し「**五
か年計画**」を進めていたソ連は、世界恐慌の影響
をほとんど受けることなく、工業国へと発展し
ていった。**イ**は日本、**ウ**はアメリカ合衆国、**エ**
はイギリスが進めた政策である。

3 (1)　第一次世界大戦中の好景気によって物価の上昇
が続くなか、シベリア出兵をみこして米の買い
占めが行われ、米の価格が急騰した。これに対
して富山県の漁村の女性たちが米の安売りなど
を要求する暴動を起こし、それが新聞で報道さ
れると、暴動は全国各地に広がった。このでき
ごとを**米騒動**という。

(2)　**ア**の犬養毅は1932年の五・一五事件で暗殺さ
れた。**イ**の桂太郎は、20世紀はじめごろに藩閥
政治を進めた。**エ**の原敬は、1918年、日本で
最初の本格的な政党内閣を組織した。

(3)　選挙権が満25歳以上の男子すべてにあたえら
れたことによって有権者が1920年から約4倍
に増えた。一方で、普通選挙制の実現によって
社会主義運動が高まるのを警戒し、普通選挙法
と同時に**治安維持法**が制定された。治安維持法
は、社会主義運動や共産主義者に対する取りし
まりを強化するための法律である。

(4)　吉野作造が提唱した**民本主義**は、国民の政治参
加のために、普通選挙と政党内閣制の実現を求
める考え方である。

(5)　**ウ**の青鞜社は、1911年に平塚らいてうらが設
立した、女性解放を目的とした文芸団体である。

4 (1) X：日本の関東軍は、1931年に奉天郊外の柳条湖（リウティアオフー）で南満州鉄道の線路を爆破した。これを柳条湖事件という。これを中国側が行ったこととして、日本は軍事行動を始めた（満州事変）。盧溝橋では、1937年に日中両国軍が武力衝突した盧溝橋事件が起こり、これをきっかけに**日中戦争**が始まった。

Y：中国では、孫文の死後に中国国民党を率いた蔣介石が1927年に南京に国民政府をつくり、翌年には中国をほぼ統一した。

(2) **五・一五事件**は海軍青年将校らが首相官邸や警視庁などをおそい、満州国の承認に反対する態度をとっていた犬養毅首相を暗殺した事件である。この事件以降、政党の党首が首相にならず、軍人出身者主導の内閣が多くなり、政党政治は途絶えた。

(3) 日本は、満州が独立した国であると主張した。一方、中国の訴えにより国際連盟が派遣したリットン調査団は、一連の動きを日本の侵略とみなし、満州国の不承認や、日本軍の引きあげを勧告した。

(4) **ア**（1939年）→**ウ**（1940年）→**イ**（1941年）の順。

(5) **ポツダム宣言**は、ドイツの首都ベルリン郊外のポツダムで、アメリカ合衆国、イギリス、ソ連の首脳が会談を行い、日本に対してアメリカ合衆国、イギリス、中国の名で発表された。

20 現代の日本と世界

本冊 P.086, 087

解答

1 (1) （例）地主が持つ**小作地**を**政府**が強制的に買い、**小作人**に安く売った。
　(2) （例）満20歳以上の男女すべてに与えられた

2 (1) **オ**　　(2) **ウ**

3 (1) **ア**　　(2) **ウ**　　(3) A：**イ**　　B：**ウ**

4 (1) X：**石油危機（オイル・ショック）**
　　　Y：**バブル経済**
　(2) **イ**　　(3) **イ→エ→ア→ウ**

解説

1 (1) 1940年と1950年のグラフを比較すると、自作地の割合が大幅に増え、逆に小作地の割合が大幅に減っていることが読み取れる。自作地とは

自分で所有し耕作している土地、小作地とは他人の土地を借りて耕作している土地のことである。**農地改革**は、小作農をなくして自作農を増やし、農村を民主化することを目指した。

(2) 1945年の選挙法改正で、満20歳以上のすべての男女に選挙権が与えられた。これにより、女性にも参政権が認められ、1946年の衆議院議員総選挙では、39名の女性議員が誕生した。

2 (1) P：ベトナム戦争について述べた文である。アメリカ合衆国は1965年から北ベトナムへの激しい爆撃と地上軍の派遣を行ったが、1973年に軍隊を引きあげた。

Q：**朝鮮戦争**について述べた文である。朝鮮戦争は、1950年に北朝鮮（朝鮮民主主義人民共和国）が朝鮮を統一しようと韓国（大韓民国）に攻め込んで始まった。アメリカ合衆国軍を中心とする国連軍が韓国を支援し、北朝鮮には中国の義勇軍が加わった。

R：ドイツについて述べた文である。第二次世界大戦後、西側をアメリカ合衆国・イギリス・フランス、東側をソ連に占領されていたドイツでは、1949年、西側に資本主義国のドイツ連邦共和国（西ドイツ）、東側に社会主義国のドイツ民主共和国（東ドイツ）が成立した。

(2) マルタ島での米ソ両首脳による会談を**マルタ会談**といい、アメリカ合衆国大統領ブッシュとソ連共産党書記長ゴルバチョフによって冷戦の終結が宣言された。

3 (1) X：1950年に朝鮮戦争が起こると、アメリカ合衆国は講和を急ぐようになった。

Y：日本国内では、すべての交戦国と講和を結ぶべきとの意見（全面講和論）もあったが、アメリカ合衆国を中心とする西側の資本主義陣営との間で講和を結ぶとする立場（単独講和論）に方針を決定し、1951年、48か国との間で**サンフランシスコ平和条約**を結んだ。

(2) ソ連は冷戦での対立を背景に、日本の国際連合への加盟に反対していたが、1956年に日ソ共同宣言に調印し、日本との国交が正常化した。これにより、日本は国際連合への加盟を認められ、国際社会に復帰した。

(3) 田中角栄内閣は、日中国交正常化を実現させた。

4 (1) X：1度目に経済成長率が0％を下回っているの
は1974年で、その前年に起こった**石油危機（オ
イル・ショック）**が原因である。石油危機は、イ
スラエルとアラブ諸国の紛争（**第四次中東戦争**）
をきっかけに、アラブの産油国が石油価格の大
幅な引き上げなどを行ったことから、世界経済
が大きく混乱したことをいう。

　　　Y：2度目に経済成長率が0％を下回っているの
は1993年で、**バブル経済**の崩壊が原因である。
バブル経済崩壊後、大量の失業者が発生するな
ど不況に陥った。

(2) 白黒テレビとの入れ替わりで普及率が高まった
イがカラーテレビである。**ア**は電気冷蔵庫、**ウ**
は乗用車、**エ**はコンピュータ。

(3) **イ**（1945年）→**エ**（1950年）→**ア**（1960年）→**ウ**
（1968年）の順。

21 現代社会と日本国憲法　本冊 P.090, 091

解答

1 (1) **イ、ウ、オ**　　(2) **ア**

2 (1)① **多数決**　　② **エ**

(2) X：（例）東京都を希望する生徒が多いクラスの
数が最も多い

　　　Y：（例）愛知県を希望する生徒の数が最も多い

3 (1) **ウ→イ→ア**

(2) （例）国民の代表によって制定された法

4 (1) （例）国の政治を決定する権利を国民が持つこ
と。

(2) A：**イ**　　B：**ウ**　　(3)① **象徴**　　② **ア、エ**

(4) **エ**

解説

1 (1) **核家族**世帯とは、夫婦のみ、夫婦と未婚の子ど
も、一人親と未婚の子どもからなる世帯のこと
をいう。核家族世帯は全世帯数の半分以上を占
める（2020年）。**エ**は三世代世帯である。

(2) X：**ICT**（情報通信技術）とは、コンピュータやイ
ンターネットなどを使った情報・通信に関する
技術のことである。**AI**は人工知能のことで、記
憶や学習、判断など人間が行う知的な活動を人
工的に再現する技術のことである。

　　　Y：**マスメディア**とは、新聞やテレビ、ラジオ、

雑誌など、たくさんの人々に対して情報を伝え
る手段のことをいう。

2 (1) ① 多数決は、限られた時間で結論を出す場合
などに、より多くの人が賛成する意見を採用す
る方法である。

(2) X：クラス単位でみると、B組、C組、D組で
は、「行き先を東京都」と希望する生徒が最も多
い。

　　　Y：生徒数でみると、「行き先を愛知県」と希望す
る生徒の数は64名で、愛知県が最も多い。

3 (1) **ア**は1948年、**イ**は1919年、**ウ**は1789年ので
きごとである。

(2) 法の支配とは、国民だけでなく政治も法に従わ
なければならないという原則である。この「法」
は、国民の意思を反映し、議会（国民の代表者）
によって制定される。

4 (1) **国民主権**とは、国の政治のあり方を最終的に決
定する権利（主権）が国民にあるとする考え方を
いう。平和主義、基本的人権の尊重とともに、日
本国憲法の三大原理の1つである。

(2) **日本国憲法第9条**は、国際紛争を解決する手段
として、戦争をしたり武力を使ったりすること
はしないこと（戦争放棄）、陸海空軍その他の戦
力はもたないこと（戦力の不保持）、戦争時に相
手国に対して攻撃や占領を行う権利を認めない
こと（交戦権の否認）を定めている。

(3) ① 日本国憲法では、天皇は「**日本国と日本国民
統合の象徴**」とされ、政治的権限はもたず、形式
的・儀礼的な行為である国事行為のみを行うこ
とになっている。

　　　② **イ**は内閣総理大臣、**ウ**は国会、**オ**は内閣の
権限である。

(4) 憲法を改正するには、まず、衆議院と参議院の
それぞれで**総議員の3分の2以上**の議員が賛成
することによって国会が発議し、国民投票で有
効投票の**過半数**の賛成を得る必要がある。国民
投票による国民の承認をへて、最後に天皇が国
民の名において公布する。日本国憲法は国の最
高法規であるため、一般の法律とは異なり、そ
の改正には慎重な手続きが必要とされている。

22 基本的人権と新しい人権　本冊 P.094, 095

解答

1 (1) 差別　　(2) エ

　　(3) ユニバーサルデザイン

2 (1) エ　　(2) エ　　(3) 生存権　　(4) 交渉(こうしょう)

3 (1) X：エ　　Y：ア　　(2) エ　　(3) イ

　　(4) エ　　(5) 勤労　　(6) A：ア　　B：エ

解説

1 (1) 障害者差別解消法(しょうがいしゃ)は2013年に制定された。障がいのある人への不当な差別的取り扱い(あつか)を禁止すると同時に、合理的配慮(はいりょ)(障がいのある人への状況に応じた配慮)という考え方が導入された。

(2) **男女雇用機会均等法**(こよう)は1999年に改正され、男女差別をしないようにする努力義務から、してはならないとする禁止規定へと強化された。

(3) **ユニバーサルデザイン**とは、すべての人が使いこなせるようにつくられた製品や施設(しせつ)などのデザインのことをいう。

2 (1) **ア**は「新しい人権」の1つである**知る権利**について述べたものである。**イ**は団結権で社会権、**ウ**は裁判を受ける権利で請求権にあてはまる。

(2) **自由権**は、身体の自由、精神の自由、経済活動の自由に大きく分けられる。**ア**の財産権の保障(ほしょう)は経済活動の自由、**イ**の裁判を受ける権利は、自由権ではなく請求権にあたる。**ウ**の通信の秘密は精神の自由の内容である。

(3) **生存権**は人間らしい生活を営む権利で、**社会権**の中で最も基本となる権利である。これに基づいて、社会保障制度が整えられている。日本国憲法では、社会権として、生存権のほか、教育を受ける権利、勤労の権利、労働基本権を保障している。

(4) 団体行動権は、争議権ともよばれる。

3 (1) **公共の福祉**(ふくし)とは、社会全体の利益を示している。

(2) 新しい人権とは、日本国憲法に直接規定されていないが、社会の変化により新たに主張されるようになった権利。**エ**はこのうち、「知る権利」の説明である。「**新しい人権**」には、ほかに、環境権(かんきょう)やプライバシーの権利、自己決定権などがある。**ア**は学問の自由のことで、自由権の精神の自由にあたる。**イ**は裁判を受ける権利のことで、請

求権にあたる。**ウ**は労働基本権のうちの団体交渉権のことで、社会権にあたる。

(3) 「自分の作品を発表する権利」は、表現の自由の一部で、精神の自由(精神活動の自由)に分類される。**ア**：表現の自由は、日本国憲法第21条で保障されている。**幸福追求権**(憲法第13条)を根拠(こん)(きょ)としているのは、「新しい人権」である。**ウ**：ワイマール憲法で初めて規定したのは社会権である。**エ**：情報公開の制度は、「新しい人権」のうち「知る権利」に基づいて整えられた。(もと)

(4) **インフォームド・コンセント**は、個人が自分の生き方や生活の仕方について自由に決定する自己決定権の考え方に基づいている。

(5) 日本国憲法に定められている国民の義務には、「**子供に普通教育を受けさせる義務**」、「**納税の義務**」、「**勤労の義務**」の3つがあり、このうち、権利として保障されているのは、「勤労」である。

(6) 国際平和のためには、世界各国で人権が尊重されることが重要であるという考えから、世界人権宣言が1948年に採択(さいたく)された。**世界人権宣言**は宣言にとどまり、人権の保障を義務づけるものではなかったため、その内容を条約化したものが**国際人権規約**である。

23 民主政治　本冊 P.098, 099

解答

1 (1) 代表者　　(2) エ　　(3) 世論(せろん)(よろん)

　　(4) 野党(やとう)

2 (1) エ　　(2) X：ア　　Y：比例代表

　　(3) 公職選挙法

　　(4) (例)落選した人に投票された票のこと。

3 (1) X：イ　　Y：ウ

　　(2) a：3　　b：2　　c：1　　d：0

4 (1) 秘密

　　(2) (例)選挙において、有権者がもつ一票の価値が選挙区によって大きく異なるのは、日本国憲法が定めた法の下の平等に反することになる。

　　(3) X：(例)投票率の低い若者世代の投票率を上げる

Y：(例)これまでより若い世代の意見が政治に反映される

(例)これまで以上にいろいろな世代の意見が政治

に反映される

解説

1 (1) **間接民主制**とは、国民が選挙によって代表者を選び、その代表者が政治を行うしくみのことで、議会制民主主義、代議制とも呼ばれる。

(2) 人の支配とは、特定の権力者による支配のことをいい、専制政治がこれにあてはまる。

(3) 政治や経済などの問題について、多くの人々によって共有されている意見のことを世論という。

(4) **野党**に対し、内閣を組織して政権を担当する政党を**与党**という。

2 (1) アの直接選挙は選挙人が候補者に対して直接投票する原則、イの平等選挙は一人一票、同じ価値の選挙権をもつ原則、ウの秘密選挙はどの政党や候補者に投票したのかを他人に知られないようにする原則である。

(2) 小選挙区制は一つの選挙区から一人の代表者を選出する方式、**比例代表制**は得票数に応じて各政党の議席数を決める方式である。

(3) 公職選挙法では、国会議員、地方公共団体の長、地方議会議員の選挙に関する規則を定めている。

(4) 落選者に票を入れた有権者の意思は、直接的には政治に反映されないことになる。

3 (1) 参議院議員の被選挙権の資格年齢は、都道府県知事と同じ満30歳以上である。

(2) ドント式は、各政党の得票数を1、2、3…の整数で順に割っていき、その商の大きい方から順に、定数まで各政党に議席を配分するしくみである。定数が6議席なので、下記の表から、a党は3議席、b党は2議席、c党は1議席配分される。

	a党	b党	c党	d党
÷1	78	72	30	18
÷2	39	36	15	9
÷3	26	24	10	6
議席	3	2	1	0

4 (1) 日本国憲法は、「すべて選挙における投票の秘密は、これを侵してはならない。選挙人は、その選択に関し公的にも私的にも責任を問はれない。」（第15条）と定め、秘密選挙と投票の自由を保障している。

(2) 「**一票の格差**」とは、選挙区ごとに有権者の数と議員定数の比率が異なるため、当選するのに必要となる票の数に差があることをいう。選挙が国民の意見を正しく反映するためには、一票の価値が平等であることが大切である。

(3) 資料3より、他の年代に比べて、20代の投票率が低いことが読み取れる。資料2に、「高等学校や大学」、「SNS」といった言葉があることから、この取り組みは、投票率の低い若い世代の投票率を上げる目的があることがわかる。また、若い世代の投票率が上がると、いろいろな世代の意見がより広く政治に反映されることになる。

24 国会と内閣　本冊 P.102, 103

解答

1 (1) **立法**

(2) （例）任期が短く、解散があることから、<u>国民の意見</u>をより反映しやすい

(3) ア、エ　(4) ウ　(5) A：イ　B：エ

2 (1) エ

(2) （例）衆議院で<u>出席議員の3分の2以上の多数</u>で再び可決したので、成立した。

(3) （例）<u>内閣総理大臣</u>を<u>指名</u>するときに選挙で有利になるから。

3 (1) ア、エ　(2) A：国会　B：国務大臣

(3) ① （例）国会に対しては<u>連帯して責任を負う</u>
　　② **大統領**

(4) **閣議**

4 (1) **政令**　(2) イ　(3) ア

解説

1 (1) 日本国憲法は「国会は、国の<u>唯一の立法機関</u>」であると定め、国会だけが法律をつくることのできるただ一つの機関であることを明記している。

(2) 資料より、衆議院は、参議院と比べて任期が短く、また、解散があることがわかる。

(3) 国会の議決は原則として衆議院・参議院両方の議決の一致によるが、重要なことがらに関しては、衆議院と参議院で議決が異なったとき、衆議院の議決が優先される。これを**衆議院の優越**という。衆議院の優越が認められている重要なことがらとしては、内閣総理大臣の指名、法律案の議決のほか、予算の議決、条約の承認、予

算先議権、内閣不信任決議があげられる。

(4) **ア**の通常国会は、毎年1回1月中に召集される。**イ**の臨時国会は、内閣が必要と認めたとき、または、いずれかの議院の総議員の4分の1以上の要求があったときに召集される。**エ**の参議院の緊急集会は、衆議院の解散中に緊急の必要があるときに召集される。

(5) 衆議院の優越の一例である。衆議院で可決された法案が参議院で否決されたとき、衆議院で出席議員の3分の2以上の多数で再可決すれば、法律になる。

2 (1) **ア**：任期6年の議員によって組織されるのは参議院である。衆議院議員の任期は4年である。**イ**：解散されることがあるのは衆議院。参議院には解散はない。**ウ**：内閣不信任を決議する権限を持つのは衆議院のみである。

(2) 資料より、衆議院で可決された法律案が参議院では否決されているが、衆議院で再び採決され、出席議員467名のうち334名が賛成していることが読み取れる。出席議員の3分の2以上の多数で再可決されていることから、この法律案は法律として成立している。

(3) 衆議院の優越により、内閣総理大臣の指名では衆議院の議決が優先される。そのため、衆議院で議席を多く獲得した政党から、内閣総理大臣が指名され、内閣を組織することが一般的である。

3 (1) **イ**と**ウ**は国会の仕事である。内閣は、法律案や予算をつくり国会に提出する。**ア**について、内閣が締結した条約を国会が承認する。

(2) A：内閣総理大臣は、国会の指名に基づき、天皇によって任命される。
B：国務大臣は、内閣総理大臣によって任命される。ほとんどの国務大臣は、各省の長として行政の仕事を分担している。

(3) ① **議院内閣制**に基づき、内閣の政治が信頼できない場合には、衆議院が内閣不信任の決議を行うことができる。
② アメリカの大統領制では、権力分立が徹底されており、議会は大統領不信任決議権をもたず、大統領には議会の解散権がない。

(4) 内閣の方針や意思を決定する会議である**閣議**の決定は、全会一致で行われる。

4 (1) 政令は内閣が制定する命令で、憲法や法律で決められたことを実施するために制定される。

(2) 総辞職とは、内閣総理大臣と国務大臣全員が辞職することをいう。

(3) **行政改革**とは、大きくなりすぎた行政の仕事を縮小するための改革である。このうち**規制緩和**とは、民間に対して行政機関が行っている許認可権を見直して規制をゆるめ、自由な競争を促進しようとすることをいう。

---

25 裁判所と三権分立 本冊 P.106, 107

▊ 解答

1 (1) X：良心　　Y：法律
(2)① 三審制　　② A：控訴　　B：上告
(3) イ、ウ、エ
(4) （例）憲法に違反していないかどうか

2 (1) 裁判員制度　　(2) イ

3 (1) イ　　(2) イ
(3) （例）国民が最高裁判所の裁判官をやめさせるかどうかを審査する制度。

4 (1) 三権分立（権力分立）　　(2) ウ
(3) （例）権力が一つの機関に集まること

▊ 解説

1 (1) 裁判官は、憲法と法律にのみ拘束され、自らの良心に従って裁判を行う（司法権の独立）。

(2) **三審制**のもと、第一審の判決に不服がある場合には上級の裁判所に**控訴**でき、第二審の裁判にも不服がある場合には、さらに上級の裁判所に**上告**して裁判を受けることができる。

(3) **ア**：現行犯逮捕の場合、令状はなくてもよい。**イ**：被疑者や被告人には、質問に対して答えを拒み、黙っている黙秘権が認められている。**エ**：刑事裁判では被疑者や被告人が弁護人を依頼するが、経済的な事情などがある場合には、国が費用を負担して弁護人（国選弁護人）をつける。

(4) 法律や政令などが憲法に適合するかしないかを決定する権限を**違憲審査権**という。違憲審査は、下級裁判所でも判断できるが、最終的な判断を下すのは最高裁判所であることから、最高裁判所は「憲法の番人」と呼ばれる。

2 (1) **裁判員制度**は、殺人など重大な刑事事件の第一審に国民が裁判員として参加する制度である。

(2) 検察官は、罪を犯した疑いのある人（被疑者）を裁判所に起訴するかしないかを決める公務員で、裁判では証拠に基づいて有罪を主張する。**ア**の裁判官は、裁判を指揮し、当事者から出された証拠に基づいて判断して判決をいいわたす。

3 (1) Y：弁護人は、刑事裁判では検察官に対抗し、被疑者や被告人の利益を守る。民事裁判では、代理人として被告や原告の利益を守る。

(2) 資料には、検察官が配置されていることから刑事裁判であることがわかる。刑事裁判は、殺人や強盗、詐欺などの罪を犯した疑いのある被疑者を検察官が起訴し、有罪か無罪かを決定する裁判である。刑事裁判の第一審では、裁判員裁判が行われる場合がある。**ア・ウ**：民事裁判について述べた文である。**エ**：被害者や遺族が、法廷に入り被告人に直接質問したり、意見を述べたりする被害者参加制度が実施されている。

(3) 最高裁判所裁判官に対する**国民審査**とは、国民が最高裁判所裁判官が適任か、適任でないかを投票により審査する制度をいう。任命後最初の衆議院議員総選挙のとき（その後は10年経過後の総選挙ごと）に国民審査を行い、投票者の過半数が罷免を可（やめさせたほうがよい）とした裁判官は罷免されることになっている。

4 (1) 国家の権力が一つの機関に集中すると、国民の権利がおかされやすいことから、権力を分立させるしくみとして**三権分立**が考えられた。

(2) Xは裁判所から国会への抑制であるから違憲審査の実施、Yは国会から裁判所への抑制であることから、弾劾裁判所の設置があてはまる。弾劾裁判は、裁判官が職務上の義務違反などをしたときに、裁判官をやめさせるかどうかについて決める裁判で、国会が設置する。最高裁判所長官を指名するのは内閣である。

(3) 三権分立は、3つの権力が互いに抑制し合い均衡を保つことにより、権力の集中を防ぎ、国民の基本的人権を守ることを目的としている。

---

26 地方自治 本冊 P.110, 111

解答

1 (1) 民主主義　(2) イ、ウ、エ
(3) 条例　(4) エ

2 (1) イ　(2) ウ

3 (1) X：ウ　Y：ア　Z：イ
(2) X：3036　Y：首長　(3) 地方分権

4 (1) X：イ　Y：ア　Z：ウ
(2) （例）地方公共団体の間で起こる財政の格差をおさえる　(3) エ

解説

1 (1) 地方自治では、地域の人々が直接参加しながら、地域のことを合意で決めていく経験を積むことにより、民主政治のあり方を学ぶことができる。

(2) **ア**は国（政府）が、**オ**は国（政府）から委託を受けた特殊法人が担っている。

(4) 地方自治では、首長と地方議会議員は住民による直接選挙で選出され、一方が強くなりすぎないようなしくみになっている。**エ**：首長は議会に対して連帯して責任を負わない。

2 (1) 住民が**直接請求権**を行使できるのは、**イ**の条例の制定と**ウ**の事務の監査である。事務の監査の請求先は**監査委員**である。

(2) Y：議決を拒否するのは首長で、地方議会に対して行う。

3 (2) 条例の制定を求める直接請求を行う場合、有権者の50分の1以上の署名が必要である。151,820人の50分の1は151820÷50＝3036.4〔人〕で、3036.4人以上の署名が必要なことから、3037人となる。

(3) **地方分権**とは、地方公共団体が自主的に地域の実情にあった政治を行うことをいう。

4 (1) **地方税**は自主財源と呼ばれ、産業が発達している地方公共団体ほど歳入に占める割合が高くなる傾向がある。よって、東京都での割合が高いXが地方税にあてはまる。また、**地方交付税（地方交付税交付金）**は、各地方公共団体間の収入の格差を調整するために国から配分される資金であり、地方税収入が多い地方公共団体ではその金額が少なくなる。よって、東京都での割合が0のYが地方交付税にあてはまる。

(2) 地方交付税交付金と同様に依存財源である**国庫支出金**は、国が地方公共団体に委任した事業を行うために、国から地方公共団体に支出する資金のことをいう。

(3) **エ**：首長は住民による直接選挙で選出されるため、議会で指名することはできない。

27 消費生活と生産・労働　　本冊 P.114, 115

解答

1 (1) **カ**　(2) **契約**

2 (1)① 商品：**ウ**　立替払い：**カ**

② （例）直接代金を支払わないので、<u>支払い能力</u>の範囲内で計画的に使用しなければならない。

(2) **製造物責任法（PL法）**

(3) （例）一定の条件や期間内であれば、<u>契約を解除</u>できる制度。

(4) （例）<u>費用を抑える</u>目的。

3 (1) **X：配当（配当金）**　**Y：株主総会**

(2) **イ**　(3) **証券取引所**　(4) **ベンチャー**

(5) **社会的責任**

4 (1) **イ、オ、カ**　(2) **イ→ウ→ア**

(3) （例）労働者が<u>使用者</u>と対等な立場に立つことができるようにするため。

解説

1 (1) 図中のXは政府から家計に向かっているので、「賃金を払う」「公共サービスを提供」のいずれか。Zは企業から政府に向かっているので「税金を納める」があてはまる。

(2) 一度自分の意思で結んだ契約は、基本的に、合意がなければ取り消すことはできない。

2 (1) ① 「商品」は、店から消費者に渡されるので**ウ**があてはまる。クレジット会社が店に対して立て替えるので、「立替払い」は**カ**があてはまる。

② クレジットカードは、現金を持っていなくても買い物をすることができるため便利であるが、その反面、支払い能力をこえて使いすぎてしまう場合もあるという問題点がある。そのため、クレジットカードは、自分の収入を考えて（支払い能力の範囲内で）計画的に使用する必要がある。

(2) **製造物責任法（PL法）**は、消費者が製造物の欠陥によって生命・身体または財産に損害を受けた場合、企業の過失の有無にかかわらず、生産者に責任を負わせることを定めた法律である。

(3) **クーリング・オフ**とは、訪問販売などで購入契約をし、代金を支払ったあとでも、一定期間内であれば無条件で契約を解除することができる制度である。

(4) 資料2から、合理化によって卸売業者を通さない流れになっていることが読み取れる。小売業者は、製造業者から直接商品を仕入れることで、流通にかかる費用を節約することができる。流通の合理化とは、流通のムダをはぶき、経費を節約することをいう。

3 (1) X：**配当**は、株式会社が株式を購入した株主に支払う利益の配分金のことである。

Y：**株主総会**は、株式会社の最高意思決定機関で、事業の方針を決めたり、経営者を選出したりする。株主は株主総会に出席することができ、持ち株数に応じた議決権をもつ。

(2) **ア**：株式会社が倒産すると、株式の価値はなくなる。**ウ**：株式会社の経営は、一般的に株主総会で選ばれた専門の経営者（取締役）が行う。**エ**：株式会社の利益は、株主にすべて分配されるわけではなく、設備投資のための費用にあてられたり、貯蓄にまわされたりする。

(4) **ベンチャー企業**とは、高度な技術力や専門知識、独自の経営戦略をもとに、革新的な事業を展開する中小企業のことをいう。

(5) **企業の社会的責任（CSR）**とは、企業が環境保全に取り組んだり、芸術文化を支援したり、福祉活動を行ったりするなど、社会に対してさまざまな貢献をし、社会的責任を果たすことをいう。

4 (1) **労働基準法**は、労働者が人間らしい生活を営むために必要な、賃金、労働時間、その他の労働条件の最低基準を定めた法律である。**ア**は労働組合法、**ウ**は育児・介護休業法、**エ**は労働関係調整法に定められている内容である。

(2) **ア**は1991年、**イ**は1947年、**ウ**は1985年に制定された。

(3) 労働者の権利は法律で守られているが、労働者一人一人は使用者（雇用主）に比べて弱い立場にある。

28 市場経済と金融政策 　本冊 P.118, 119

解答

1 (1)　ア　　(2)　公正取引委員会

(3)　価格：公共料金

理由：(例)人々の生活に大きな影響をあたえるから。

2 (1)　直接金融　　(2)　イ

(3)　(例)一般の銀行に対して、預金の受け入れや資金の貸し出しを行う。

(4)　A：イ　　B：ア

3 (1)　イ、ウ　　(2)　イ

(3)　ク　　(4)　国内総生産(GDP)

4 (1)　為替相場(為替レート)　　(2)　エ

解説

1 (1) **需要量**とは消費者が買おうとする量、**供給量**とは生産者が売ろうとする量のことである。需要量の変化を示す需要曲線は右下がりの曲線、供給量の変化を示す供給曲線は右上がりの曲線となる。資料より、価格が800円のとき需要量は20個、供給量は60個である。供給量が需要量を大幅に上回って、売れ残りが生じるため、売り手は価格を引き下げて売りさばこうとする。

(2) **公正取引委員会**は、市場における公正かつ自由な競争を促進し、消費者の利益を保護するために制定された、独占禁止法の運用にあたる機関である。内閣府の外局である。

(3) 水道や電気・ガスの料金、鉄道やバスの運賃などは、人々の生活にあたえる影響が大きい。そのため、需要と供給の関係で価格が決まる市場経済にまかせずに、**公共料金**として国や地方公共団体が決定や認可をしている。

2 (1) 企業が株式や債券を発行して資金を直接集めるしくみを**直接金融**という。これに対して、**間接金融**は、銀行や保険会社などの金融機関を仲立ちとして企業が資金を調達する金融をいう。

(2) 日本銀行は、一般の銀行と異なり、個人との取引は行わない。

(3) 「発券銀行」は紙幣(日本銀行券)を発行する役割、「政府の銀行」は税金をはじめ、政府の資金の出し入れを行う役割である。

(4) 一般的に、金融機関が借り手側から受け取る利子(利息)は、預金者に支払う利子(利息)より高く、その差額が金融機関の収入となる。

3 (1) 図中のRの**好況**とは、経済活動が活発な状態を指す。**ア**は不況(不景気)の時期にみられる。**エ**のデフレーションは物価が下落する現象で、不況の時期にみられる。

(2) 商品やサービスの需要が増えるのは好況で、物価が上がり続ける現象を**インフレーション**という。インフレーションは好況のときに起こりやすく、商品などがよく売れて品不足の状態となる。

(3) **公開市場操作**とは、日本銀行が景気の安定化を図るために行う金融政策である。好景気のとき、日本銀行がもつ国債などを一般の銀行に売って代金を吸い上げ、市場に出回る通貨を減らすようにする。すると、一般の銀行は手持ちの資金量が減るため、企業などへの貸し出しに慎重になり、貸し出しがにぶる。結果、企業の生産活動は縮小され、景気がおさえられる。

(4) **国内総生産**(GDP)は、国の経済状態を表す指標として、最も一般的に用いられている。

4 (1) 自国の通貨と他国の通貨の交換比率を**為替相場**(**為替レート**)といい、為替相場は世界経済の状況を反映して常に変化する。

(2) W：1ドル＝100円から1ドル＝80円になっているので、円高があてはまる。1ドル＝100円が1ドル＝80円になると、1ドルと交換するために必要な円がそれまでよりも少なくてすむことから、外国通貨に対して円の価値が高くなったことを意味し、このことを**円高**という。

X：1ドル＝100円から1ドル＝120円になっているので円安があてはまる。1ドル＝100円が1ドル＝120円になると、1ドルと交換するためにより多くの円を必要とするため、外国通貨に対して円の価値が下がったことを意味し、このことを**円安**という。

Y：日本で1泊12000円が1ドル＝80円の場合は、12000÷80＝150(ドル)となる。

Z：日本で1泊12000円が1ドル＝120円の場合は、12000÷120＝100(ドル)となる。

29 財政と国民の福祉、これからの経済 <small>本冊 P.122, 123</small>

解答

1 (1) ウ　(2) エ

(3) 記号：A　語句：累進課税

(4) (例)所得が低い人の方が、税の負担が重くなる

2 (1) A：イ　B：ア

(2) Ⅰ：ウ　Ⅱ：イ

3 (1) ウ　(2) ア

(3) (例)わが国の高齢者の割合が高くなるので、15〜64歳の現役世代の負担が大きくなるという課題がある。

4 (1) イ　(2) イ→ア→ウ

(3) リサイクル

解説

1 (1) 社会保障関係の費用とは、医療や年金、介護、生活保護などにかかる費用のことをいう。**高齢化**の進展にともなって増加傾向にあり、近年は国の歳出の3割以上を占めるようになった。図中のAは国債費、Cは地方交付税交付金、Dは公共事業費である。

(2) 納税者(税を納める義務がある人)と担税者(実際に税を負担する人)が異なるのは**間接税**である。アの相続税、イの所得税、ウの法人税は納税者と担税者が同じ**直接税**である。

(3) 所得税は直接税であり、国税であるので、Aに分類される。**累進課税制度**は、所得の多い人には大きな負担、所得の少ない人には少ない負担を課すことで、国民の所得の差を縮小させるはたらきをもつ。

(4) 消費税は所得に関わりなく税率が一定なので、低所得者ほど所得に占める税負担の割合が高くなるという特徴がある。

2 (1) **財政政策**では、不景気のとき、政府は減税を行って企業や家計の消費を増やそうとする。また、公共事業への支出を増加させて企業の仕事を増やそうとする。

(2) Ⅰ：税負担を減らすことは「国民負担少ない」、行政サービスの縮小は「政府の役割小さい」にあてはまる。

Ⅱ：税負担を増やすことは「国民負担多い」、多様な行政サービスの提供は「政府の役割大きい」

にあてはまる。

3 (1) **社会福祉**とは、高齢者や障がい者、母子家庭など社会的に弱い立場にある人々の生活を保障するため、施設やサービスを提供するしくみである。**社会保険**とは、あらかじめ保険料を払っておき、病気をしたり、高齢になったりしたときなど、必要なときに給付を受けるしくみ、**公的扶助**とは、経済的に生活が困難な人に対して、生活費などを給付するしくみである。

(2) **介護保険**は40歳以上の人が加入し、介護が必要になったときに介護サービスを受けられる制度である。

(3) 資料から、今後も65歳以上の高齢者の割合が増加し続けることが読み取れる。また、図より、高齢者が受け取る年金は、現役世代が払う保険料や税金によってまかなわれていることがわかる。わが国の社会保障制度を支えているのは15〜64歳の現役世代であり、その負担はこのままだと増え続けると考えられる。

4 (1) ア：川崎ぜんそくではなく、新潟水俣病である。ウ：環境基本法などが制定されている。エ：公害対策や自然環境の保護を扱う機関として設置されているのは環境省である。

(2) アは1993年、イは1967年、ウは2000年に制定された。

(3) リサイクル(再生利用)、リデュース(削減)、リユース(再使用)とあわせてごみ減量の3Rと呼ばれる。

30 国際社会と日本 <small>本冊 P.126, 127</small>

解答

1 (1) 公海　(2) 内政不干渉の原則

(3) ウ

2 (1) 国際司法裁判所　(2) イ

(3) ア

(4) (例)拒否権を持っている常任理事国のロシアと中国が反対したので、否決された。

3 (1) パリ　(2)X：自由　① ア　② イ

4 (1) 語句：難民　記号：ウ

(2) (例)発展途上国の間で格差が広がっている問題。

(3) (例)労働に見合った公正な価格　(4) エ

解説

1 (1) 公海は**排他的経済水域**の外側にあり、どこの国の船も自由に航行や操業ができる。

(3) 南極条約は二国間ではなく、多国間で合意された条約である。

2 (1) 国際司法裁判所で裁判を開始するには、争っている当事国双方の合意が必要であり、判決には法的拘束力がある。

(2) **ア**のPKOは平和維持活動の略称で、平和をおびやかす地域紛争などの事態の悪化や国際的な拡大を防止するために国際連合が行う活動である。**ウ**のUNESCOは国連教育科学文化機関の略称で、教育や科学、文化の面での協力を通じて世界平和を促進することを目的としている。**エ**のUNICEFは、国連児童基金の略称で、子どもの権利を確立し、子どもたちの健やかな成長を見守るための活動を行っている。

(3) 常任理事国はアメリカ、イギリス、フランス、ロシア、中国の5か国である。

(4) 常任理事国5か国は**拒否権**をもっており、これらの国の中で1か国でも反対すると、その議案は否決される。

3 (1) **パリ協定**は、京都議定書に代わり採択された。

(2) 表中の**A**国は、外国からの輸入品にかける関税をなくし、自由な貿易を行うべきとする自由貿易の立場である。これに対して**B**国は、国内の産業を保護するため、輸入品に対する関税を高くして貿易に制限をかけるべきとする保護貿易の立場である。自由貿易の立場から、貿易を促進させるための協定をFTA（自由貿易協定）という。NGOは非政府組織の略称である。

4 (1) UNHCRは国連難民高等弁務官事務所の略称。**ア**のWTOは世界貿易機関。**イ**のNAFTAは北米自由貿易協定の略称で、かつてアメリカ合衆国、カナダ、メキシコの間で結ばれていた。**エ**のASEANは東南アジア諸国連合の略称。

(2) **南南問題**に対し、先進国と発展途上国との間にみられる経済格差を**南北問題**という。

(4) **ア**：各国の自由貿易の強化を主な目的として設立された国際機構はWTO（世界貿易機関）で、国際連合とも連携している。**イ**：総会では、各国が一国一票をもち投票する。国連予算の分担の割合は関係がない。**ウ**：日本は安全保障理事会の常任理事国ではない。だたし、任期2年の非常任理事国にはたびたび選出されている。**エ**：国際司法裁判所について述べた文である。

Memo

Memo